問いとしてのスピリチュアリティ

「宗教なき時代」に生死を語る

林 貴啓
Hayashi Yoshihiro

プリミエ・コレクションの創刊にあたって

「プリミエ」とは、初演を意味するフランス語の「première」に由来した「初めて主役を演じる」を意味する英語です。本コレクションのタイトルには、初々しい若い知性のデビュー作という意味が込められています。

いわゆる大学院重点化によって博士学位取得者を増強する計画が始まってから十数年になります。学界、産業界、政界、官界さらには国際機関等に博士学位取得者が歓迎される時代がやがて到来するという当初の見通しは、国内外の諸状況もあって未だ実現せず、そのため、長期の研鑽を積みながら厳しい日々を送っている若手研究者も少なくありません。

しかしながら、多くの優秀な人材を学界に迎えたことで学術研究は新しい活況を呈し、領域によっては、既存の研究には見られなかった潑剌とした視点や方法が、若い人々によってもたらされています。そうした優れた業績を広く公開することは、学界のみならず、歴史の転換点にある21世紀の社会全体にとっても、未来を拓く大きな資産になることは間違いありません。

このたび、京都大学では、常にフロンティアに挑戦することで我が国の教育・研究において誉れある幾多の成果をもたらしてきた百有余年の歴史の上に、若手研究者の優れた業績を世に出すための支援制度を設けることに致しました。本コレクションの各巻は、いずれもこの制度のもとに刊行されるモノグラフです。ここでデビューした研究者は、我が国のみならず、国際的な学界において、将来につながる学術研究のリーダーとして活躍が期待される人たちです。関係者、読者の方々ともども、このコレクションが健やかに成長していくことを見守っていきたいと祈念します。

第25代　京都大学総長　松本　紘

まえがき

生老病死――それはかつてゴータマ・ブッダが洞察した、人間が決して避けることのできない、四つの根源的な苦のことである。それは、いかに科学技術が進歩して、生活は便利で快適になり、寿命が延びようと、人間が人間であることをやめない限り、変わることはない。人間にとっての「限界状況」（K・ヤスパース）というものだ。そうした状況に臨んで、どのように生きる支えと希望を見いだすか。それはいつの時代にも切実な問いとして、とりわけ人生の危機には迫ってくる。今日、二一世紀初めの日本に生きる私たちもその例外ではない。

スピリチュアリティ――心のよりどころを失って久しいこの社会の人々のために、この言葉に改めて希望を託したい。そのための道を探りたい。そういう問題意識のもとで、私は本書を執筆している。

というのも、この言葉でこそ、多くの人々が自分の語れないできた切実な人生の問題意識を表現できる。それまでどうとらえてよいかわからなかった生と死の関心事が焦点を結ぶ。そして、それを抵抗なく語り合う道が開ける。そう信じるからだ。

スピリチュアリティを明確に定義することは難しい。本文で順次見ていくが、ここでは「宗教が長らく扱ってきたが、何かの宗教を信じているかどうかに関係なく、人生にとっていちばん根本的で、大切な何か。それを言い表すための言葉」とでも言っておこうか。

もともとこの言葉は英語からの借用語であった。だが、他に同様の内容を表現できる言葉はそう簡単に見つかるものではない。この言葉がわが国で本格的に注目を集めたのは、ＷＨＯの「健康」定義改正案に「スピリチュアル」の文言が登場したときだ。これをどう日本語に訳するかという議論が起こったが、医療関係者や哲学者、宗教学者といった人たちが英知を結集しながらも、的確な訳を見いだすことはできなかったのが実情である。「宗教的」といっても、「霊的」といっても、「精神的」といっても、いずれも帯に短したすきに長し。「求道的」という訳語には私も惹かれるが、これとて決定的なものではない。

そういう意味でも、この「健康」定義改正案や、それ以前から勃興していた「新霊性運動」の流れなどを通じて、外来語とはいえ「スピリチュアリティ」という言葉が、その言葉に込められた発想がわが国にも知られるようになったのは、一つの僥倖だったと私は思っている。

この言葉はもとの英語では、「宗教的 religious」のほぼ同義語として用いられることもある。「宗教的」と訳してさしつかえない用法も欧米では少なくない。けれどもその一方で「宗教的」とは区別された用法もある。たとえば、「宗教的ではないがスピリチュアル not religious, but spiritual」という言い回しだ。特定の宗教・宗派を信仰しているわけではない。何らかの教団に所属しているわけではない。けれどもだからといって、現世的・物質主義的な生き方ばかりを追求しているわけではない。現世を超えた価値、超越的なものへのまなざし、自分の人生の究極的な支えとなるものについて、深い関心を寄せている。場合によっては、そうした超越的なものへの信をもっている。そういう態度を表すのである。

もとの欧米の文脈では、この言い回しは伝統的なキリスト教団には属さないが、という意味合いで用いられるのが普通だ。だが「宗教的ではないがスピリチュアル」という姿勢は、日本でこそ求められているともいえる。

たとえ直接、何らかの「宗教」の門を叩くことがなくても、宗教が人類の長い歴史を通して応えてきた人間の根本的な問題は、今なお誰にとっても切実なもののはずだ。なぜ、何のために自分は生まれてきたのか。どうせ死んでしまうのなら、生きていてむなしくはないのか。物質的に満たされれば、それだけで満ち足りた人生となるのか。この世を超えたものは存在するのか。私はどこから来て、どこへ行くのか……。こと、死に直面するような人生の危機には、そうした問いに無縁でいられる人はほとんどいないだろう。

「世界の成り立ちを説明する」「自然の猛威や病気に対処する」といったことは、時代を経て宗教の担当領域から、科学・技術のテーマに変わってきた。だがそれとは対照的に、どんなに科学・技術が進歩しようとも、人間が人間である限り避けられない、永遠のテーマというものがある。哲学者ヤスパースの言う、「限界状況」にまつわる課題だ。

宗教に入るか。でなければ、そうした関心を深く追求せずにすますか。そんな二者択一は、明らかに行き詰まりを見せている。人々の生き方の幅を確実に狭め、あるはずの希望を閉ざしている。

そもそも、何らかの宗教を信仰しているという人が、人口の三割程度にとどまる社会である。そして、「宗教」「教団」へのアレルギー、拒絶反応というのは、今なお根強いものである。一九九五年に起きたオウム真理教の事件以降、それはむしろ強まっているようにも見える。こうした事情自体、世界広しといえども似ている国はほとんどなく、日本独自の課題として受け止める必要があるのは留意しておくところだろう。

そんな日本社会のなかで、生きていることの意味やこの世を超えたものへのまなざし、死後の運命や本当の自分を問おうとする姿勢。そうした問い、あるいは「叫び」といったものは、それとして認知され、聞き届けられる必要がある。そのための言葉として、スピリチュアリティというのは貴重なものになるはずだった。「宗教的ではないがスピリチュアル」というのは、この日本でこそ、改めて意義をもつ立場になる。どこかの教団に属することがなくても、宗教が扱ってきたような人生の永遠の、根本的な問いに向き合っている、という姿勢を表現するものとして、だ。

そして、終末期医療における「スピリチュアルケア」の実践をはじめとして、この考え方によりどころを求めていこうという動きがわが国でも現れてきた。また、この言葉、概念に含まれる意味と可能性を探ろうという、研究者たちの関心も盛んになった。

「スピリチュアリティ」は外来語であり、まだ日本には十分に普及し、定着してはいないかもしれない。だが貴重な言葉、考え方として、この日本の土壌で、苗木を育てるように大事に育てていこう。宗教離れが進み、生と死に向き合うよりどころを見失って久しい現代の日本人に、新たな光を与えるものになる——そういう姿勢が、多くの人たちの間にあったと思う。

そんな折に世を席捲したのが、江原啓之氏の活動を中心に広まった世のスピリチュアル・ブームというものである。本文でも述べるように、私自身はこのブームそのものについて、賛否いずれの態度も全面的にとるつもりはない。ただ惜しむらくは、このブームが「スピリチュアル」という言葉の用法を圧倒的に占有してしまい、それ以外の用法が、一般の人々からは大きく遠ざけられている、ということだ。

そのため、「スピリチュアリティ」「スピリチュアル」の視点がもっていた、もっと広く、また深い可能性が見失われてしまっている。苗木から育てようとしていたところへ、その前に別の木々がジャングルのように繁茂し、当の木も陽の目を見ないでいるような状況だ。

だが、まだ枯れてはいないと信じる。むしろ、「スピリチュアルブーム」を一つの糧として、肥やしとして、この木を改めて育てていく機会にできればと思う。

本書は、それを目指しての、私なりにできる限りの試みである。そのための基本姿勢は、スピリチュアリティをまず「問い」として理解することだ。本文で一貫して述べていくが、「スピリチュアリティ」「スピリチュアル」といわれるような事柄は、「問い」と「答え」の二つの面に分けられると思う。「人生の意味」や「死後の運命」など、人生の根本問題に向き合う問題意識としての「問い」と、何らかの世界観や信念、それに基づくいろいろな活動、実践といった「答え」。これまでスピリチュアリティというと、具体的に目に見えてわかりやすい「答え」の側面に注目が集まりがちであった。江原啓之のスピリチュアリズムもまた「答え」の一つだし、研究者の間のまじめな議論でも、何かの「答え」を想定して語っているものが多い。

だが、スピリチュアリティというのが本当は誰にとっても大切な何かを意味していて、だからこそ社会を挙げて向き合わなければならないテーマだ、という共通了解こそ、日本社会ではまず必要とされていることだと思う。そのためには、まず「問い」の面に注目すること。「問い」を出発点にして考えることが大事だと思うのだ。一つひとつの「答え」がどこまで正しいのか、適切なのか、有用なのか、という議論は、その後からでもできる。「答え」の次元にまで及ぶ、より深いレベルのスピリチュアリティに目を見開いていくためにも、「問い」の大切さを理解することがまず必要だ。

だから、学問的な議論でも、教育やケアなどの実践でも、また「スピリチュアリティ」に関わるとされる社会現象の認識でも、ひいては一人ひとりの人生態度においても、まず「問い」の見地に立って考えていくことが求められる。それが、本書の一貫した姿勢だ。

そういうわけで、本書の構成を紹介したいところだが、その前に本書全体にわたる、言葉の使い方について断っておきたい。「スピリチュアル」という単語についてだ。この言葉は今ではマスメディアや一般の人々の間では、ほとんどもっぱら、先に触れた江原啓之氏の活動や考え、その元にあるスピリチュアリズム

（心霊主義）に関わるものとして使われる傾向がある。

けれども本来はずっと意味の広い言葉だし、本書でいう「スピリチュアリティ」に関わる事柄全般を指すのに用いられる。「スピリチュアルケア」「スピリチュアル教育」などはその例だ。本文でも触れるが、安易な混同も時として見受けられる。

というわけで、本書ではこの語は、次のような使い方をしたい。「スピリチュアル」を名詞として用いる場合、江原氏に代表されるスピリチュアリズムの流れを汲む考え方や実践、文化現象を指す。文法的にはおかしいこの用法は、基本的に当の流れのなかで用いられるものだからである。そして〈スピリチュアル〉「スピリチュアル」（違いは初出文献による）と、基本的に括弧をつけて用いる。

ただし「スピリチュアルな」と形容動詞で用いる場合、本書のキーコンセプトである「スピリチュアリティ」の形容詞形として、はるかに一般性の高い用語である。「スピリチュアリティに関わる」という程度の意味である。

紛らわしさは否めないが、この使い分けの一貫性については、私としては最大限の注意を払ったつもりだ。現時点で後者を表すために新たに造語することは困難であるため、ご理解いただきたい。なお「スピリチュアルブーム」「スピリチュアルケア」などの複合語の成分である場合は、もっぱら既存の用法に従っている。

では、本書の構成を紹介しよう。

第一章と第二章は、本書の基本概念であるスピリチュアリティの「問い」と「答え」について論じたものだ。「問い」「答え」の位置づけは、異なった時期に書かれただけあって、いくらか異なっている。違いの詳細については本文に譲るが、研究を重ねての概念の深化を示すためにも、それぞれの章の内容はそのままにしてある。

スピリチュアリティをどう定義するかについては、すでに多くの研究者たちの議論がある。その諸立場を、本書の「問いと答え」の見地から検討し、またこの見地をそのなかに位置づけたのが第三章である。本書は従来の議論に新たな一つを付け加えることや、あるいは取って代わることを目指したものではないが、論者の数だけ分かれている感のある「スピリチュアリティ」諸規定について、全体的な見通しを示すことはできたのではないか、と思っている。

「宗教的ではないがスピリチュアル」――こうした姿勢は、「スピリチュアリティ」という言葉を直接には用いなくても、すでに「宗教」概念をめぐるさまざまな学説のなかに表現されている。「宗教」を制度宗教の枠にとどめず、もっと広範な人間の生き方、あり方の問題として理解する視点だ。そういう「スピリチュアリティ前史」とも言うべき宗教論の流れをたどったのが第四章だ。「宗教」に対してもこうした認識が広がれば、現代日本人の宗教への姿勢もずいぶん違ったものになるだろう。

第五章、第六章は、十代の頃から（といっても、初めて読んだのは二〇歳の誕生日の三ヶ月前だったりするのだが）愛読し、私自身の人生の導きとなると同時に、年来の研究テーマの一つともしてきたV・E・フランクルに寄せて書いたものだ。「問いのスピリチュアリティ」の見地と、フランクルの「意味への意志」の人間観、ロゴセラピーの実践が、深く響きあうことを見いだしたつもりだ。スピリチュアリティが人間にとっていかに大切なものかを、彼自身が『夜と霧』を通して、まさに身をもって証立ててくれたのだから。

第七章は、基本的には「問い」に徹している本書にあって、一つの「答え」を試みた章となっている。かつては学部生時代、卒業論文のテーマにも選んだベルクソン哲学に、スピリチュアリティへの一つの理想的な「答え」を見いだせないか。そういう関心で書いている。近代科学の世界観がそもそもスピリチュアルな関心事にとって疎外的なものとなりがちななかで、哲学的世界観として、たとえばこういう「答え」のありようが考えられる。そのモデル・ケースとして読んでほしい。

第八章、第九章は、本書の立場からの実践的展望である。第八章は、かつて私が文科省科研費による「学校教育におけるスピリチュアル・エデュケーションの理論・実証的考察」に参画したときの成果がもとになっている。「生と死の教育」「宗教と教育」は今後わが国の教育がますます真摯に向き合っていくべきテーマになるのは間違いないが、そのうえでスピリチュアリティの考え方を「問い」として取り入れていくことを提案したものだ。このテーマの教育が何をよりどころに、どんな目標のもとで進められていけばよいのか、一つのヴィジョンを示せたのではないかと思っている。

私自身が思春期の中高生時代には特に、「何のために生きているのか」「死んだらどうなるのか」といった問いに切実に直面させられたものだが、学校でも家庭でも、この問いをまともに語れる場、共有できる相手が見いだせず、独りでの探求を余儀なくされた経験がある。それは、「問い」に答えが見いだせないこととあわせて、いわば二重の疎外感にもつながったものだ。同様の問題に直面している人たちは、潜在的にはかなり多いのではないかと思う。彼（女）らのためにも、本書の提言が役立てられれば幸いだ。

第九章は、わが国のスピリチュアリティの最前線ともいうべき「スピリチュアルケア」について、日本スピリチュアルケア学会にお招きいただいた折に述べたことをもとにしている。もちろん私自身はケアの現場にたずさわる人間ではないが、研究者としての見地から、この価値ある実践がより広く社会に認知され、より多くの人々の人生の支えとなっていくための手助けをすることはできる。スピリチュアルケアこそ「問い」の見地が何より大事になる場面——そういう認識のもとで論じた。

最後の第一〇章は、「問いと答え」の見地をもとに、現代日本のスピリチュアリティにまつわる社会現象の諸相を考察したものだ。まだ序説、概観の域を出ないものだが、江原スピリチュアリズムも含めて、どんな「問い」が存するのか、それに対してどんな「答え」が提供されているのか、また「問い」と「答え」はそれぞれの場面で、どこまで適切なものなのか……そういう見地を導入することで、社会現象としてのスピリチュアリティについて、光と影、両方を見据えた議論ができる土台は作れると思う。それができてはじめて、この社会が真摯に、スピリチュアリティの事柄全体に向き合えると思うのだ。

「宗教なき時代」に生死を語る。表題どおり本書がそのための一助となり、一人でも多くの人々の、より充実した人生と実践のために寄与できることが、私の願うところだ。

目次

［扉の写真］京都・岡崎疏水から（著者撮影）

第一部

問いと答え

第一章
スピリチュアリティにおける「問い」と「答え」
――二つの分節化の戦略――

1　なぜ、いまスピリチュアリティか

この自分が存在している意味は何だろう？

物質的に満たされても、それだけでは何かが足りない。

あの人はなぜ死ななければならなかったのか。

私はどこから来てどこへ行くのだろう。

何か、人間を、この世を超えた見えない力とのつながりを感じることがある。あるいは、つながりを求めたい。

自分を超えた何かとつながってこそ、生きる意味のよりどころも見いだされるのではないか。

誰でも、そういう問いや感覚を抱いたことはあるだろう。

こうした問いは、伝統的には、人間社会のうちで「宗教」という部門が扱ってきたテーマであった。けれども、それは宗教という形でなければ、求めて得られないものだろうか。人生の意味や、人間を超えた何かについての切実な問いはあるものの、教団としての「宗教」の門を叩くのにはなにか抵抗がある。そんな人は、特にこの日本のなかでは、かなりいるのではないか。

実際、既存の教団宗教、組織宗教の枠の外でそうした関心事を追求しようという動きは、一九七〇年代以降、日本を含めた先進諸国を中心に、幅広い運動となっている。医療や心理療法、食や農や環境との関わり、ビジネス、教育、あるいは大衆文化などさまざまな領域にわたっている。欧米ではしばしばニューエイジ、日本では精神世界と呼ばれる潮流だ。島薗進はこれらを「新霊性運動」と総称し、世界的な潮流として考察している。

この動きはすでに触れたように、日本でも七〇年代ごろから興っていた。だが特に意義深い出来事が、一九九八年、WHO憲章の「健康」定義改正案において、人間の健康を構成するものとして、身体的・心理的・社会的な次元とならんで「スピリチュアル」な次元が取り上げられたことだ。[*1] すなわち「健康とは、完全な身体的、心理的、スピリチュアル、そして社会的な福祉の動的な状態であり、単に疾病または病弱の存在しないことを意味しない」(Health is a *dynamic* state of complete physical, mental, *spiritual* and social well-being and not merely the absence of disease or infirmity. イタリックは改正案に加えられた語)ということである。

この案の採択は結局見送られたままとなっているが、これを機に「スピリチュアル」という語をどう邦訳するか、ということが話題になった。日本で、「スピリチュアル」「スピリチュアリティ」という言葉がはじめて本格的に導入されるようになり、「スピリチュアリティ」が先述の一連の潮流を特徴づける言葉として注目を浴びるようになった。

この言葉は、この日本でこそ、決定的なインパクトを及ぼしうる。少なくとも、潜在的にはそうである——それが、本書全体を通じても、主張していきたい重要な論点である。

欧米での新霊性運動というのは、伝統的なキリスト教に代わるものを求めて、という色彩が強い。しばしば口にされる「宗教的ではないがスピリチュアル」という言い回しも、伝統的なキリスト教は信じないが、という含みをもっている。逆に言えばキリスト教という形で、スピリチュアルな要求を充足する道もまだ根強く残されているわけである。その分、宗教伝統との緊張関係が生じる余地もある。

それに対して日本では、新霊性運動の潮流が、仏教、神道といった在来の宗教伝統との間にさほど尖鋭な緊張関係が生じることはない。「宗教的でないがスピリチュアル」といっても、そこでは伝統的な仏教や神道は信じないが、という意味合いは薄い（新宗教の教団には入らないが、という意味はあるかもしれない）。これは一面では、世界観の内実に比較的仏教や神道に親和的なものがある、ということにも求められよう。だがもう一つ、重要な点がある。それは、対立者としては伝統宗教ではなく、むしろ「無宗教」のほうが想定されている、という点だ。教団には入らないが、それでも宗教が追求してきたような関心事は強く抱いている、という意味だ。日本では、新霊性運動は戦後ずっと進行してきた「死生観の空洞化」（広井 2001：12）

＊1　背景に触れておこう。改正案を作成し、WHO執行理事会に提案したのはアラブ諸国を中心とするWHO東地中海地域地方事務局であった。この地域ではイスラームが人々の精神的な指導原理として生活に密着しており、それに基づいた伝統医学が実践されている。その全人的医療のアプローチには「身体的」側面一辺倒で、強く数量化・客観化された西洋近代医学には収まらないものも含まれている。ここに端的に表れているように、世界的な伝統医学への回帰の流れというものがある。以上は棚次（2007）によった。

の穴を埋めるものとして発展してきた性格がある。

そうした意味でも、「スピリチュアリティ」は本来、日本社会にあってはかりしれないインパクトをもつ言葉であるはずだった。まだその可能性は失われていない。この論考では、このスピリチュアリティをどのように理解するのかを、日本社会という文脈を踏まえつつ考察してゆきたい。[*2] 本章は、その可能性を生かすための一つの戦略として、「問い」と「答え」という二つの位相を区分することを提案するものである。

スピリチュアリティ概念が導入されるのは、時代の要請だったといえる背景がある。「宗教と社会」学会の調査によれば、宗教に「アブナイ」というイメージをもつ若者の割合は過半数に及ぶ。この傾向は特に一九九五年のオウム真理教事件以降に顕著になっており、井上順孝（2004：116）はこれを「九五年ショック」と表現している。また同じ「宗教と社会」学会が大学生を主対象に実施した調査によれば、「信仰を持つ」と回答した若者の割合は平均して一割を切る。日本人、ことに若い世代の「宗教」への忌避は歴然としているのである。しかし、「科学が発達しても宗教は人間に必要だと思うか」という設問には半数前後が肯定的な回答をしている。また「占い」「超常現象」「死後の世界」などの「宗教周辺」の事柄についても、やはり五～六割が「信じる」「ありうる」と答えている。井上（2002：20）はこれを総括して、「このように一方で宗教にはマイナスイメージがあり、実際の宗教団体、宗派、教団に関わりをもつことを避ける傾向が強いが、他方で、『宗教周辺』の事象への関心は決して低くない」と述べている。

また西平（2003）は、「自分ではどうすることもできない運命」に対する実存的な実感や、「自我から離れて拡がった感覚」という非日常的・神秘的な体験について、「それを宗教とは呼びたくない」と断ったうえで語る多くの若者たちの例を報告している。わざわざ断ることは逆説的に、これらの事柄が「宗教」とかなり近いことを物語っている。

こうした事情を背景に、「宗教には関わりたくないが、宗教が扱ってきたような事柄には強い関心がある」という姿勢を有効に表現できる言葉として、「スピリチュアル」という語が受容され、普及したと考えられる。[*3]「宗教的ではないがスピリチュアル」という言い回しが、この姿勢を典型的に示していよう。

この語が流布する以前、森岡（1996）は宗教／無宗教（世俗）の二分法に疑念を呈し、「人生の意味」「かけがえのない私の存在」といった宗教とも関わりの深い問いを、あくまで宗教の外で問うてゆきたい、という姿勢を表明していた。今であればこうした姿勢は当然「スピリチュアル」と表現されるところだろう。つまり、その姿勢を的確に言い表しうる言葉に対するニーズは、もともとあったのである。そもそも、すでに触れたようにスピリチュアリティという言葉が浸透しはじめる前から「精神世界」「新霊性運動」という潮流はすでに興っていた。その志向の延長線上であり、樫尾の言葉を借りれば「宗教性の全域化」という流れの、一つの重要な出来事として位置づけることができる。

新しい言葉は、その言葉でしか表現できないような思考を可能にし、新しいパースペクティヴを開く。スピリチュアリティという言葉は、そうした「宗教／無宗教」「信仰／不信仰」という単純な二項対立を脱した考え方、ひいては実践を可能にする。こうした変化こそが、スピリチュアリティという言葉がこの日本においてもたらしうるインパクトなのである。

その意味で「スピリチュアリティ」という言葉のもつ意義はきわめて大きい。医療や心理臨床の場面で、

＊2　本書で参照した論者のうちには、「スピリチュアリティ」の代わりに「霊性」の訳語を用いている例もある。だが統一を期して、鈴木大拙の「日本的霊性」のような例を除いて、本文中では「スピリチュアリティ」に統一した。

＊3　これまでの宗教研究の流れでは、「宗教」を日常語で言うような教団宗教に限らず、ずっと広義で、人間に通底するものとして規定する議論は非常に多い。こうしたアプローチについては第四章で立ち入って論じる。

直接「宗教」に触れることなく、「人生の究極の意味」のような宗教が扱ってきた事柄を話題にすることができる。終末期の患者の「スピリチュアル・ペイン」を、正面から問題にすることも可能になった。教育の文脈でも、公教育に「宗教」を持ち込むことには従来きわめて激しい抵抗があった。「特定宗教によらない宗教心」の涵養を目指す宗教的情操教育ならば公立学校でも可能である、という主張もあったが、あくまで「宗教」に関わるということで、その哲学的・法的・実践的な妥当性が疑問視されてきた。だが「宗教」とは一定の距離をとったスピリチュアリティの立場であれば、生と死の問題、人間の生きることの意味の問題を、もっと積極的に取り扱うことは可能になるかもしれない。教育における「価値の真空状態」を打破する可能性も期待できるだろう。

その意味でも、スピリチュアリティというのは、この日本でこそ「使える」言葉であるはずだ。より多くの人々が、自分の関心事をこの言葉で表現できてよい。本稿で提示する戦略というのも、そうした見地から打ち出したものなのだ。この点を断っておきたい。表現のための概念として磨き上げていきたい、というのがその主眼なのである。

2 「理解の戦略」の必要

ただし、「スピリチュアリティ」とは何を意味するのか、と問われれば、明確には説明しがたい、という人も多いだろう。その意味は、使う人によって実に多様である。葛西（2003）が提示している例だけでも、「神との深い交わりの状態」「生きがいを求める魂の働き」「いろいろな宗教の共通項、普遍的特徴」「心身両面の刺激による日常性からの離脱」とある。この四つを見るだけでも互いにかなりかけ離れており、共通点を見いだすことは至って難しい。

これは、「スピリチュアリティ」が日本においては、明確な定義内容とともに受け入れられた概念ではないということを意味している。すでに述べたように、「時代の要請」が先立っていた。宗教に関わることなく、宗教が扱ってきた問題を語りうるような言葉として求められていたのである。だからどんな「宗教が扱ってきた事柄」に関心を寄せるかによって、多様な意味が込められる。「超越者との関わり、信仰」なのか、「日常を超えた経験」なのか。「人生の意味」なのか、「教え・世界観」なのか。「人生態度」なのか、「行・実践」なのか、「心の働き」なのか。どのような側面に焦点を当てるかに応じて、「スピリチュアリティ」はかなり違った意味を帯びうる。

その意味で、「スピリチュアリティ」という言葉を無自覚に用いていては、それで何を言わんとしているのか、混乱が生じかねない。スピリチュアルな志向をもった人間として自らを任ずる者同士でもコミュニケーションが困難になったり、あるいは一つの意味で用いているつもりが無意識に別の意味に変質してしまったり、という事態も容易に予想されるところである。この言葉で何を言わんとしているのか、何らかの明確な了解は必要であろう。

だからといって、「本来スピリチュアリティとは……ということである（でなければならない）」といった本質主義的な規定を求めるのは不毛だろう。仮に、原語に即した「本来の」意味があるとしても、それがこの現代日本という文脈でどれほどの意義があるのかは疑わしい。今の日本では、必ずしも原義への顧慮なしに、「時代の要請」に応えるかたちで受容されているからである。

また、「スピリチュアリティ」を一義的に規定しようとする試みが、この言葉が実際の用例のなかで示している豊かな意味の広がりを大幅に切り捨ててしまう危険も見逃してはならない。医療の場面で、スピリチュアリティを標準化し、数量的な尺度によって扱えるものにしようとする動向が見られるのに対して、辻内（2005：53）は厳しく批判する。スピリチュアリティの「標準化」はスピリチュアリティの「医療化」につながるものであり、「ひとつの言葉では表しえない深淵」であるスピリチュアリティの多様な含みが無視されてしまう、というのである。

確かにスピリチュアリティに明確すぎる定義を与えようとする試みには注意してかかるべきだろう。だが厳密な「定義」は求められないまでも、スピリチュアリティに関して何らかの「方向性」は必要なのではないか。この言葉に多種多様な意味が込められているのが現状であってみれば、何らかの見通しを与えようとする企ては、無益ではないように思われる。スピリチュアルな志向を抱く人々には何が問題になっているかを明確にし、お互いの間でのコミュニケーションを可能にするような理解のしかたを求める。ますます多くの人が、「スピリチュアリティ」という言葉で自分の関心事を自覚し、表現できるような理解のしかたを求める。もともとの豊かで多様な意味の広がりを残しつつ、多くの人々にとって「参照軸」となるようなスピリチュアリティの理解のしかたを探る、というわけである。「スピリチュアリティ」をどのように理解するのが有益なのかを、むしろ戦略的な観点から考察してゆくことは意義ある企てだといえよう。

3 「問い」と「答え」のスピリチュアリティ

先に述べておけば、この論考で打ち出してゆきたい戦略とは、スピリチュアリティに「問い」と「答え」

の位相を区別すること、そしてまず「問い」の位相を出発点とした立場から、スピリチュアルな事柄に向き合ってゆくことである。[*4] その展望は、スピリチュアリティに何らかの方向性を提示しようとしてきたこれまでの議論を踏まえ、発展させたものである。そこでまず、従来の議論のいくつかを見てゆきたい。そのうえで、「問い」と「答え」という位相の区別を設ける意義を明らかにし、かつ「問い」および「答え」のスピリチュアリティとはいかなるものかを述べてゆきたい。

安藤（2007）は、スピリチュアリティの定義をめぐって、心理学（ここでは主に人間性心理学・トランスパーソナル心理学を指す）の文脈と医療の文脈とで、違った傾向が見られることを指摘する。心理学の文脈では、意識的自己を超え出た「超越的次元」の存在と、その体験が重要な位置を占める。超越的次元の体験的自覚が「宗教」のもつ組織・制度といった側面を離れて求められ、その人の人生の意味・目的を支えるところに、スピリチュアリティの核心がある、というわけである。これに対して、医療の文脈では、「超越的次元」への関心はあっても、そうした次元への体験的自覚に基づくものだけがスピリチュアルと呼ばれるわけではない。「スピリチュアル・ケア」に見られるように、より幅広い意味でこの語が用いられる傾向がある。死に直面して、人生の意味や死を超えた希望を求めることがスピリチュアルな欲求として理解される。「人生の意味と目的の追求」が関わること、それがスピリチュアルだというわけである。

こうした二つの文脈での規定の違いは、まずはスピリチュアリティの狭義のものと広義のものの違いとして解しうるだろう。だがこれは単に意味の広さというよりは、スピリチュアリティの「答え」と「問い」の

＊4 「答えのスピリチュアリティ」といっても多くの場合「最終解答」を与えるものではなく、あくまで一定の方向づけを示すものである。その意味で「答え」という言い方は誤解を招くかもしれない。本書では「問い」との対比のために「答え」という呼称を採用したが、用語法についてはなお再検討の余地がある。今後の検討課題であろう。

位相の違いとして解釈したほうがより適切なのではないか。というのも、一方は「超越的次元」の存在を肯定し、その体験的自覚がその人の人生を意味づける、という一定の「答え」を与えているのに対し、他方は、いかにして「人生の意味と目的」が見いだされるか、に関して、さしあたりオープンなままでも成り立つからである。極端に言えば、人によっては純粋に世俗主義的、無神論的、ひいては虚無主義的な「答え」に満足する可能性も原理的には排除できないのである。

また西平（2003）の議論に関しても、「問い」と「答え」の位相を区別することで新たな視点から解釈できる。西平は、「スピリチュアリティ」を単一の語で訳すことを避け、多様な訳語の「ルビ」として使用する戦略を提案する。それによってこの概念のもつ豊かで多様な意味を浮き彫りにし、かつ多様な問題群をこの概念のもとで一つに統合してゆく可能性を示唆するのである。

西平は、まず「宗教性」「全人格性」「実存性」「大いなる受動性」の四つの訳語を、スピリチュアリティの四つの位相を表したものとして解釈する。第一の「宗教性」とは、「身体的」「心理的」「社会的」なものとは区別される、従来なら「宗教」が担当してきた領域を指す。他方、「身体的」「心理的」「社会的」と区別されるのでなく、これらを内に含んで統合する「全人格性」が、第二の位相をなす。そして第三の「実存性」とは、生死の問題を各人が我が事として切実に感じ取る主体的な自覚に関わる位相である。最後に「大いなる受動性」は、何か聖なるものに触れ「生かされている」と実感することに関わる、というわけである。

こうした区別によって、これまで錯綜を極めていた「スピリチュアリティ」の多様な意味がかなりのところまで整理され、この概念に含まれる多面的な可能性が明瞭になった意義は大きい。特にスピリチュアリティを「ルビ」として用い、多様な位相を区別しつつ統合してゆこうとする視点は卓見であろう。

だが、さらに突っ込んで考えてみれば、「実存性」は、他の位相と単純に並置できるものではないことが指摘できよう。「実存性」としてのスピリチュアリティは、その根本において、「問い」の事柄だからである。「実存性」とは、「かけがえのない私の存在の意味は何か」「人は何のために生きているのか」「世俗的・物質主義的な生き方で、人生は本当に満たされるのか」といった問い、そうした「問い」を自らの身に引き受けて主体的に問うてゆくこと、にほかならない。それに対して、「大いなる受動性」などの他の位相は、この「問い」にどのように答えるか、に関わっている。明確な答えを与えはしないまでも、一定の方向づけを示しているといってもよい。たとえば「身体・心理・社会すべてを包括した全人格的なかかわりによって」「聖なるものに触れ、生かされているという経験によって」、実存的な問いに導きが与えられる、というわけである。「問い」の位相に属する「実存性」としてのスピリチュアリティは、そうした方向性に関してはさしあたりオープンなままでも成り立つ。つまり、結果的に「答え」が純粋に現世的、物質主義的なものだったとしても、その「問い」そのものは実存的に問われている限り、スピリチュアルだといえるのである。

こうした議論を踏まえて、スピリチュアリティにおける「問い」と「答え」の位相の区別を定式化しよう。「問い」のスピリチュアリティは、「人生の究極の意味・目的」とは何か、それはどのようにしたら見いだせるのかを、自覚的に問題にしてゆこうとする関心・姿勢にある。それに対して、「答え」のスピリチュアリティは、そうした「問い」に対して何らかの答え、方向づけを与えようとするものである。たとえば、「諸宗教の核心にある体験」「生かされて生きていることの自覚」「超越者や来世の存在を肯定した生き方」といった形態が考えられるだろう。そこでは何らかの「超越」が志向されている、といえよう。[*5]

---

*5　実存的に問いぬかれたものであれば、その答えが無神論的、自然主義的なものであっても、広義には「スピリチュアリティ」に位置づけてもかまわないかもしれない。その典型的な例として第二章でニーチェの哲学に触れているので参照されたい。

ただし、「問い」の位相に関しても、「超越」の契機が関わっていることが、スピリチュアルであるためには重要であろう。物質主義的・自然主義的・世俗主義的な次元を超え出た生き方をもってしてはじめて、人生の究極的な意味は満たされるのではないか。日常の意識的自己よりももっと深いところに、真の自己が存するのではないか。この目に見える日常世界を超えたもの、目には見えないが私たちを生かしている聖なるものが存在するのではないか。こうした、「超越」の可能性が、少なくともありうべき「答え」の可能性として「問い」にのぼっていてはじめて、単に「実存性」だけではとどまらない、「実存性としてのスピリチュアリティ」が成り立っているといえる。最終的にどんな答えが出されるにせよ、「超越」の可能性に目が向けられることこそが核心的なのである。安藤（2007：28）が「超越的次元の自覚」がバックボーンにならなければ、スピリチュアリティの本質が損なわれる、と主張するのも頷けるところである。

このことは、特に現在の日本社会というコンテクストを踏まえるとなおさら重要であろう。というのも、この世俗化の進んだ社会では、「人生の意味」を問うとしても、そのままでは現世的・自然主義的な答えの可能性だけが想定されがちだからである。「この世を超えたものは存在しない」「人は死ねば無になる」といった答えが自明化しているからである。「超越への扉」が閉ざされている、あるいは扉の存在すら忘れられている、というのが実情だといってよい。「超越」を最初から肯定しないまでも、いわば「超越への扉」を開けておくことが、「問い」のスピリチュアリティにとって重要な要素といえる。

この意味で、「問い」のスピリチュアリティは、「答え」のスピリチュアリティとのある種の緊張関係のうえで成り立っている、答えに対してはオープンだといっても、スピリチュアルな問いには「超越」の可能性との対決が伴っている。これによってはじめて、「人生の意味」をめぐる問いも、究極まで問い抜けるにちがいない。

だがここでひとまず確認しておくべきなのは、スピリチュアリティに関して、「問い」と「答え」の位相が区別できることである。そして、スピリチュアリティを語るにあたっては、まず「問い」の位相に定位すべきである、というのが本章で提言したい論点である。このようなしかたでスピリチュアリティを理解することによって、どんな展望が開かれるのか。以下では、それを論じてゆくことにしよう。

4 「問い」から拓かれる展望

「問い」のスピリチュアリティをまずもっての出発点とすることの最大の意義は、これによってスピリチュアルな事柄がいっそう広範な人々に受け入れやすくなることである。ますます多くの人々が「スピリチュアリティ」という言葉で自らの考えること、思うこと、感じることを理解でき、表現できることである。人生の究極的な意味と目的をめぐる「問い」であれば、ほとんど「誰でもの」関心事となりうるからである。だからこそ、「表現のための概念」としての意義ももちうる。

スピリチュアリティはそもそも、特定の教団宗教への帰属・信仰を前提することなく、生死の問題のような宗教が扱ってきた事柄を語ることを可能にする概念だから、基本的に「宗教」よりは広範囲の人々に受け入れられるかもしれない。しかし「真の自己の探求」にせよ「生かされて生きていることの自覚」にせよ、一定の方向性をもった「答え」のスピリチュアリティの位相で語ろうとする限り、結局は特定の関心・志向をもった人々にのみ受容可能な、ごく限定的な立場にとどまってしまう恐れは常にある。これでは、他の方向でスピリチュアルな関心を追求している人、あくまで「問い」のレベルで「人生の意味」「世俗的・物質主義的な生き方を超えた人生」を求めている人をも、排除することになるからである。つまり、対立軸を従来の「宗教／無宗教」「信仰／非信仰」から、ある程度ずらしただけに終わる、ということにもなりかねない。

その意味でも、スピリチュアルな関心事を万人に開かれたものにするためには、「問い」の位相にまず定位することが重要なのである。現世的・物質主義的な生き方、自己のあり方を疑問に付し、それでは満たされないものを求めるに至ったなら、人はすでに「問い」のスピリチュアリティに入っている。自らの思いを「スピリチュアル」と表現できる。一定の「答え」を前提しないからこそ、それはさまざまなしかたでのスピリチュアルな「答え」を求めてゆく窓口、あるいは機縁ともなる。それは古来の言い方を用いれば、「発心」「菩提心」と言い表せるかもしれない。

「問い」と「答え」の区別は、一面ではスピリチュアリティの「深さ」の問題とも関わってくる。スピリチュアリティに「深さ」の度合いがあることは確かであろう。先述の安藤らは鈴木大拙の「日本的霊性」論を、スピリチュアリティの最も深いレベルでの自覚を表現したものと見ている。逆に言えば、より浅いレベルのスピリチュアリティも成り立つというわけである。あるいは、中川（2007：150-153）がスピリチュアル教育に関して、「さまざまな宗教についての知的教育」「生きる意味と魂の教育」「自覚と瞑想の教育」という段階を設けたのも、「深さ」の度合いを踏まえた議論として理解できる。

「問い」のスピリチュアリティは、より深いスピリチュアリティの境地に入ってゆくための最初の段階として位置づけることができる。何らかの具体的な方向性をもった「答え」のスピリチュアリティは、すでにある程度の深まりを示した段階だということができよう。スピリチュアルな自覚がさらに進めば、鈴木大拙の霊性のような次元にまで達しうるかもしれない。ただし、このような非常に深い境地は、多くの人にとってはすぐには近づきがたいものと受け取られても無理はない。「問い」の位相を、最も浅い、逆に言えば最も近づきやすい段階として位置づけることで、スピリチュアリティはますます、万人の問題として理解できるようになるだろう。ますます多くの人が、より深まったレベルのスピリチュアリティに入ってゆく機縁も得られるのではないだろうか。このように見た場合、スピリチュアリティは決して宗教への信仰をもたない人たちに限ったものではなく、信仰を有する人たちが、自らのあり方を省みるための概念としての意義ももちうる。

スピリチュアリティにおいて「問い」と「答え」の位相を分けることのいま一つの意義は、これまでのさまざまなスピリチュアリティの規定を、スピリチュアルな「答え方」の諸相として多元的に位置づけることができることである。スピリチュアリティを「水平方向」と「垂直方向」とに、つまり「他者や自然との、いのちのつながり」と「超越的なもの、聖なるものとのかかわり」とに区別することはよく見られる議論である。これらはスピリチュアルな「問い」に答えようとする二つの方向として受け止めれば、単なる区別にとどまらない、両者の根本でのつながりも見いだすことが容易となる。西平（2003）は先に挙げた「宗教性」「全人格性」「大いなる受動性」以外にも「精神性」「身体的感性」「いのちとのつながり」「気の流れ」など、実に多くの訳語案を挙げている。なかには一見相容れないように見えるものもある。だがこれらはスピリチュアルな「問い」を起点にした「答え」の方向の多様性として理解すれば、他の方向を排除する必要はなくなる。エルキンス（1998＝2000）はスピリチュアルな生を生きるための「芸術」「身体」「神話」など八つの道を示しているが、これはまさに「問いに対する答えの多様な方向性」をはっきりと示した議論といえよう。同時に、スピリチュアルな問いに対して答えようとするもの、という共通性を見据えることで、多様な位相の間の内的な連関を、深さや方向の違いを見据えたうえで探る、という探究の道も開かれる。「問い」と「答え」との区別は、こうした発見的な効果も期待できるのである。

またスピリチュアリティを「問い」の次元から考えることは、この問題に批判的・反省的な契機を導入するという点でも意義深い。先に「スピリチュアリティの標準化」に対する辻内の批判を引いたが、これはつまるところ、一定の「答え」のあり方に、スピリチュアリティのすべてを閉じ込めようとする立場への批判だということができる。結果として、その豊かな意味の広がりと深みが切り捨てられる、という事態への憂慮なのである。多様な「答え」の可能性を含んだ「問い」の位相にたえずスピリチュアリティを引き戻して考えることが、こうした事態の問題性を、より明確に示すことができるだろう。

「特定宗教へのかかわりを離れた」ことを標榜するスピリチュアリティの立場が、「あらゆる宗教に共通の立場」「諸宗教の共通の核心」を主張する立場に転化することは往々にしてある。だがどこに「諸宗教の核心」を見いだすかに関しては論者によって主張が分かれる可能性が高く（「宗教」の規定をめぐる宗教学者たちの議論の多様さを見るだけでも明瞭だろう）、結局は特定の宗教・思想に偏した立場、つまり何らかの「答え」のスピリチュアリティを普遍化するだけに終わる危険が高い。すでに西平（2001）がマズローの心理学的宗教論に即して、こうした変質の事例をたどっている。[*6] あるいはまた葛西（2003）は現在の日本での「スピリチュアリティ」の用例を検討し、そこには「福音主義者の祈りやヒューマンケア専門職の理想としての〈成長〉モチーフ」が反映されていることを指摘する。こうした特定の価値観が「スピリチュアリティ」の名のもとで一般化される危険には十分に警戒すべきであろう。それは特定の信仰・思想を万人に課そうとするのと変わらないからである。

「スピリチュアリティ」という言葉が問題とはなっていないにせよ、こうした問題はすでに「宗教と教育」の問題系では起こっている。詳しくは第八章で触れるが、公教育でも「特定宗派に限定されない宗教心」としての「人間の力を超えたものに対する畏敬の念」の涵養を目指す宗教的情操教育を推進しようとする主張は、一見するとスピリチュアリティの立場に近いものと見えるが、多大な異論を招いてきた。その根本的な問題は一定の「答え」のスピリチュアリティを普遍化しようとしたことであろう。「畏敬の念」の主張には、明らかに一種の有神論的（あるいは汎神論的）な世界観が前提されているのである。そして戦前の日本で、「公正な宗教的情操の涵養」の名のもと、国家神道教育が推進された歴史的事実もある。後に立ち入って論じるように私もスピリチュアルな教育は強く支持するが、こうした過去の論議と同じ轍を踏まないように留意しなければならない。

こうした意味でも、「特定宗教へのコミットメントを離れている」というだけで特定の「答え」のスピリチュアリティを万人の事柄としようという主張の問題性については、常に自覚的でありたいものである。[*7]そのためには、スピリチュアリティをたえず「問い」の次元に引き戻して考える、という反省的な姿勢は欠かせないのである。万人の事柄として、相応の普遍性を訴えうるとすれば、それは「答え」に関してオープンな「問い」のスピリチュアリティなのである。

「問い」の位相は、第一にスピリチュアリティの出発点としての意義をもつ。だがスピリチュアルな探究がより進んだ場面でも、その批判的・反省的な契機として相伴っているべきものかもしれない。先に「問い」のスピリチュアリティは超越志向の「答え」との緊張関係にある、と論じたが、逆に「答え」のスピリ

＊6　「心理学的側面から宗教を考察する」ことから出発したマズローの議論が、「すべての宗教に共通する心理的体験」の主張となり、「心理的経験こそが宗教の本質である」という認識を経て「宗教に代わる心理的経験の探究」という視点に至り、ついにはこの洞察に基づいた「規範的人間像」を打ち出すまでになる、というのである。

＊7　「問い」の立場が気づかぬうちに一定の「答え」の立場に変質する危険についても自覚的でありたい。その実例は「宗教的情操教育」論の文脈ですでに見いだされる。第八章でこの問題については立ち入って考察した。

チュアリティも、常に「問い」との緊張関係にあるべきだといえるかもしれない。自らの見いだしたスピリチュアルな答えの方向は、果たして究極的なものか。それは個人的なレベルの探究にとどまっていて、他者や自然とのつながりを欠いてはいないか[*8]。逆に、そうした水平方向のつながりにスピリチュアルなものを見いだそうとするあまり、単に自然主義的な次元のものをスピリチュアルなものとみなしているだけではないのか。そうした「問い」が、スピリチュアルな探求、実践のいかなる段階においても求められる、といってよいであろう。いわば「増上慢」への戒めの契機として、「問い」のスピリチュアリティが機能する、ということも可能なのである。この意味で、「問い」のスピリチュアリティにも、深さの度合いを認めることが適切なのかもしれない。こうした見地は狭い意味での「宗教」に対する信仰の有無にかかわらず重要であろう。

このように、スピリチュアリティに「問い」と「答え」の位相を区別し、「問い」の位相を出発点として定位することは、錯綜したスピリチュアリティの問題系に一定の見通しを与えられるうえ、批判的・反省的契機を加えることで、スピリチュアリティの立場につきまとう危険性を乗り越える道も開くことができる。「理解の戦略」としてのこの位相の区別は、こうした意味で有望なものということができるのである。

5　おわりに

本章では、「スピリチュアリティ」をいかに理解するか、という問題に向き合い、「問い」と「答え」の位相を区別する、という戦略を提示した。そして「問い」の位相を出発点におくことから開かれる、スピリチュアリティの問題への展望を探ってきた。これを通じて、スピリチュアルな関心事をより広範な人たちのものとする道や、錯綜するスピリチュアリティの諸規定をめぐる問題に対する一つの見通しを、いくばくかでも示すことができた、と信ずる。この位相の区別に基づいた議論をさらに発達させ、スピリチュアリティの問題にいっそう有望な見通しを提供することはさらなる課題となるだろう。

本章では「答え」に関してはオープンな「問い」のスピリチュアリティに即した論に徹したが、筆者自身もまた、「答え」のスピリチュアリティに関して、一定の立場と方向性をもちろん有している。それはA・N・ホワイトヘッドやベルクソンの哲学に源流を有する「建設的ポストモダニズム」であり、これは科学的唯物論のような近代の支配的世界観を「脱構築」しつつ、スピリチュアルな生を有意味なものにする有機体論的・生命的世界観を「再構築」しようとする、新しい形の「ポストモダニズム」である。その一つの「答え」に関しては、本書第七章「「スピリチュアリティの哲学者」としてのベルクソン」でも述べることになる。

筆者はこの建設的ポストモダニズムを、V・E・フランクルのロゴセラピー・実存分析の洞察と交わり合わせることで、「かけがえのない実存的自己」を問う視点、自らを答え何かからの呼びかけに答えて成り立つ「ポストモダンの実存」のあり方を追究することを目指している。[*9] ここでの探究を、本章で展開した「問

---

*8 スピリチュアリティが個人的、私事的なものにとどまりやすい、という批判はしばしば聞かれるが、これは逆に言えば、この世俗社会の正統が、スピリチュアルな関心を抑圧する方向に働いている、ということを意味しよう。「問い」のスピリチュアリティは、そうした社会のありようを問い返す、という射程ももちうるはずである。

*9 こうした筆者の立場に関しては、「ポストモダンのもうひとつの流れ」(2001) および「ポストモダンの実存——V・E・フランクルの実存分析への新たな展望」(2004)、および本書第七章などを参照。

い」のスピリチュアリティとの関連で問い直してみることもまた、本章の問題意識をより具体化させるためにも、今後展開したい課題である。

第二章

スピリチュアリティ理解の座標軸
――その問いはスピリチュアルなものか――

1　スピリチュアリティの一つの危機

本研究は、スピリチュアリティをめぐる今日の状況に対して、筆者がかねてから提唱してきた「問いと答え」の見地を発展させることで、一つの見通しを与えようとするものである。これを通して、スピリチュアリティ現象の諸相に対して、批判的な視座と、なおスピリチュアリティに希望を見いだす姿勢の双方を保証しうるような立場の確立を目指す。

まずスピリチュアリティの見地が貴重なものであることを確認しておきたい。この語が日本で普及したのは、ＷＨＯの「健康」定義改正案に「スピリチュアル」の文言が登場したのが契機である。以来、医療・看護の領域はもとより、福祉や教育、心理臨床、環境などの取り組みにおいて、この言葉に拠りどころを求める人が多くなってきた。

スピリチュアリティという言葉は生と死の問題、人生の重大事を、宗教への関わりを措いても正面きって問題にすることを可能にしてくれる。今日、わが国では自覚的信仰を有する人の割合が三〇%にも満たない。また若い世代になるほど、宗教に「アブナイ」というイメージを抱き、敬遠する向きも強い。そういう事情を踏まえると、スピリチュアリティの見地の重要さが見えてくる。

それは、誰もが宗教との関わりいかんにかかわらず、人生の実存的な関心事を語れるようにする言葉としての意義だ。本来、その意味で「表現のための概念」たるべきものだ。

ただし、こうした展望を生かしていくために、向き合っておくべき状況がある。世に言う「スピリチュアル・ブーム」である。江原啓之のTV番組『オーラの泉』の人気をはじめ、オーラや守護霊、前世などを肯定する霊的世界観に立ち、それを通して心の癒しや安らぎを得ようとする潮流が広がりを見せている。「スピリチュアル」と聞けばこちらを連想する人がむしろ多くなっている。二〇〇八年五月の読売新聞による宗教意識調査でも、もっぱらこの意味で使われていた。

最近、自分の前世や守護霊、オーラなど、目に見えない霊的な存在とのつながりによって、心の安らぎを得る「スピリチュアル」が関心を集めています。あなたは、こうした「スピリチュアル」にひかれますか、ひかれませんか。

そうした流れを指して、〈スピリチュアル〉という言い方を用いよう。形容詞である「スピリチュアル」を名詞として用いる本来非文法的な用法は、この流れで顕著だからである。[*10]

この傾向は言説の動向にも表れている。たとえば広範な読者をもつ香山の言説（2006）は、批判的な立場からのものだが、もっぱら〈スピリチュアル〉の方面しか念頭に置かずに書かれている。『第三文明』の「スピリチュアル」特集でも、冒頭の「スピリチュアル・ブームの基礎知識」では、オーラ、レイキ、パワーストーンなど、この系統の用語のみを取り上げている。

あるいは、「スピリチュアルケア」などの流れに目は向けつつも、字面上の類似性から、両者を同列に位置づける言説も増えている。磯村（2007）は江原のスピリチュアル・カウンセリングや女性誌の取り上げるヒーリングなどと、スピリチュアルケアとを同系統の流れとして論じている。河合（2006）も江原や「すぴこん（スピリチュアル・コンベンションの略。第一〇章参照）」に言及した後にＷＨＯの健康定義改正案や高野山大学のスピリチュアルケア学科設立に触れて「スピリチュアルは終末期医療の現場にも取り入れられている」と述べ、共通点として「霊的なものの存在を肯定していること」を挙げる（これはスピリチュアルケアに対する誤解に基づくものであることは言うまでもない）。ジャーナリズムはもとより、学術的な考察においてすら、こうした混同は時に見受けられるのである。[*11]

もちろん相応の批判的反省を踏まえた考察であれば正当なものである。島薗（2007：33）は、江原の言う「スピリチュアル」が一九世紀英国のスピリチュアリズムに由来するものであり、ケアの流れなどとは系譜が異なるものであることを指摘しつつ、「スピリチュアル」という言葉を用いたことがヒットの一因だと解

＊10　同様の用語法を用いて事柄を区別する議論は、堀江（2007）にも見られる。これをスピリチュアリティそのものの概念化のしにくさに求める議論も見られる（安藤 2006）。

＊11　大阪大学の臨床哲学研究室が組んだ特集「スピリチュアリティと臨床哲学」（2008）では、両者の系譜上の相違を考慮しないまま進められた議論を多く含む。あるいは旭川医大の杉岡（2009）も、両者の違いに深く立ち入らないまま、スピリチュアルケアを論じている。

釈している。堀江（2007）もスピリチュアリティが知識人による文化輸入にとどまっているのに対して、「霊の存在」を積極的に肯定する〈スピリチュアル〉のほうが大衆的な普及を見せている事情を指摘している。安藤（2008）も江原の信奉者たちの姿勢はともかく、その世界観が内容的には新霊性運動の主流と近いことを認め、スピリチュアリティの流れに組み込んでいる。

こうした考察は〈スピリチュアル〉の位置をスピリチュアリティの潮流のうちで見定めるためにも意義深い。だが世には、十分な概念的反省を踏まえないまま、言葉の上で共通性があるというだけで「スピリチュアル」の名の下で事象を一括する言説が多いのも先に触れたように事実である。

こうした事情から、スピリチュアリティの立場が一般の人々にはスピリチュアルブームと安易に混同される危険は高まっている。この立場全般が、何らかの霊的存在を「信じるような」態度として扱われ、その本来の可能性が認識されず、背景に押しやられたままにとどまることにもなりかねない。

さらに、最近ではスピリチュアルブームに対する批判言説も目立ってきた。先述の香山の議論もそうだし、より古典的なものとしては斎藤（1997）のものがある。科学者の見地からの論説も、たとえば左巻（2007）、中澤（2008）がある。宗教学者でも、小池（2007）や櫻井（2009b）のように、はっきり批判的な立場から現象を論じる人も出てきた。特に櫻井の、メディア化・商業化した形態のスピリチュアルブームに対する批判は手厳しい。

これらには、多くの面で正当な批判といえる言説も少なくない。だが、先の混同がそのままであれば、結果としてスピリチュアリティの潮流全体がネガティヴに扱われる危険も高まっている。この見地の有望な面まで見失われることも懸念しなければならない。先述の櫻井は、そうした側面に多少の目配せはしつつも、事実上もっぱら霊能番組やスピリチュアル・ビジネスに対してスピリチュアリティの語を用いている。否定的な形態と、肯定しうる形態とを区別する程度のスピリチュアリティ概念の分節化も行っていない。こうした言説が影響力を高めれば、産湯とともに赤子まで流されかねない。もとより、〈スピリチュアル〉にしても、こうした言説が論ずるように、もっぱらネガティヴなものとして批判できるものではないはずだ。

その意味で、この日本社会においてスピリチュアリティは危機に陥っているといえよう。櫻井（2009b：271）はスピリチュアリティに対する批判的思考の大切さを強調している。その通りだ。だがそれは、スピリチュアリティの「毒」の部分を見抜くことだけでなく、その生かすべき面、希望を託すべきところを見きわめるうえでも必要なはずだ。スピリチュアリティの負の形態を単にそれが非合理への軽信とか、現実からの逃避と解釈するだけでは十分ではない。もっと踏み込んだ概念装置をもたなければ、事の深刻さも深遠さも見えてこないだろう。

もとより宗教離れの進んだこの社会において、弓山（2009：188）の言うように、スピリチュアリティの興隆は精神性の復興という面が確実に存し、戦後日本の精神史の観点からも有意義な出来事と解しうる。ここに何らかの希望を見いだそうとするのなら、先の問題に対して応答しうる、相応の批判的・反省的な視座が必要であろう。スピリチュアリティに内在的な立場からも、中川（2009：147）のように、この概念が成熟していないゆえの問題点を指摘する声も出ている。本研究は、「問いと答え」のアプローチをさらに発展させて、その課題に応えようと努めたい。それが、スピリチュアリティが誰でもの問題意識として、この日本社会で相応に育っていくための素地を作ろうとするものである。

2　時代の要請と概念の規定

もとよりスピリチュアリティというのは、厳密な定義のもとで受け入れられた概念ではない。むしろ受容の背景に「時代の要請」があり、この語を使用する当事者たちが、思い思いの意味を込める傾向がある。この語が本質的に媒介性、二重性を含んでおり、その意味で多義的になることは避けられない、という安藤（2006：6）の指摘もある。

だからスピリチュアリティの問題圏には広範な現象が属する。この概念に単に定義を与えようとするだけでなく、事柄をさらに分節化することで理解を進めようとするアプローチが試みられたのは、むしろ当然である。たとえば関心の方向性に即した「垂直軸」と「水平軸」との区別はしばしば見られる。超越者や高次ないし深層のリアリティとの関わりなどに向かうのが「垂直的」、他者とのふれあい、コミュニティとのつながり、自然との交感などが「水平的」とされるわけである（津城 2008）。

西平（2007）は、第一章でも触れたが「ルビとしてのスピリチュアリティ」という戦略を提示する。「宗教性」「全人格性」「実存性」などの多様な訳語の「ルビ」としてスピリチュアリティの語を用いることで、事柄の多面性と共通性を同時に見てゆこうというのである。これはスピリチュアリティの多様な側面を見いだしてゆくための発見法としても有益である。

樫尾（2009）は最近の論考で、「強い宗教的スピリチュアリティ」と「弱い倫理的スピリチュアリティ」の区別を試みている。前者は、超越者や不可視の力との関係性を指し、「超越性」や「全体性」によって特徴づけられる。それに対して後者は、生の実存的意味や利他的な生き方、つながりへの気づきなどに対応する。

こうした状況のなかで、筆者はスピリチュアリティに関して「問い」と「答え」という位相の区別を、かねてから提唱してきた。[*12]「問い」の位相とは、「人生の意味」「死後の運命」といった事柄を、実存的・自覚的に問うてゆこうとする姿勢である。それに対して、「答え」の位相のスピリチュアリティとは、そうした「問い」に対して一定の、特に超越を志向した「方向づけ」「導き」を与えるものである。

このような位相の区別の利点の一つは、一定の世界観への支持（専門的に言えば、「存在論的コミットメント」）を前提とすることなく、多くの人々がスピリチュアリティの問題圏に入ってゆく手助けとなることである。「特定宗教を離れている」ことを前面に出すにしても、ある種の「霊的世界観」など何らかの信念体系を要求するのであれば抵抗は避けがたい。「ケア」「教育」など、広範囲の人々が関わる場面ではなおさらであろう。

西平や樫尾の議論でも示唆されるのは、必ずしも超越的なもの、ないし「霊的なもの」の存在を前提としなくても成立するスピリチュアリティの領域がありうることである。安藤（2008：20）も、スピリチュアリティが霊的世界観を前提としないでも成立している事例を挙げている。こうした次元を確保しておくことは、スピリチュアリティを万人の関心事として位置づけるうえで重要だと思われる。[*13]

＊12　本書第一章を参照。岡本（2006）も「実存の次元」と「超越の次元」を区別した議論を行っている。その源流には窪寺による「外的他者（超越者）への関心」と「自己の人生への関心」という二極の区別がある。だがこうした議論も両者を方向性の違いとして論じており、「問い」と「答え」という形で分節化はしていないように見える。

＊13　感覚や体験に根ざした定義は多いが（たとえば伊藤 2003）、その場合、感じられ出会われる超越的なものの存在が問題となるし、また直接の体験者以外についてはあてはめにくい。「関心」や「世界観」のレベルでスピリチュアリティに関わっている人たちの立場を容れることが難しい。こういった限界は「問い」の視点ならば克服できる。

ただしその場合、にもかかわらず事柄がスピリチュアルなものとして位置づけられる根拠が問題となるだろう。その点で、「問い」の次元を切り出しておくことは意義深い。そしてスピリチュアリティの多様な方向性を、「問いに対する答えの諸相」としてとらえ返すことで、統一的に把握する展望を拓くことができる。また、スピリチュアリティの事柄を絶えず「問い」に引き戻して吟味する、反省的・批判的な視点を導入しうる。

もちろんこのアプローチは一つの試みにすぎず、他の分節化を妨げるものではない。だが、スピリチュアリティに一定の有益な見通しを与えるという戦略的な規準に照らして、一考に値するとは主張できるだろう。

3 「問い」と「答え」という二つの軸

これまでの私の議論では、問いと答えを局面の違いとして考えてきた。つまり、まずスピリチュアルな問いがあり、それが何らかの答えによって満たされる、という段階を踏むものとして理解してきた。両者を通時的に成り立つものとして扱ってきたのである。第一章の議論はほぼそうした立場をとっている。

だが今回の考察では、問いと答えが共時的にも成り立つものとして位置づけるモデルを提案したい。「スピリチュアリティ」の圏域に位置づけられるさまざまな事柄を、当事者の関心・動機＝「問い」の側面と、そこで出会われる（と信じられている）対象、領域＝「答え」の側面と、それぞれの側面から同時に考えようというのである。言い換えれば、「問い」と「答え」を二本の軸とし、両者の交わりにおいて事象を考察してゆくということである。

自分の存在の意味、生死への実存的関心、大切な人を失った悲嘆への向き合いといった人生の根源的な関心事に真摯に向き合う姿勢は、それ自体スピリチュアルといいうる。「問い」の次元のスピリチュアリティである。フランクルが人間存在の根本的な動機として位置づける「意味への意志」はこれを如実に表現したものであり、彼がこれに関わるのを「精神」の次元として、「心理」の次元と峻別したのも頷ける。スピリチュアルペインやケア、あるいはスピリチュアル教育は、まずこういう意味で語られるものであろう。

だが、今回の考察では、「答え」に関しては、いくらか視点を変えて論じたい。これまでは、あくまで「問い」のスピリチュアリティに対する答えであった。だが本章では、「問い」のいかんにかかわらず、一定の世界観、存在論的コミットメントを含んだ立場を指すものとして考える。つまり、「答え」の次元でのスピリチュアリティとは、何か超越的、霊的、非日常的なものや次元の存在を肯定する立場である。

それは神仏のような超越者や死後の魂のような霊的存在、他界のような超現世的世界、深層の真の自己、リアリティの非物質的な次元や見えない力、人知を超えた運命など、多様な形で考えられる。こうしたものの存在を認め、それを前提とした体験や活動にあずかっている場合、それは「答え」のスピリチュアリティに属する。世に「スピリチュアルブーム」として名指されるものは、第一にそのようなものとして考えられることが多い（香山 2006：36）。江原啓之のスピリチュアル・カウンセリングは霊的世界の存在を前提としたアプローチである。あるいは神仏の存在とそれに対する帰依を説く多くの宗教は、少なくともこちらのスピリチュアリティには関わっていることも確認できる。

この二つの次元が、現実には緊密に結びつくことも多いのは否定できない。だが「問い」と「答え」の次元は、原理的には独立に成り立つものである。スピリチュアルな問いに対して、答えがスピリチュアルなものである必然性はない。人生の意味に対する問いは、まだ答えに至っていなくとも、それ自体スピリチュア

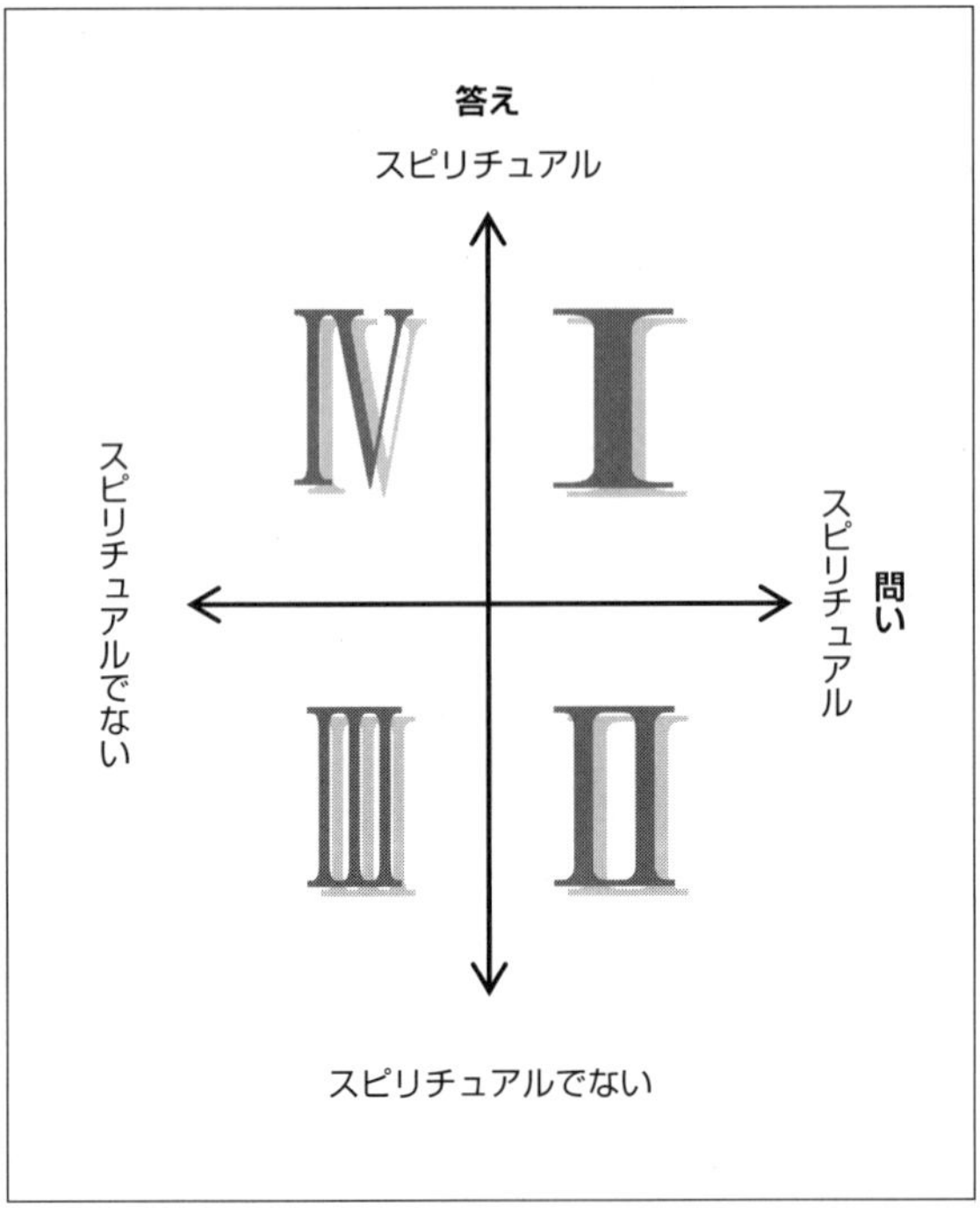

図　スピリチュアリティの「問い／答え」の四つの象限

リティたりうる。逆に、宗教や霊的世界観を支持したり、それに基づく活動を行ったりするからといって、その動機、つまり問いがスピリチュアルなものであるという保証もない。単なる娯楽的な興味であったり、現世的利益の追求など、スピリチュアルな問いとは別の次元の動機であったりする可能性も排除できない。

岸本英夫（1975）に古典的ともいうべき宗教規定がある。岸本によれば、宗教とは「上の重心」と「下の重心」という二つの重心をもつ、楕円形的な構造をもっている。上の重心とは「むこうがわ・信じられる対象の側の問題」であり、絶対者、神、宇宙の根本原理、などが関わる。それに対して下の重心とは、信じる側、人間主体の側の問題である。本章の見地からすれば、「上の重心」と「下の重心」は「答え」と「問い」に対応するといってよい。「宗教的ではないがスピリチュアル」という言い方があるが、岸本の枠組みを狭義の宗教にとどまらないものにまで拡張すれば、「問いと答え」の構図に近いものになる。

ただし、スピリチュアリティに属する事象が上下の「重心」いずれをも備えているとは限らないから、むしろ「問い」と「答え」を二つの次元として、二本の座標軸として考えてみよう、というのが本章の立場である。縦軸を「答え」がスピリチュアルかいなか、横軸を「問い」がスピリチュアルかいなかを表すものとして、一つの直交座標を描いてみよう。座標の右半分は、問いがスピリチュアルである領域、上半分は、答えがスピリチュアルである領域となる。そこでスピリチュアリティをめぐって、四つの象限が浮かび上がる（右頁の図参照）。

第Ⅰ象限では「問い」も「答え」もスピリチュアリティの要件を満たしている。「問い」だけがスピリチュアルなのが第Ⅱ象限である。第Ⅲ象限では、「問い」も「答え」もスピリチュアルなものではない。最後に、「答え」だけがスピリチュアルなのが第Ⅳ象限ということになる。第Ⅲ象限は問いも答えもスピリチュアリティに関わっていないので、本章の関心からは問題にはならないだろう。考察の対象になるのは、あくまでそれ以外の三つの象限である。

第Ⅰ象限とは、人生の意味や、究極の価値などをめぐる実存的な動機のもとで、何らかの超越的次元・存在を肯定する世界観にコミットし、それに基づいた実践に携わるようなスピリチュアリティの形態である。ケアや福祉、教育などの真摯な実践において、最も典型的とされるスピリチュアリティといえる。「正統派」のスピリチュアリティといってよい。

たとえば、ロスバーグはスピリチュアリティを、自己や共同体が「聖なるもの」にコミットし、表現する方向へと生きた変容を促す教義や実践に関わるものと規定している。またエルキンスはスピリチュアリティの主要な要素として、「人生の意味や目的」と「超越的次元」をともに取り上げて、究極的関心の妥当な目的は、聖なるものでなければならないと主張する。ここでは、第Ⅰ象限の立場が如実に表明されている。その他、この象限に定位したようなスピリチュアリティ規定は多い。[*14]

第Ⅱ象限には、いまだ「答え」を見いだしていない、人生の意味や自己の存在意義、あるいは大切な人の喪失をめぐる問いや苦悩が位置づけられる。それは求道的な探求でも、終末期のスピリチュアルペインでもありうる。[*15] また、そうした問いが、何らかの超越的次元に関わることなく、充足された場合にもいえる。「神は死んだ」と力強く宣言し、一切の超越的次元への依拠を排した「超人」たることを説くニーチェの哲学は、問いの深さからして、すぐれてスピリチュアルなものといってよい。

第Ⅳ象限では、死後生や霊的エネルギーなど、何らかの超越的なものの存在を肯定する世界観にコミットしたり、そうした立場を前提とした活動・体験に関わったりしながら、「問い」としてのスピリチュアリティが伴っていないようなケースが含まれることになる。オカルトブームでの、単なる興味本位での「心霊」への関心や、金銭運や恋愛運の向上などの現世利益の追求、現世的欲求の代用的満足といった動機でスピリチュアルな答えに向かうこともありうる事態である。

断っておくが、これらの象限の区分はそれ自体では価値評価を含むものではない。第Ⅰ象限のスピリチュアリティにしても、そのまま「善い」ものとは限らない。[*16] さまざまな「答え」自体の妥当性や善悪は問わなくても、この分け方は適用できる。また、この区別は理念型のうえでのことであり、現実の考え方や活動が整然と分類されるわけではない。中間的なスピリチュアリティの形態が存在することは十分に考えられる。

そして、すでに触れたことだが、この分類はあくまで一つの観点からするものであって、スピリチュアリティ分類論の決定版を目指したものではもちろんない。

4　四つの象限から見えてくるもの

本研究の見地は、スピリチュアリティの事象を、多視点的に考察する道を開く。つまり、問いがスピリチュアルなのか、答えがスピリチュアルなのか、それぞれの側面にしたがって、事柄がスピリチュアリティのうちに位置づけられるゆえんを探ることができる、ということである。

津城の言う「水平的次元」のスピリチュアリティには、家族や友人、恋人との深い人間関係や自然との親密な結びつきなど、それだけではスピリチュアルとは思えないような事柄まで含まれることがある。谷山(2009)は「超越的存在」とのつながりを強調する窪寺のスピリチュアリティ理解に異を唱え、そうした「現実的」次元での関わりが、スピリチュアルペインを癒す可能性について広く論じている。それらがスピリチュアリティたる条件として、津城(2008)が「垂直方向への膨らみ」を要請したのもゆえなしではない。

＊14　窪寺(2004)、ベッカー(2005)、津城(2008)ほか。宗教への帰依が、人生の意味や真の自己の探求といった実存的動機からくることは少なくなく、この場合も第一象限に入る。パスカルの「賭け」の思想やキルケゴールの実存哲学などが例である。京都学派の宗教哲学の見地も、おおむね実存的な関心事のもとで宗教的な境地が追究されている。

＊15　村田久之(2002)が典型的にこれを表現している。浜渦(2009)が、スピリチュアルペインを「哲学的ペイン」ととらえなおしているのも、こうした見方に対応する。もとより実存主義者たちの苦悩というのもそうであって、とりわけフランクルが克明に報告した、「生きる意味」への渇望というのは何より如実な例である。

＊16　たとえば、実存的な動機でカルト教団に入信した信者の例を考えてみればいい。

だが、「問い」がスピリチュアルだからと解したほうが、むしろ実情に即しているように思われる。そこに自分の存在を根本から支えるものを見いだそうという関心が働いているなら、スピリチュアリティに位置づけることができるわけである。

さらに本研究の立場では、〈スピリチュアル〉の流れを考えるうえでも一つの示唆を提供しうる。スピリチュアリティの立場が世のスピリチュアルブームと安易に混同される危険については、第1節でも強調しておいた。生死の危機に直面しての実存的なスピリチュアルペインや、真の自己をめぐる求道的ともいえる探求と、単なる非日常的な刺激や現世的関心、娯楽的な興味のもとで追い求められる〈スピリチュアル〉[*17]とを字面上の類似性だけから結びつけるような論調は、確かに安易なものである。両者の違いを見きわめ、何が批判の対象となっているのかを明確にするうえでも、「問いと答え」による座標軸の設定は有効であろう。

だが両者の関係は、単に似て非なるものとして解する以上のものがあるように思われる。この二つはすでに触れたように、スピリチュアリティの第Ⅱ象限と第Ⅳ象限との区別に関わる。両者はそれぞれ第Ⅰ象限と部分的な共通性を有し、それを介して「スピリチュアリティ」という概念のもとに包括されている、と解すれば、事柄の全体像が見えてくる。

第Ⅰ象限のスピリチュアリティは、スピリチュアリティ全体のなかでも特に典型的なものである。リアリティの脱物質的次元についてはその存在が肯定され、そこに向かう人々の関心事はすぐれて実存的で真摯――そういうあり方だ。認知言語学の言葉を用いれば、スピリチュアリティの「プロトタイプ」をなしているということである。[*18]

このプロトタイプと、第Ⅱ象限は問いの、第Ⅳ象限は答えの共通性を通して結びついている。第Ⅰ象限と第Ⅱ象限とは、「問い」が生死の意味に関わるなど、実存的で「究極的関心」の事柄である点で共通である。

その一方で第Ⅰ象限は、リアリティの非物質的、超越的な次元を肯定する意味では、「答え」において第Ⅳ象限と共通である。

座標軸の交点を挟んで斜め向かいに対峙する第Ⅱ象限と第Ⅳ象限の間には、直接の類似点を見いだすことは難しい。この二つの象限は、第Ⅰ象限とそれぞれ別の部分で重なり合っているだけであり、両者の間には間接的なつながりしかない。スピリチュアリティの問題圏に属する事柄に、共通の本質は求めるべくもない、ということである。こういった関係を、ウィトゲンシュタインは「家族的類似性」と呼んだ。家族全員に共通する特徴は見当たらなくても、家族の個々のメンバーを比べれば共通点は見いだせる、という具合である。家族的類似性の見地を導入すれば、「スピリチュアリティ」を一つのカテゴリーとして、その内部の構造をより明確にできる。スピリチュアリティの問題系に一つの統一的な見通しを与えることができるだろう。

そしてまた、この座標軸によって、スピリチュアリティに対して一定の批判的な視座を堅持しつつ、なおこの潮流に希望を託し続けるスタンスも明確になってくる。スピリチュアリティに関する批判的視座の確立というのは、批判的な言説そのものも問いに付す、メタレベルの批判まで含めて考えられるべきだろう。不十分な概念規定に基づく考察や、安易な還元主義的アプローチなどもしばしば見られるからである。[*19]

＊17　もちろん、世の〈スピリチュアル〉が常に「問い」を欠いている、ということを言いたいのではない。あくまで基本が霊的存在や不可視の力の肯定といった、「答え」にある、というまでのことである。

＊18　「プロトタイプ」は、ジョンソン（1993：8）によると人間の認知の想像的構造の重要な要因である。現代の認知言語学が明らかにしたところでは、現実の人間が有する「自然な」カテゴリーにあってはその構造は均質ではなく、最も「典型的」な成員が存在する。カテゴリーの認知は、成員共通の特性を知ることではなく、その最も典型的な成員、すなわち「プロトタイプ」を指摘することによって成り立つ。たとえば「鳥」というカテゴリーの認知は、「羽毛をもった二足の恒温動物」という抽象的な定義を通じてではなく、最も「鳥らしい鳥」であるコマドリなどを通して生じる。

すでに触れたように、世の「スピリチュアルブーム」が安易にスピリチュアリティと同一視されることはしばしば起きており、このブームに対する批判的な見方も生じてきている。だから、そうした批判がどのような意味でのスピリチュアリティに向けられたものなのか、的確に見定めておくことが重要である。

多くの批判は、第Ⅳ象限のそれを標的としている。大きく分けると、その批判は二点に向けられる。一つは、そこで奉じられる何らかの霊的世界観に対するもの、つまり、「答え」に関わるものである。それが非合理的な軽信に傾くものである限り、合理主義的な見地からの批判はむしろ当然といえる。たとえば、先に挙げた左巻の批判はこれに対応するだろう。ただし、何らかの超越的世界観自体の妥当性は単なる自然科学的な見地からの批判だけで論じつくせるものでないことは、スピリチュアリティの問題圏に多少ともコミットしている人であれば言うまでもない。この点も踏まえて、批判を理解する必要がある。

もう一つは、こうした〈スピリチュアル〉への動機づけに関わる。つまり、本来はスピリチュアルな次元というより、むしろ他の次元——心理的ないし社会的——で取り組まれ、解決が図られるべき問題に、「超越的」解決を求めてしまう、ということに対する批判である。「宗教は民衆のアヘンである」というマルクスの宗教批判言説の現代版ともいえるものだ。だがこれは「問い」の見地をそれとして取り出せばこそ、立ち現れる見通しである。

たとえば香山（2006：125）は、守護霊やオーラなどの超越世界に根ざすと思われる存在は、実は現代人にとっての新しい「移行対象」ではないか、という解釈を提示する。斎藤（1997：371）は格差社会の過酷な生活・労働条件への順応として解する。あるいは櫻井（2009b：271）は、社会から切り離され、所属すべき中間集団を見いだせない個の代用的な充足として論じる。

スピリチュアリティの潮流を全肯定するのではなく、負の側面からも目をそむけず、その危険について告発していくべきだという姿勢には私も異存はない。確かに、むしろ心理的ないし社会的な次元で扱うべき問いに、スピリチュアルな答え（答えのスピリチュアリティ）による解決を求めてしまう姿勢の安易さについては、もっと自覚的であってよい。特に格差社会化のような、本来社会的レベルで解決が図られるべき問題にスピリチュアルな観点だけからアプローチすることは、イデオロギーとしても危険性をはらんでいる。

ただ、こうした見解は還元主義的なアプローチに傾きがちであり、それに対しては、これまた批判的な吟味が必要であろう。上記の論者には共通点がある。何か現世的・世俗的な意味での欲求・要求がまずあって、それが満たされないから代用的にスピリチュアルなものが求められている、という論法である。その解釈が個々の事象に関しては妥当かもしれないが、こういう還元主義的な――多くは社会学的な――アプローチが一般化されることは危惧したい。真正にスピリチュアルな要求までも還元してしまう危険が伴うからである。本来、心理的・社会的次元で解決すべき問題に、安易にスピリチュアルな救いを求めてしまう姿勢は確かに警戒すべきである。だが他方で、たとえそうした次元での要求が満たされたとしても、人間が人間である限り乗り越えがたい死や悪、つまりヤスパースの言う「限界状況」に直面しての問い、つまり固有の意味でスピリチュアルな問いまでが正当に扱われないとすれば由々しきことだろう。

こうした問題については、早くからフランクルが警告を発していた。人間にとって最深にして切実な動機

＊19　櫻井（2009b）はスピリチュアリティ文化に属する事象の多くに批判的な視点をとる論者である。ただ惜しむらくは「スピリチュアリティ」の概念規定を自覚的に行っておらず、どのような事柄をスピリチュアリティに分類するのかが見えにくくなっている。SMAPの流行歌「世界に一つだけの花」にスピリチュアリティを読み込んだり、あるいは江原啓之のスピリチュアリズムをスピリチュアリティの「典型」のように扱ったりするのであれば、まずスピリチュアリティ概念に相応な規定を加えたうえでのことでなければならないはずである。そのため、スピリチュアリティ文化をどこまで、どのような点で批判しているのか見えにくくなっている。

である「人生の意味への問い」が、時代を支配する還元主義においては、正当に受け止められない。遺伝機構や生理学的反応、心的衝動や権力関係の擬装された表れにすぎないものとして扱われるのである。「生物学主義」「心理学主義」「社会学主義」など、さまざまな形をとる還元主義は、存在の一つの次元を絶対化し、他のすべてを相対化することで、人間の「精神」としてのあり方を見失い、ニヒリズムを帰結させている。これを、フランクルは全力を挙げて批判したのであった。

そして、スピリチュアルブームの批判者たちは、「問い」の次元でのスピリチュアリティにめったに目を向けない。動機論を語るなら、スピリチュアリティ固有の問いや要求と、擬装された別種類の要求とを区別しうるような視座も求められるはずである。その意味で、「問い」としてのスピリチュアリティを切り出しておく意義は大きい。

いわゆるスピリチュアルブームのなかにも、「問い」としてのスピリチュアリティが存するのではないか。その「答え」を疑問に付すとしても、「問い」そのものは人間にあって至極まっとうな、尊重に値するものとして受け止める必要があるかもしれない。「カルト宗教への入信」のようなケースでも同様の理解が求められるだろう。

こうした点が、「問い」と「答え」の二軸でスピリチュアリティを考えることによって開かれる主要な展望である。だがこの見地は、さらに多くの事柄にも、示唆をもたらしうるものである。以下でいくらかを挙げておこう。

また、スピリチュアリティの普遍性についての議論にも一石を投じうる。人間は本質的にスピリチュアルな――あるいは、広い意味で宗教的な――存在である。人間には本来的に（精神の働きとしての）スピリチュアリティが備わっている――こうした言説は、スピリチュアリティの立場の主唱者によって、しばしば語られてきた。

筆者自身はもちろんこうした人間観を肯定する。だがこれを自明の前提として一般の人々に主張するには、まだ機が熟していないと判断する。とりわけそれが超越的な存在や次元についての世界観や存在論、「答え」を含んだものである場合はそうである。「特定の宗教との関わり」を離れていることを強調するスピリチュアリティの立場は、時としてそのまま、だからそれは誰にも共通するものである、という普遍性の主張に結びつきやすい。終末期のスピリチュアルペインや、フランクルが強制収容所の状況のなかでも見いだした「意味への意志」をかんがみれば、「問い」のスピリチュアリティが少なくとも潜在的に、誰にとっても切実な関心事であることは想定してよいであろう。

だが、「特定宗教とは関わらない」という名のもとで、何らかの「答え」が押しつけられる危険性は警戒しなければならない。教育の文脈で「宗教的情操教育」に関して、この問題がつきまとうことは本書の第八章でも論じている。[*20] 「答え」に関してどこまで普遍性を主張しうるのかは、綿密な検討を要する課題にちがいない。「スピリチュアリティの普遍性」を論ずる言説に関して、「問い」「答え」の両方の座標軸に即した考察が求められるだろう。

また、宗教とスピリチュアリティの関係に関する論点についても示唆を提供できる。両者を別個のものとして解する議論と、一方が他方に包摂されるという議論とがある。安藤の言う「スピリチュアリティ概念の媒介性」の一つの表れといってよい。

もとより、宗教がスピリチュアルな側面をまったく欠いているとは考えられない。そもそも、欧米で、

＊20 高橋（2004）や櫻井（2009b）のように批判的見地から、宗教的情操教育論をスピリチュアリティの立場とほとんど同一視する見解もあるだけに、この議論は重要だと思われる。

spiritual が実質的に religious の同義語として用いられることも少なくない。だから、むしろ大切なのは宗教の内部で、「問い」「答え」両面に即して、どこまでスピリチュアリティに関わっているかを個別に論じていく姿勢である。

原始仏教のような例外を除けば、宗教は神や仏などの超越者や死後の霊魂、この世を超えた他界などの存在を肯定して教えを説き、実践を促す。その限りで「答え」についてはスピリチュアリティの要件をほぼ満たしているように見える。ただし、習俗・慣習化した宗教が、こうした超越的な次元をリアルに感じさせてくれないという不満を抱く人も少なくないだろう。「答え」の次元で、超越的なものをよりリアルに、身近に感じさせてくれるものを求める、という動機から、何らかのスピリチュアリティ、それこそ〈スピリチュアル〉に目を向けるという態度は、今日では当然考えられる。

そして、宗教への関わりが必ずしもスピリチュアルな問いからとは限らない。純然たる現世利益志向での入信というのもあるだろうし、単なる人付き合いの延長ということもある。信者の両親のもとで生まれた結果ということもあるだろう。入信動機がどうあれ、その後実存的な関心に目覚め、信仰・信心をスピリチュアルにしていく可能性もある。

また逆に言うと、個人がスピリチュアルな「問い」から出発したとして、その答えが制度的な「宗教」である可能性も排除されない。しばしば「組織的な宗教」と「個人（主義）的なスピリチュアリティ」は対置される。だがこの対立図式は、第Ⅳ象限に属するような宗教のあり方を前提としているにちがいない。既存の宗教がスピリチュアルな「問い」に応えてくれないからこそ、組織宗教とは別の方向を探ろうという動機が高まるのである。このように、本章からは、宗教とスピリチュアリティの関係についても、さまざまな角度から考察できるだろう。[*21]

5　おわりに

本章では「問い／答え」を二つの座標軸とするアプローチによって、スピリチュアリティの問題系に見通しを与える可能性を示唆した。その意義は、「スピリチュアル・ブーム」への向き合いをはじめとして、多面にわたる。ただし、ここまでの考察で果たしたのはあくまで視座の確立である。この視座に立って、スピリチュアリティにまつわる個別の事象を、「問い」「答え」二つの座標軸から検討してゆく経験的な研究は、今後進めてゆくべき課題として残されている。この点を確認して、議論を結ぶことにしたい。

＊21　たとえば新宗教への入信動機論についての考察で、中西（2006）は世間的に「洗脳」のようなイメージで見られがちな統一教会の女性信者たちに、深くスピリチュアルな「問い」が存したことを明らかにしている。

第三章

「スピリチュアリティ」定義の諸相をめぐって

――「問いと答え」からの整理――

1　定義という問題

前の二つの章をはじめとして、本書で一貫して主張しているのが、スピリチュアリティを「問い」と「答え」に分節化してとらえる見地である。この見地を導入することによって、現代社会のさまざまな場面で表れているスピリチュアリティの潮流について、見通しを与えることができる。ケアや教育において求められるスピリチュアリティとは何か。昨今のスピリチュアルブームの何が問題なのか。またスピリチュアリティに対する批判的な言説にどう対応すべきなのか。スピリチュアリティを万人の関心事として位置づける場合、どこに焦点を合わせるか――そういった論点を明確にするうえで、「問い―答え」の構図はいたって有益であることは確認できたと信ずる。

だがこれは、今まで数々の論者によって試みられてきた「スピリチュアリティ」概念の定義にとってかわろうとするものではない。「決定版」を目指したものではないのはもちろん、新しい試みを一つ、付け加えようとするものでもない。というか、そもそもスピリチュアリティの「定義」を提供しようとするものではない。この点は改めて断っておきたいところである。「補助線」を引こうとするにすぎず、直接図形を描画しようとしているわけではない。

そもそも「問い／答え」の区分は、あくまで理解の戦略である。これを通して、錯綜したスピリチュアリティの問題を分節化し、明確な見通しを与えることを目的として提唱したものであった。何より、特定のスピリチュアルな世界観、人間観を前提とせずに成り立つスピリチュアリティの次元、つまり「問い」の次元をそれとして取り出すことが主眼であった。「答え」の実質的な内容については、この構図からは直接には何かを提供することはない。

それゆえに、より実質的な内容、「答え」を含んだスピリチュアリティ規定の諸立場と、十分に両立するのが「問い／答え」の構図である。そればかりか、もろもろのスピリチュアリティ規定の試みも、この区分を採り入れることでさらに自らの立場の分節化と論点の明確化を図ることができると思われるし、また、さまざまな立場を、この構図に照らして比較し、それぞれの関係を探ることも可能になるだろう。そこで、本章ではこれまでに日本で試みられた、スピリチュアリティのさまざまな定義に触れ、それらに対する本書のスタンスを示していきたい。

2　挑戦と応答――日本におけるスピリチュアリティ――

本書全体にいえることだが、この章でも焦点は日本での議論に絞る。スピリチュアリティ（という視点、考え方）の、この日本社会での意義と可能性を探ることが本書の基本的な問題意識だからである。もちろん、「スピリチュアル」「スピリチュアリティ」が外来語であり、つまり出自を海外にもつことは事実である。この語が今日的な意味を帯びるまでに育ってきた背景も、欧米にあることは否定できない。にもかかわらず、これまでの議論でも繰り返し論じてきたように、この日本のなかでスピリチュアリティの展望は、「本家」欧米とは違った、独自の役割を果たしうる。伝統宗教の弱体化とともに、日本人が明治以降、特に戦後の歴史のなかで見失いかけていた大切なものを再認識させてくれる。人生の重大事への新たな取り組みへといざなってくれる。そうした姿勢は、スピリチュアリティという見地によってこそ有効にすすめられる、と私は考えるからである。

また、欧米で試みられたスピリチュアリティ定義の数々の試みには、当然、固有の文化的な背景が伴っている。たとえ特定宗教を前提にせずに成り立つことを強調している場合でも、やはりキリスト教を典型として想定したような論調はどうしても含まれる傾向がある。窪寺（2004：5）が述べるように、語源である「スピリット」は、人間に吹き込まれ、これを生けるものとする「神の息」を意味する旧約聖書の用法と深く結びついている。スピリチュアルな問題に関する項目において、欧米ではしばしば「神・絶対者との関係」が挙げられるのも、このためだろう。ＷＨＯの「健康」定義改正案を受けてスピリチュアリティに関する国際比較調査を行うことになった際、日本での調査を担当した田崎らが、調査項目をＷＨＯに提案されたものから、日本向けに作り直さなければならなかった事情にもそれは表れている（田崎 2009)。

だからこそ、日本での議論の独自性に注意を払う必要がある。欧米キリスト教圏とは異なる文化的・宗教的背景をもち、また自覚的な宗教信仰者が三割前後という、それ自体が世界的には特異な事情であるほど宗教離れが進んだこの国の社会にあって、外部からもたらされた「スピリチュアリティ」という観念にどう応答したか。どのようなものとして理解し、日本社会のなかに位置づけようとしたか。その試みの数々に、考察の照準を合わせたいわけである。たびたび触れたように、そのインパクトは、少なくとも潜在的には、非常に大きなものがあるはずである。

古典的には、鈴木大拙の「日本的霊性」論があるのは周知のとおりだ。「物質」との二元的対立をつねに含意している「精神」とは異なり、両者の奥にあって、両者を包んで開かれる次元、そこでは精神と物質が二つにして一つであるという相即が成り立つあり方、それを「霊性」と大拙は表現する（1972：17)。それは宗教意識と言ってよいものだが、「宗教」という言葉をそのまま用いると誤解のもとになるから、独自な語で言うのである。制度化された宗教の土台にあるものは、この霊性の経験にほかならない、という。そして霊性の日本的表現、つまり「日本的霊性」の現れとして、浄土仏教と禅をとらえたことも周知の通りである。

宗教と霊性の区別や、霊性それ自体の普遍性と、その民族的な表現にみられる多様性とをともに見据えた理解などは、現代のスピリチュアリティ論の先駆といえるものである。確かに現代社会におけるスピリチュアリティは「精神の二元性を解消させる経験」に限定されない（安藤 2007：23)、「無分別の分別」「大慈大悲」といった仏教思想を前提にしている（桐田 2007：267）といった限界は指摘される。だが、十分に現代性をもった、スピリチュアリティについての深い洞察であることは間違いない。『日本的霊性』の英訳本の題名でもSpiritualityが使われている。

とはいえ、日本における「スピリチュアリティ」の論議は大拙の思想をそのまま引き継いで生じたものではない。むしろ海外での「スピリチュアリティ」論に呼応するかたちで、その意義が改めて見直されるようになったというのが実情である。その点を踏まえて、日本での議論の事情を見ていこう。

WHO案にある「スピリチュアル」をどう邦訳するかという論議がまず起こった。あるいは先述の田崎らによる、「日本人のスピリチュアリティに関する項目」作成の試み。こうした企てにみられる「スピリチュアリティの標準化」に抗し、「ひとつの言葉では表しきれない深淵」としてのスピリチュアリティのありようを守っていこうという辻内の提言もあった。日本でのさまざまな新霊性運動の動きを、世界各地の諸現象との連関のなかに位置づけ、一つの同時代的な潮流として考察する島薗の宗教社会学的な研究。スピリチュアリティをあえて単一語で訳さず、さまざまな訳語候補の「ルビ」として使用することで、そこに含まれている豊かな含意を引き出し、分節化していこうとする西平の戦略もある。あまりに「超越性」「垂直的方向」を強調した従来のスピリチュアルケアに対し、自然や親密な他者とのつながりなどの「現実的次元」を重視した日本型スピリチュアルケアを提言する谷山の論など、さまざまな分野でスピリチュアリティに対する積極的な応答は企てられている。

そういう意味でも、堀江（2007：44）による「スピリチュアリティ言説は、終始、輸入と翻訳の営みであった」という規定は、事柄の矮小化と言わざるをえない。「輸入と翻訳」という言葉から示唆されるような一方向的な流れではなく、いろいろと例示したように日本の論者からの積極的な応答を伴っているからである。「スピリチュアリティ」という言葉、観念が日本にもたらされたことは一つの文化的（ひいては宗教的）挑戦といえるのであって、現代の日本人・社会が抱える問題に照らしてどう応答していくかが問題なのである。

ただ、そうした応答を経てスピリチュアリティの考え方が日本で広く認知・理解され、浸透してゆくのをまたずして、江原啓之の活動に代表される、いわゆる「スピリチュアル」のほうが大衆的成功を収め、ずっと広範な支持を集めるにいたっているのも実情である。それはスピリチュアリティの問題に関わる人たちが、真摯に受け止めなければならない事態であろう。その原因が、堀江の言うようにスピリチュアリティ言説が「霊信仰を暗黙に排除したこと」に求められるのかどうかは別にしても、[*22]この現象が、スピリチュアリティを真摯に語り、実践していくうえでどんな意義と問題を持っているのかは、反省が求められる課題にちがいない。

そういうわけで、この章で見ていきたいのは、日本の論者による、スピリチュアリティ規定の試み、つまりは「応答」のさまざまなありようである。さまざまな試みの意義と関係性を「問いと答え」の見地から探り、あわせて、この日本でのスピリチュアリティの方向性についても考えていきたい。

3　定義のさまざまな試み

この日本でも、スピリチュアリティについての定義はかなり多い。しばしば「宗教」の定義は宗教学者の数だけある、と言われるが、スピリチュアリティについても、それこそ論者の数だけある、といってよいほど、多種多様な規定が試みられている。それだけこの事柄に寄せられる関心が広範であることを反映している。それと同時に、事柄そのものがいかに多面的なものであるかも示唆していよう。関連する多面的な事象を列挙するような議論も少なくない。[*23]

安藤泰至（2006：74–75）によれば、スピリチュアリティという用語を使う人々にはおおむね三つのタイプがある。医療・福祉・教育・心理療法といった広義のヒューマンケアに関わる専門職の人々、従来の「宗教」概念ではとらえられない現代社会の現象をこの概念によって読み解こうとする宗教学者たち、そして従来の宗教に代わる新しい自己探求のあり方として、この語を標語的に用いる新霊性運動の主唱者たちである。もちろん三者は整然と区別されるものではない。[*24] その文脈によって、一定の定義の傾向もいくらか見てとれる。また、どこにスピリチュアリティの成り立つ場面を定位するか、ということも、それぞれの企ての立ち位置を見きわめるうえでは重要なポイントだ。そのあたりのことを念頭に置きつつ、論者たちの語るところに耳を傾けていこう。

もとより忘れないでおきたいことがある。辻内（2005：51–52）の言うように、「目に見えない生きるため

＊22　堀江が言うように果たして、「スピリチュアル」と「スピリチュアリティ」が、同じ層の受容者を「取り合う」関係にあったのかどうか。スピリチュアリティが本格的に論議にのぼったのが件のWHO健康定義改正案の一九九八年であり、江原のマスメディアでの「ブレイク」が「スピリチュアル・カウンセラー」を名乗って活動を始めた二〇〇一年であることを考えると、まず何より、スピリチュアリティの問題意識が社会一般に訴え、浸透していくまでの時間が十分に与えられる前に、「スピリチュアル」のほうが爆発的な普及を見せた、ということが実情のように思われる。そしてまた、この事態に応答して、社会一般に「スピリチュアリティ」のもっと広範な問題意識に気づかせようとする動きが、実践者にも研究者にも、めったにみられなかったことが問題だ。

＊23　スピリチュアルケア系の文献では、スピリチュアルペインに属する事柄として、さまざまな問題が並べられることがある。問題は、そうした多様なペインが、どうして同じスピリチュアリティという言葉のもとでまとめられるのか、ということである。

＊24　そもそもスピリチュアルケアなどの潮流は、広義には新霊性運動の一部に位置づけることができる（島薗 2007）。また二番目のタイプの人たちでも、諸富（2005）や樫尾（2010a, b）などの言説は、三番目の流れにかなり棹差している。

の力、魂のようなもの、気に近いもの、生きる意味」など、スピリチュアリティが含意するものは多種多様、広範にわたる。定義というのがその語義上「範囲を定める」ことにあるとすれば、何らかの定義を与えようとすることで、こぼれ落ちてしまうものが出てくる。そうした見地から、辻内が一つの言葉で表せない深淵であるスピリチュアリティを「標準化」しようという試みに抗するのも頷ける。

その意味でも、桐田（2007：266）が言うように、スピリチュアリティが多義的に用いられる状況は、当面このままでよい。この語が使われる状況に気づき、その重要性が一人でも多くの人に気づかれ、社会的に広く認知されることこそが大切だ、というのも傾聴に値する。それは本書が提案する見地にとっても意義のあることである。スピリチュアリティが、もし広範な一般の人々が自分の問題意識、苦悩、生き方、経験などを自覚化し、語るために使える「表現概念」としての役割を持ちうるとすれば、そのためには豊かな含意を残していることは欠かせない。

とはいえ、さまざまに試みられたスピリチュアリティの定義を眺めて、一定の見通しを提供しようという考察は有意義である。それを通して、スピリチュアリティという言葉で何が問題となっているのか、明確化、自覚化する機縁が得られるからである。

「スピリチュアリティ」「スピリチュアル」のさまざまな文脈での多様な用法を整理し、一定の見通しを与えていこうとするメタ分析的な議論はわが国でもすでに現れている。たとえば安藤治（2007）は心理学の領域と医学の領域での用法を通覧し、両者の傾向の違いを「超越的次元の自覚」と「生（死）の意味と目的の追求」という面に見てとったうえで、両者を視野に入れた定義を描こうとしている。また津城（2008）はケアや身体論、キリスト教会、大衆文化など「スピリチュアリティ」が用いられるさまざまな場面に目配せしつつ、「スピリット」の四つの意味に従い、四つの例を提供している。

そして、必ずしも一義的な規定を与えようとはせず、さまざまな含み、可能性を残したままスピリチュアリティに総体的な展望を描いていこうというアプローチは、これまでにもいくつか見られる。安藤泰至（2006）はスピリチュアリティを使う人々の三つのタイプを分類しつつ、この概念のさまざまな形で現れる「二重性」「媒介性」を指摘する。すでに触れた西平（2007）はスピリチュアリティに含まれる多様な意味合いと可能性を残したまま、全体的な見通しを得ていくために「ルビとしてのスピリチュアリティ」という戦略を提案している。

安藤の言うように、スピリチュアリティの多面性、場合によっては内部的な矛盾まで認めたうえで、この概念に寄せられる人々の期待や意図を可能なかぎり読み取っていこうという姿勢が、こうした見地には見いだされる。「問い／答え」の見地は、答えの方面をオープン・エンドにしたままでスピリチュアリティを論ずることを可能にするために、その目的にも適った枠組みといえよう。それを念頭に置いた上で、各種のスピリチュアリティ規定の試みを吟味していくこととしたい。

4　スピリチュアリティはどこに成り立つか

一つのポイントになるのが、スピリチュアリティをどんな場面に定位するかという問題である。それは「感覚」や「経験」の事柄なのか。あるいは、「心の働き」として存するのか、「動機」「欲求」という形で成り立つのか。こういった点に関して、立場の分かれが見られる。

A 「感覚」「体験」

まず広範に見られる傾向として、スピリチュアリティを「感覚」「体験」に定位して規定しようとする見解がある。たとえば小池靖（2000）によれば、スピリチュアリティは「超自然的な力や存在に自己が影響を受けている感覚」とのことである。あるいは伊藤雅之（2003：ii）は、「個々人の体験に焦点をおき、当事者が何らかの手の届かない不可知、不可視の存在（たとえば、大自然、宇宙、内なる神／自己意識、特別な人間など）と神秘的なつながりを得て、非日常的な体験をしたり、自己が高められるという感覚をもったりすること」と規定している。葛西賢太（2003）も「超越的な存在を彼方に想定しつつ、その力が遠隔的に、人間的な領域に及ぶと見てとる感覚」と述べている。こうした議論では、スピリチュアリティは当事者が抱くある種の感覚、あるいは独自なタイプの経験として成立するものと考えられている。

彼らの議論に基づいて、ジャーナリストの磯村健太郎（2007）がやや概括的に「見えないなにかとつながる感覚」としているのもこの線に沿うものであろう。あるいは、社会的に広がった形態のスピリチュアリティが、組織や儀礼、あるいは教義といった宗教の要素よりも、「体験」を強く志向するものである、とする弓山（2007a：16）の指摘も、社会的背景を知る上では重要かもしれない。

社会学の枠外では、森岡正芳（2001：33-34）が臨床心理の立場で、「個を超えた領域や次元を感知しつながるという経験」「主体変様的認識によってとらえられる生命的有機体的感覚」をスピリチュアリティの基調とみている。ただしこれは「定義」を述べたものというより、概念の体験的基盤を探ろうとする議論としてとらえたほうがよいであろう。

これらの規定では、超越的な力や存在、不可視の領域といった用語は当然のように、共通して含まれている。だが当人たちが感受している、見てとっている、ということに力点を置いていることも、「当事者性」

を重視するこの文脈での議論にふさわしい。あくまで当事者たちがそのように感受している、という点も注目すべきところだ。「ネット恋愛のスピリチュアリティ」のように、局外的な視点から眺める限り関わる対象が「超越的」とはいいがたいケースであっても、スピリチュアリティが成立しているとされるのもこの見地に立っているからだろう。そもそも霊的なもの、超越的なものが本当に実在するかどうか、という存在論レベルの問題には、社会学プロパーの立場では答えられないのだから当然である。

こうしたタイプのスピリチュアリティ規定は、すでに成立している事柄に対してこそあてはまる、というのが一つの重要な特質である。見えない何かとつながっている感覚を当事者がすでに抱いている、非日常性や超越的なものとのつながりを体験している、という事態が生じていてはじめて、この概念を適用して理解、分析することができる。感覚・体験に定位したスピリチュアリティ概念が、社会のなかで現実に起こっている出来事を考察対象とする社会学の領域で好んで採用されているのも、この点に関連するのだろう。

反面、そのようにスピリチュアリティを扱うと、一定の感覚・体験を抱くに至っていない人たちの立場を容れるのが難しくなる。その限りで、どちらかといえば、「答え」寄りの規定に属するということができる。「問い」の段階、つまり超越的なものとのつながりをまだ求めている段階の人たちには適用しにくいし、また「人生の意味」のような実存的な問いを、超越的なものや霊的なものへの関心なしに追求しているような人たちについても同様である。その意味で、一定の文脈を離れて適用する場合、困難も予想されるだろう。

B 「欲求」「機能」

心理学や心理療法、ケアの領域での議論に目を転じてみると、スピリチュアリティの規定はまた違った様相を見せてくる。たとえば、わが国におけるスピリチュアルケアの第一人者である窪寺俊之（2004：8）は、スピリチュアリティを「人生の危機に直面して生きる拠り所が揺れ動き、あるいは見失われてしまったとき、その危機状況で生きる力や、希望を見つけ出そうとして、自分の外の大きなものに新たな拠り所を求める機能のことであり、また、危機の中で失われた生きる意味や目的を自己の内面に新たに見つけ出そうとする機能」と定義している。スピリチュアリティはここでは「機能」として扱われているのである。あるいは安藤治（2007：29-30）は、「人間に本来的に備わった生の意味や目的を求める無意識的欲求やその自覚を言い表す言葉」と規定している。

こうした場面では、「感覚」「体験」といったすでに出来事として成立しているありようよりも、むしろ「心の働き」としてスピリチュアリティがとらえられている。それがあくまで「欲求」として理解されるか、それとも窪寺のように心の「機能」として位置づけられるかについてはいくらか立場が分かれる。これは先に触れた安藤の言い方を用いれば、スピリチュアリティの「媒介性」の一つの顕著な例である。「人間に内在する性質ないし本質と見なされる一方で、何らかの実存的な危機に見舞われた際に生じる特定の欲求ないし要求と見なされるという二重性」（安藤 2007：6）というわけである。

逆に、すでに成立している「スピリチュアル」などには当てはめにくい。「機能」というのはかなり限定した規定ともいえる。心内への還元ともとれる。文脈を限定してはじめて通用する定義だろう。

また、スピリチュアリティを「信念」や「世界観」に関わるものや、行動や実践の問題として考える立場も考えられる。たとえばベッカー（2005：57）はスピリチュアリティの三つの側面として「①霊魂の有り様、②実存的課題、③精神統一の行」を挙げている。

窪寺（2008：32-37）はスピリチュアリティに対して試みられたさまざまな定義に言及し、「スピリチュアリティの諸相」として挙げる。「生きる意味」「生きるための枠組み」「生きる土台」「感情・意識」「側面」

「ペイン」「機能」、そして「プロセス」としてのスピリチュアリティ、という具合である。

窪寺自身はすでに触れたようにスピリチュアリティを機能、生の意味や目的が失われようとするときに発現する自己防衛の働きとして理解するわけだが、もちろん他の理解を排するわけではない。このようにさまざまな理解のしかたに触れることで、自分がどのような意味で「スピリチュアリティ」という言葉を用いているのかを自覚しておくことが大事である、と指摘するのである。

窪寺が念頭に置いているのは当然、主としてケアの文脈で企てられた規定の諸相である。自分が意図しているスピリチュアルケアとはどのようなものかを明確にしておくことが求められる、という問題意識が根幹にある。だが本書の見地からは、文脈はさらに拡張すべきところだろう。そのなかで、「問い／答え」の見地を導入することは、一助となるはずである。そこでスピリチュアリティとして考えられる事柄が「問い」なのか「答え」なのかは、そのつど踏まえておくべき論点といえるからだ。

そして、「問いと答え」の見地は、「超越的なもの」「霊的なもの」の存在いかんをめぐる問題にも、光を投げかけることになるはずだ。それが、次節の考察主題である。

5 「超越的なもの」をめぐって

スピリチュアリティは、従来「宗教」がほとんど一手に引き受けていたような人間の営為、関心を引き継ぐようにして成り立っている。だから、宗教において核心的な関心事であった、超越的なもの――伝統的な言い方をすれば、神仏――との関わり、つながりというのが、しばしば規定の焦点となるのも当然である。

何をもって「超越」として位置づけるかは微妙であり、「超越」のほかに、聖なるもの、非日常、見えない次元や力、霊的なもの、といった呼ばれ方をすることもあるが、こうしたものの存在とそれらに対する関わりを、当然のように組み込んだスピリチュアリティの定義も多い。

海外での議論だが、たとえばロスバーグは、聖なるものへの関わりと、それを通した自己や共同体の変容が、スピリチュアリティの必須の要素だとしている。エルキンスは、スピリチュアリティの構成要件としてリアリティの非物質的次元の存在を信じること、超越的なもの、聖なるものを究極的関心の対象とすること、を挙げている。「宗教的ではないがスピリチュアル」という言い方が定着している英語圏の議論でも、超越的な次元、存在への関わりは不可欠とされているのである。

ことを日本に移しても、超越的なものを焦点としたアプローチは数多い。先に触れた感覚・体験に基づいた議論は、あくまで当事者が「超越的」「非日常的」と感受していることに重点が置かれるから、そういった次元が実在するかどうかについての議論（存在論的なコミットメント）には立ち入らずにいることができる。そうではあるものの、「見えない超越的なもの」との関わりが、必須の要素として理解されていることには変わらない。

心理学の文脈で安藤治（2007：28）は、「宗教意識」「超越的次元の自覚」がバックボーンとしてとらえられなければ、スピリチュアリティの本質が損なわれたものになってしまう、と指摘する。またスピリチュアルケアとの関連で窪寺（2008：23）の述べるところでは、人間を垂直的関係でとらえるところにスピリチュアリティの特徴がある。垂直的関係には、神仏のような外なる超越的他者との関わりと、自己の深みに見いだす内なる究極的自己との関わりとがある。樫尾（2010a：187）もスピリチュアルケアの前提となる世界観は、「霊的次元こそが人間存在の基体の次元をなしている、という不可視の世界の実在に対する信念」だという。他にも、岡野（2000：36）、春木（2005：68）、諸富（2005：116）といった論者が、超越的なもの、霊的なものの存在を前提としたものとしてスピリチュアリティを語っている。

目をマスメディアでの「スピリチュアルブーム」に転じてみれば、こちらは完全に霊的なものの存在を肯定する世界観に立っている。江原啓之の活動は言うに及ばない。世界観的には江原にかなり近い飯田史彦（2009：46）も、自らの提唱するスピリチュアリティ教育を、「偉大な宇宙意志との繋がりや、永遠の生命（魂）の存在、奥深い人生の仕組みなど、スピリチュアルな概念を前提にする人間観・宇宙観」に立つものとして述べている。他にも「スピリチュアル」と銘打たれた一般書籍をひもとけば、そうした霊的存在をはっきり想定した世界観が語られているのがほとんどだ。ジャーナリストの河合香織（2006）は、江原の活動や「すぴこん」と、スピリチュアルケアの実践とを同列に論じ、共通して「霊的なものの存在を肯定していること」と論ずるのも、後者についての誤解はあからさまだとはいえ、一つの世間のまなざしを反映したものとしては興味深いところである。

だがその一方で、霊的なもの、超越的な存在を前提にすることなくスピリチュアリティを語っていこうとする立場も存在する。たとえば安藤泰至（2008：20）はまさに「スピリチュアリティは霊的世界観を前提とするか？」という副題を冠した論考のなかで、ホスピス医・山口龍彦の主張を解釈して、特定の霊的世界観を受け入れることなしにも、ケアがスピリチュアルな意味を帯びうること、スピリチュアルな出来事が生じる場が開かれうること、を指摘している。

また谷山（2009：82-86）は、窪寺の「超越的存在」「究極的自己」だけが人間の支えだとするモデルに疑問を呈する。とりわけ日本人にあっては、ご先祖様とのつながり、家族や友人、恋人との人間関係や自然とのふれあいといった「現実的次元」がスピリチュアリティを支えることもあるのではないか、と論ずる。また内的次元についても、「内なる本当の自己」だけでなく、過去の思い出や未来への希望なども含めて考えよう、という。

また浜渦（2009：31）は、人生の危機的状態にあって頭をもたげるスピリチュアルペインが、「私はどこから来てどこへ行くのか？」「私が死んでも世界は何の変化もなく続いていくとすると、私が生きている意味はあるのか？」といった、哲学で問われるような問いと相通ずることを指摘する。その限りで「哲学的なペイン」とも呼びうるものであり、「スピリチュアルのうちで宗教的と重ならない部分が実存的と呼ばれるようになった」とも主張する。

このような方面に目を向けた場合、「超越的な次元」「霊的存在」を必ずしも前提にしないで成立するスピリチュアリティのありようが考えられていることは明らかであろう。それらの存在を肯定できない、あるいは切実な関心事としない人であっても、「自分が生きている、生きてきた意味」のような形ではスピリチュアルな問題に直面し、スピリチュアルなケアを必要とすることは十分に想定される事態なのである。森岡（2005）が「死後の世界を信じられない者」の視点からケアの意義を問うているのは、その一例といえよう。そうした立場も容れるようなスピリチュアリティの視座を築くことは、だから大切な課題となるはずである。

このような論点を踏まえてか、超越的なものとの関わりを一方の焦点としつつ、もう一つの焦点を実存的なもの、人生の意味に置いたスピリチュアリティの規定というのが、しばしば提唱されている。

たとえば、キッペス（1999：70-72）によると人間の抱くスピリチュアルな欲求には、「哲学的」と「宗教的」との二つがあるという。「本能的な生き方を超越し、知性・知恵によって人間存在、人生に意義を付与する行為」としての哲学と、「超自然的・超人間的なものを信仰・畏怖・崇敬することによって人生の意義や心の安らぎを得ようとする行為」としての宗教とである。哲学的な欲求とは主として人生の意義や目標、起源や運命、善悪に対するものがあり、宗教的な欲求としては超自然の存在や神、信仰や祈り、といったものに向かうものがある。

あるいは窪寺（2004：47）のいう、「内的自己への関心」と「外的他者（超越者）への関心」という、二つの極をもとに考えるスピリチュアリティ理解である。前者には自己の人生への関心、生きる意味や目的、価値の探究といったことがあり、後者には神仏への信仰、超越者・絶対者への希求や神秘体験・超能力への関心などが含まれる。

樫尾（2009：189-190）も、「弱い倫理的スピリチュアリティ」と「強い宗教的スピリチュアリティ」とを区別している。前者は生の実存的意味、利他的な生き方、つながりの気づきといったことに対応する。それに対して後者は超越者や不可視の力との関係性を意味する、というわけである。

こうした分節化は確かに意義深い。しかし、このようにして分けられる二つは、果たして別々の方向なのだろうか。人生の意味への問いが、そのままこの世を超えたもの、神仏や不可視の領域への希求へとつながっていくのはごく自然なことではないのか。たとえば、窪寺（2004：57）は、岸本英夫（宗教学者）、西川喜作（精神科医）、鴻農周策（ＮＨＫ放送記者）の三人の闘病記を考察し、みな特定の教団には属さない人たちながら、いずれも死の危機に直面して超越的なもの（神仏）に救いを求めていることを指摘している。[*25]自らの人生への関心と、超越的なものへの関心とは別々に追求されているというより、直結するものとして受けとられているのだ。後者が前者の関心、ひいては苦悩に応えうるものとして求められているといってよい。

この点については、すでにパスカルが力説している。「霊魂の不死ということは、われわれにとって実に

*25　これについては、第九章でさらに立ち入って触れる。

重要であり、実に深刻な関係をもつことがらであり、あらゆる感情をなくしてしまわないかぎり、そのことがどうなっているかについて無関心ではいられないはずである」（ブランシュヴィック版断章一九四）。彼の見地からすれば、来世の存在、その延長線上にある神の存在いかんは、この世のレベルでは有限でしかない人間の生が果たして無意味なものではないのかどうかを決定的に分けるのである。かの「賭け」の思想も、こうした関心事があればこそ打ち出されたものである。

あるいはW・ジェイムズも、有神論や唯心論の世界観が、唯物論とどのように違うかを問う。その世界観を生きることで、私たちの人生にどんな違いが生じるかを、プラグマティズムの視点から探るのである。彼によると、有神論・唯心論の人生にとっての「現金価値」は、未来への希望にある。「唯物論は道徳的秩序の永遠性の否定と究極的な希望の切断を意味するにすぎず、唯心論は永遠なる道徳的秩序の肯定と希望の自由なる飛翔を意味する」（1902＝1988：83）というわけである。二つの世界観をこのように対比することには、唯物論の支持者からは反論があるかもしれない。だが、超越者や不可視の次元の存在が、このように実存的な関心事のもとで問われることは見逃せない。

また飯田史彦が自らの「生きがい論」で説くのも、その実存的な意義である。宇宙意志とのつながり、永遠の生命の存在、人生の奥深いしくみといったことを信じることが、人生のあらゆる出来事に意味を見いだす助けになる。その科学的・実証的な妥当性を措いて「仮説」として考えても、「人生により多くの意味づけを可能にする人生観」としての性格は損なわれない、というのである。それを受け入れた場合の人生に対するポジティヴな帰結こそ、飯田が強調するところである。[*26]

そもそも、人生の意味をめぐる切実な希求が、教団的な宗教についても、しばしば入信動機となることは言うまでもないだろう。そしてまた、組織・教団には参加しなくても、さまざまな方法で霊的な次元、見えない何かに関わろうとする姿勢がスピリチュアリティの潮流のなかで顕著にみられるのも、頷けるところである。

そういう意味でも、「問い」と「答え」の見地が示唆的である。「哲学的欲求」「内的自己への関心」は問いとして、「宗教的欲求」「外的他者への関心」は答えとして位置づけて、はじめて両者の関係が明瞭に理解できる。

そもそも人生の意味や死への恐怖、運命の不条理といったスピリチュアルな「問い」に直面したとき、神仏などの超越者や不可視の世界、来世を信ずることが有意義な「答え」となるのは当然なのである。言い換えれば、そうした超越的なものの存在がそれ自体、「問い」にのぼってくるということである。

そして、スピリチュアルな問いが、スピリチュアルな答えによって満たされる、というのが、多くの論者が、典型的なスピリチュアリティのあり方として想定しているものなのだ。死への恐怖、人生の有限性からくるむなしさを、来世の存在を信ずることによって乗り越える。この世の苦境や不条理に向き合って、神仏によりどころを得る。真の自己のよりどころを見えない次元に見いだす。ティリッヒの言い方を用いれば、究極的なものに究極的に関わる――そうした態度が、認知言語学の概念を用いればスピリチュアリティの「プロトタイプ」として想定されているわけである。問いも答えもスピリチュアルである、第二章で用いた言い方では「第Ⅰ象限」のスピリチュアリティということである。超越的なものとの関わりを前提にしたス

＊26 だがこれに関しては疑問の余地もあろう。たとえば本文でも触れた、ニーチェの能動的ニヒリズムを対置したらどうなのか。むしろ「人生は一度きり」とすることで、人生の意味に厳粛さを与えようとする人生観も少なくない。本書第五、六章で論ずるフランクルもその立場をとる。飯田の「演繹的方法」によって生きがい論の正当化が可能かどうかは、少なくとも議論の余地がある。

ピリチュアリティの規定というのは、こうした「プロトタイプ」に拠った立場なのである。

だが、別の観点から指摘できることがある。すでに触れた論者の言説からも見てとれるが、スピリチュアルな問い、つまり人生の意味や根本のよりどころの追求を満たす道は、超越的な次元との関わり以外には考えられないのか、ということだ。谷山が挙げるような、人とのつながりや自然とのふれあいといった「現実的」な次元で答えが満たされることも、現実には生じうることである。少なくともケアに携わる立場からすれば、スピリチュアルペインに対して患者が見いだしたこうした形での「答え」については何よりも受容することが求められるはずだ。「答え」としての妥当性について判断を下すことは差し控えなければならないはずである。

より哲学的な立場で言えば、ニーチェは神や来世のような超越的なものを通して現世の意味を満たそうとするような生き方を「神は死んだ」という宣言とともにいっさい拒絶した。彼が説いたのはこの世の無意味を能動的に受け入れ、運命愛に生きる超人たることだった。彼の哲学を肯定するかどうかはさておいても、それが深くスピリチュアルな関心事のもとで追究された一つの「答え」でありうることは疑えないだろう。

このような立場が、超越的なものへのつながりを求めない、あるいはきっぱりと否定するにもかかわらずスピリチュアルだといえるのは、「問い」が、つまりは関心、姿勢のありようがスピリチュアルだからである。単なる日常的な人と人との関係や、単なるレクリエーションとして休日に野山に出かけるという程度の自然とのふれあいを、誰もスピリチュアルだとは思わないはずだ。人生の意味、自分の存在のよりどころを切実に求め、そのうえで行き着いた答えだからこそ、スピリチュアリティの問題として扱うことができる。

また伊藤高章（2000：109）も「スピリチュアルな視点は人間の日常的な視点を超えた視点、死を相対化する視点である。これは必ずしも「死後のいのちの存在」を主張することではない。むしろ、存在の意味を観想する視点と言うべきだろう」と述べている。浜渦がスピリチュアルペインを「哲学的ペイン」とも言い換えているように、いまだどんな答えに行き着いていなくても、死の恐怖や人生の意味に直面しての切実な「問い」そのものが、スピリチュアルなものだということでもある。

谷山洋三（2009：30）が宗教的ケアとスピリチュアルケアの違いについて、前者は直接的にペインに対する〝答え〟を提供できるのに対して、後者は〝答え〟を提供するものではなく、ケア対象者自身を支えるものを確認することによって、たとえペインは除去されなくても生きていけるように援助することである、と述べているのは、こうした見地からも理解しやすい。

また、霊的なもの、超越的なものへの関心は必ずしも実存的なものとはかぎらない。島薗（1996：10-12）が指摘するように、「精神世界」を志向する人たちの間には、元オウム信者の高橋英利のように実存的な動機も見られるが、その一方で「癒し」のような実用的な関心によっていたり、オカルトや超常現象への、単なる娯楽的な興味によっていたりすることもある。あるいは香山の論では、恋愛の成就やビジネスの成功といった現世利益の追求手段としてスピリチュアルなものが求められていることが少なくないという。こうした場合、霊的なものを奉ずるという意味で「答え」はスピリチュアルであるものの、「問い」としてのスピリチュアリティは伴っていないといえよう。確かに超越的・霊的なものとの関わりはスピリチュアルな問いに対する答えとしてきわめて意義深いものではあるものの、そうした関心事から追求されるとは限らないのである。

こうした事柄を理解するうえでも、「哲学的欲求」と「宗教的欲求」、「実存の次元」と「超越の次元」といった区別は、スピリチュアリティの二つの異なる方向というより、「問い」と「答え」の関係としてとらえる視点が有意義なのである。ケアに携わっていく実践者も、スピリチュアリティをめぐる社会現象を読み解こうとする研究者も、こうした「問い」と「答え」の見地を念頭におくことで、より明晰な見通しをもった取り組みができるのではないだろうか。

世間的には「スピリチュアル」といえば、そうした霊的なものとのつながりばかりが前面に出され、「問い」のほうは顧みられずにいることも少なくない。こうした風潮に対して、「問い」の次元で成り立つスピリチュアリティが存するということは、真摯にスピリチュアリティに取り組む人たちが、もっと多くの人々に広めていくべき認識ではないだろうか。

6 人間に普遍的なもの？

前節との関連で考察してみたいのが、スピリチュアリティの普遍性をめぐる議論である。スピリチュアリティの潮流に与する人たちの間では、それは一つの共通了解になっているように思われる。人間はそもそもスピリチュアルな存在である、人間誰にもスピリチュアルな次元がある、という人間観、あるいは、スピリチュアリティの立場は宗教の違いを超えて妥当する、という具合である。

実際、スピリチュアルケアの実践者たちは、こうした人間観を表明していることが多い。看護の立場からスピリチュアルケアに取り組む田村恵子（2000：103）は、WHOの議論を受けて「人間はスピリチュアルな存在であり、スピリチュアリティは人間の本性であるといえる」という見解に依拠することを明言している。村田久行（2002：421）も「人間は宗教や信仰の有無にかかわらず、すべての人が本来、スピリチュアルな次元をもっている」とし、日常世界の中ではそれが隠されているにすぎない、と述べる。本来普遍的な次元であるスピリチュアリティが顕わになるのは、終末期の病など日常世界の破れが決定的なものになったときだというのである。

あるいは福祉の文脈でスピリチュアリティの立場からの実践にたずさわる木原活信（2006：27）も、スピリチュアリティを「人間のウエルビーイングの根幹をなすもの」としてとらえる。それは宗教的な文脈はもとより、その他の特定の文脈に限定されたり、特定の対象領域のみに関わるものとしてとらえられたりしてはならない、あらゆる臨床場面に応用可能な全体的概念である、というのである。

窪寺がスピリチュアリティを人間存在の「機能」として位置づけているのも、こうした認識に立ったものだといえる。人間精神の一つの機能であればこそ、それは万人に備わったものであり、どの宗教にもとらわれない普遍性をもつ、という見方がとられているわけである。ＷＨＯの「健康」定義改正案もスピリチュアルな次元を健康に不可欠なものとして位置づけようとしているから、こうした見地をとっているといってよい。

ここまでの論はケアなどの実践家の立場からのものだが、実践の立場を一歩離れつつ、スピリチュアリティの潮流に対して一定の好意的な態度を示す研究者（多く宗教学者）の間でも、やはりスピリチュアリティの普遍性をめぐる言説はしばしば提示される。

たとえば安藤泰至（2008：16）は生命倫理や病をめぐる知について、人間の生に「スピリチュアル」としか言いようがない次元が存在すること、そうした次元への洞察を欠いては問題を十分に論じられない、と主張している。棚次（2007：62）もスピリチュアリティは特定宗教に関与しなくても、誰の内面にも見いだされるものである、としている。[*27]

こうした「スピリチュアルな存在」という人間観は、棚次が援用しているように、「宗教的人間」（homo

religiousus）の観念の系譜を継ぐものである。究極的なものを根源的に志向する人間のあり方を「宗教性」といい、それは特定宗教への信仰の有無にかかわらず、人間に固有なものである、というのがエリアーデやヴァッハらに代表される、宗教学の基本認識とされる。この観点からすれば、宗教に無関心な人や宗教を否定する人も、「究極的なもの（神仏）を喘ぎ求めている裏返しになった宗教的人間にほかならない」ということになる。

私自身スピリチュアリティを誰もの関心事として位置づけようというのが議論の狙いの一つでもあるから、基本的にそうした姿勢には肯定的な態度をとっていることは言うまでもない。問題は、どのような意味でスピリチュアリティの普遍性が言われているのか、ということである。

特定の教団への帰属や教義への帰依を求める宗教の立場より、スピリチュアリティのほうが門戸が広いのは当然である。「宗教的ではないがスピリチュアル」という言い方がこれを示唆している。「宗教的ケア」であればその宗教の信者以外に向けることは難しいが、スピリチュアルケアなら宗派を問わず、また無信仰の人々にも適用できる、というのはその一面である。そこまでは当然のように認めてよい。

ここから、どの宗教の立場にもとらわれないものとして、それが普遍性をもつものとして思念されるに至るというのも、無理もない思考の展開であるように思われる。そこから、スピリチュアリティを「さまざまな宗教の核心、本質」として思念するような見解も出てくる。たとえば教育の場面でスピリチュアリティに根ざしたアプローチを追求する伊藤隆二は、スピリチュアリティを「いろいろな宗教の共通項」として、「目に見えないが、自分たちに対していろんな形で恩恵を与えてくれている何物かに対しての畏敬の念や尊ぶ心」「生かされている自分を自覚すること」として理解する。あるいは樫尾（2010a：16）も、スピリチュアリティを「個人的宗教」「動的宗教（開かれた宗教）」「神秘主義」といった語群が捉えようとした宗教性の本質を表すものとしている。

このように理解できるのであれば、スピリチュアリティは宗教・宗派の違いを超えた普遍性をもつことになるだろう。だがこうした議論には論理の飛躍が伴いうる。特定宗教を離れていることと、各宗教に共通する核心・本質をとらえていることとは、論理的にはまったく異なっているからである。それは、無党派層の政治的主張が、さまざまな党派の利害を超越した普遍的なものになる保証はないのと同じことである。

「普遍的なスピリチュアリティ」の名のもとで、実際には特定の宗教の立場が主張される可能性もなしとはいえない。すでに葛西（2003）が、スピリチュアリティという言葉を使う人たちの間に見られる一つの傾向として、「特定の宗教・特定の思想を前提しながら一つの本質主義的・普遍主義的理想を提唱したもの」という用法があることを指摘していた。キリスト教からの主張に見られるように、自らの立場を内外にも明確にしつつ、そうした理想を提唱する限りはさして問題はない。言説の受容者がまず信者に定位されているからだ。

しかし、広く社会全般に対して「普遍的なスピリチュアリティ」の立場が主張される場合、トラブルが生じうる。第八章で詳しく論ずるが、教育の文脈での、宗教的情操教育をめぐる論争がその例である。「特定

＊27　棚次（2007：66–67）の論によると、常識的な人間観である心身二元論では人間の心身の相関や、自己超越・自己実現が可能となる場が説明できず、だからこそ spirit-mind-body（霊魂体あるいは霊心身）という人性三分説が要請される、という。自我を超えた次元を主題とするためにはスピリットの次元まで想定しなければならない、というわけである。

スピリチュアリティの存在論的構造を解き明かすうえで非常に示唆的な主張である。だがこうした「三分説」「心身を超えた次元」が、宗教研究者やスピリチュアルケア実践者の間ではまだしも、その外の一般の人々に、この国でどこまで受け入れられているかという問題が残る。こうした人間観をはじめから「答え」として前提しうるかどうか、それがまず問題になる可能性が高い。スピリチュアリティに対する認識を日本でも広め、深めていこうと考えるなら、まずそのレベルでの議論が要求されると思われる。

宗教を離れて成り立つ宗教心」の涵養をめざす、ということが打ち出されていながら、そこで想定されているのは実は特定の宗教の立場――実質的には神道の考え方――ではないかという疑いが、批判者たちからは繰り返し寄せられてきた。「特定宗教を離れた宗教心」はスピリチュアリティにも大きく重なる概念だけに、この場面での論議は、「スピリチュアリティの普遍性」という論点に関しても、考えさせる示唆を含んでいる。

人間が誰しもスピリチュアルな「問い」に直面しうるというのは確かであろう。特に病の終末期のような人生の危機であればなおさらである。その意味で人間がスピリチュアルな存在である、スピリチュアリティは人間に普遍的にそなわった一つの次元である、という理解は正当だといってよい。その意味で、スピリチュアルケアやスピリチュアル教育といった営みが、信仰の種類や有無を問わず、すべての人々に開かれたものであるべきだ、という認識にもつながる。

だが、こうした普遍性はあくまで「問い」の次元で考えるべきものだ。「体験」というかたちにせよ「考え方」「世界観」というかたちにせよ、何らかの「答え」を含んだものとしてスピリチュアリティを打ち出す場合、その普遍性は、当然のようにさまざまな異論や疑いを招くことになる。このことは、「問い」と「答え」という本書の見地から、問題の明確化に役立てる重要な論点であると私は確信している。

「哲学的欲求」と「宗教的欲求」、「実存の次元」と「超越の次元」といったスピリチュアリティの二焦点的なとらえ方は、「問い」に力点を置くか、それとも「答え」に力点を置くか、という違いなのである。何らかの超越的な次元への関わりを前提にしたスピリチュアリティの規定は、すでに一定の世界観、存在論という「答え」を内包していることは、自覚しておいたほうがいいところである。

超越者や霊的なもの、見えない世界の存在、ということに関しては、宗教的信仰の有無や種別、あるいは奉ずる世界観や人生観の違いによって、当然ながら人々の姿勢が分かれるところである。その意味で、共通了解として出発すべきスピリチュアリティというのは、答えに関してはさしあたりオープン・エンドでも成り立つ「問い」の次元ではないだろうか。「スピリチュアリティには教団への帰依いかんをとわず、誰もが関わりうる」というのは許される。作業仮説レベルで、誰にもスピリチュアリティは存するかもしれない、という認識の下で実践を進めるのももっともだ。だがそれが特定の霊的世界観への帰依を求めることになった場合の問題は避けては通れない。

島薗（2003：107–109）のように、一つの作業仮説として「いのちのおかすべからざる尊さに対する感覚」を、人類に、諸宗教に共有されるスピリチュアリティとして想定していくという道であれば有望だろう。発見法的な役割を果たすからである。

さらに包括的な見地から、比較宗教学者のH・スミスやトランスパーソナル思想家の第一人者K・ウィルバーによる「永遠の哲学」論のように、諸宗教の核心にあるスピリチュアルなものを探り出すまじめなアプローチが有力なものになっており、心理学の文脈でスピリチュアリティを論ずる人たちの間では、広範な影響を及ぼしている。

だがある種の世界観を含んだ主張が、「仮説」の域を出て、「宗教の普遍的本質＝スピリチュアリティ」として実体的に打ち出されることに対しては、用心が必要なのではないか。最強の格闘家を決めようとしてさまざまな格闘技の要素を総合した競技を設けても、結局は新しい種類の競技をもう一つ生み出したにすぎなくなることと同様である。

少なくとも、ケアや教育、ひいては社会全般でスピリチュアリティへの認識を高め、深めていこうという論議においては、何らかの実質的な世界観を含んだものとしてスピリチュアリティを打ち出すのは、建設的な方策ではないだろう。少なくとも、スピリチュアリティが人間にとって不可欠なものであるという認識がまだ共通了解になっているとはいえないこの日本社会の文脈を考慮すると、尚早な企てといわざるをえない。その意味でも、まず誰もが関わりうるものとしては「問い」としてのスピリチュアリティに立脚して、社会全体で認識を、「問い」を深めていくことが大事だと思われる。

7 おわりに

繰り返すように、この論考はスピリチュアリティとは何かを、実質的に規定しようとする企てについては、基本的に差し控えている。とりわけ、スピリチュアルな「答え」とは何であるか、何であるべきか、という点については、「「スピリチュアリティの哲学者」としてのベルクソン」の章で思案的に示した以外には踏み込んでいない。まず「問い」への共通了解を育んでいくことが重要だと考えるためである。

本書が採る「問いと答え」というのはスピリチュアリティに定義を下そうとするものではなく、あくまで補助線にすぎない。だが、この補助線はスピリチュアリティの内実にまで踏み込んで理解しようとするさまざまな探求に対しても、一つの参照軸を提供できるのではないかと思われる。

たとえば、西平がスピリチュアリティを「ルビ」として挙げる事柄の数々は、「宗教性」「全人格性」「大いなる受動性」「実存性」のほかにも、「精神性」「見えざるものへの感受性」「求道性」「いのちとのつながり」「気の流れ」など、多岐にわたっている（2007：85-88）。この戦略を通してスピリチュアリティの問題圏に含まれる多様な事柄を、つながりをもたせつつ分節化していこうという戦略は有望なものといえる。だがこれは「問いと答え」という補助線を引くと、見通しはいっそうはっきりするのではないか。「実存性」「求道性」は問いの次元にかかわるが、その他のさまざまな事柄は、互いにかけ離れたように見えても、「スピリチュアルな問いに対する答え」という結節点を持っているといえるからである。

あるいは樫尾はK・ウィルバーの「インテグラル・スピリチュアリティ」理論から触発を受け、スピリチュアリティの包括的な規定を試みている。樫尾によるとスピリチュアリティの構成要素は「身体性」「超越性」「実存性」「利他性」「全体性」の五つにまとめられている。はじめの四つはウィルバーの「全象限アプローチ」によると順に「身体」「意識」「文化」「社会・環境」の次元に位置づけられるという。[*28]

スピリチュアリティとは、固有の身体実践や社会的行為によって醸成される自己超越意識（宇宙や神や空といった絶対的存在との出会いや合一という霊的次元へ拡大・成長・展開した意識）であり、生死の意味（生きがい）や全体論的世界観、利他的社会行為・システム（環境）を規範的相関的に生み出し、身体性、超越性、実存性、利他性というその各側面は、相関的にひとつの全体性を形成している。（2010a：41-42）

これを踏まえ、樫尾はスピリチュアリティを生成過程とそこでの意識・行為の志向性に着目して「個人意識的スピリチュアリティ」「社会倫理的スピリチュアリティ」「文化価値的スピリチュアリティ」の三つの類

＊28　私見では実存性が「文化」の次元に位置づけられ、「生の共同的意味」の事柄として扱われるのが奇異に映る。ここでスピリチュアルペインに関わる人生の実存的意味が取り上げられているのだが、それは第一義的には、哲学上の実存主義がそうであるように、「個人を超えた共同的意味」よりも個別性、単独性のほうが前面に出ると思われるからである。

型に分類する（2010a：44)。固有の身体実践を通して自己超越意識の獲得を目指すか、他者とのつながりや痛みの分有から、結果として自己超越的意識に向かうか、前二者のスピリチュアリティを表現する文化を受容するか、という区別である。

それぞれのスピリチュアリティの類型を、先の「身体性」「超越性」「実存性」「利他性」のいずれから出発していずれに向かうか、ということまで含めて考察した樫尾の議論は包括的な展望であり、実に示唆的なものである。そして、この見地はセラピー文化、大衆文化、新宗教など、具体的な事象を考察するうえでも生かされている。ただしこの概念装置はきわめて複雑なものであり、スピリチュアリティ文化の諸現象を理解するための理論枠組みとしては有意義でも、学問的な考察の枠を超えて一般のスピリチュアリティ理解を深めるための手がかりとする上では、何かのなかだちをするものが必要であろう。

そうした意味でも、「問い」「答え」という平易な言葉をもってする補助線が一助となると思われるのである。ここでは「答え」として「自己超越意識」がすでに設定されている。[*29] そこに向かう「問い」の諸相を分節化し、「問い」が展開するしかたを論究したものとして読み解くというのが、本書の見地からする理解の方向である。

スピリチュアリティの内実を人間の存在構造を踏まえて立ち入って考察した興味深い議論としては、棚次（2006）のものが挙げられる。棚次は、スピリチュアリティの基本的な意味を①「人間存在の核心」に関わる名詞的な意味、②「核心から展開する遠心運動」に関わる動詞的な意味、③「核心に帰一する急進運動」に関わる動詞的な意味という三つに整理している。「人生の意味や目的」と「自己超越と自己実現」という広く見られる二つの用法は、それぞれ①と②に対応するというわけである。

自己と世界の関わりをめぐる宗教哲学的な論究を踏まえたこうした考察も、「問いと答えの運動」のしくみをさらに立ち入って明らかにしたものとして読み解くとき、いっそう平易な言葉で再説できるのではないか。

「問いと答え」の見地を通して、スピリチュアリティについてのより専門的な論議を、一般の人々の理解へともたらす転轍機としての役割も果たしうる。スピリチュアリティを誰でもの関心事に、という本稿の問題意識からその可能性を示唆して、考察を結ぶとしたい。

＊29 「答え」に関しては、こうした「意識」のありように定位する以外にも、別の規定も考えられると思われるだけに、検討課題かもしれない。

第二部　源流を求めて

第四章

宗教的人間論の系譜
──「宗教的ではないが、スピリチュアル」の源流──

1　前史を探って

宗教を離れても、宗教的な関心事は追求できる。何らかの教団宗教に入らなくても、超越的なものとの出会い、この世を超えた見えない次元との関わりは成り立つ。一定の教義を信奉することなくしても、「私はどこから来てどこへ行くのか」「自分の存在理由は何か」といった、人生の根本的な問いを探っていくことはできる、あるいは、従来宗教が提供してきたような超越的なもの、見えない次元とのつながり、非日常性の体験にあずかることができる──それが、前章までで触れてきたスピリチュアリティの、基本的な姿勢をなすものであった。「宗教的ではないが、スピリチュアル」という態度がありうるのは、こういうことが考えられているからである。そして、こういう意味でのスピリチュアリティは、宗教離れが行き着くところまで進んだ現代日本のような社会にあってこそ、なおさら切実に求められることであるのも、ひとまずは確認してきた。

しかし、こうした見地は、現代に突如として無から生じたものではない。藤枝真（2008：126）は、「スピリチュアリティ」として名指されるような事象が、「宗教なき宗教性」「無宗教の宗教性」のようなしかたで、すでに成り立ち、知られていたことを指摘する。そこで取り上げられるのは、橋本治が『宗教なんかこわくない』で展開した宗教論、森岡正博の言う「宗教／宗教性」の区別、阿満利麿の「日本人の無宗教」についての考察などである。[*30] いずれも「宗教」という語の多様で多層的な意味を分節化し、そのなかで現代を生きる人々にとっても大切な要素を析出しようとしたものである。

これらの言説はかのオウム事件直後に相次いで発表されたものである。この時期の言説には、「スピリチュアリティ」の語は使われていない。その意味でスピリチュアリティはまったく真新しい事象というわけではない。「常に在り続ける生と死の関心」にほかならない、と藤枝は解釈する。

この点については私も第一章で触れたように、意見を同じくする。そういう姿勢や考え方を表す言葉には、潜在的な需要がもともとあったということである。新聞社や学会が実施した宗教意識に関する調査でも、「宗教を信仰している」人は少数派ながら、「宗教心の大切さ」や「神仏などの人知を超えたものの存在」については、ずっと多数の人々が肯定的な回答をしていることもその背景をなしていよう。[*31]

そうした、宗教を広義にとらえようとする見方、教団の枠に収まらないようなものも含めて考えるような宗教概念は、先に触れたような、どちらかと言うと一般向けの言説にみられるだけではない。宗教哲学、宗教心理学、宗教社会学などの専門的な宗教研究においても幅広く提唱されており、これらが多少なりとも影響を及ぼしている可能性もある。たとえば森岡による「宗教」と「宗教性」を区別する議論は「よく言われるように」と付記するにとどまり、直接の出典は具体的に挙げていないが、デューイの宗教論を念頭に置いたものである可能性が高い（ただし後で触れるように、デューイ自身は「宗教性」という抽象名詞ではなく、「宗教的」という形容詞を基本的に用いた）。

宗教研究のなかで練り上げられてきた、「宗教」概念の裾野を広げていくアプローチは、これから見ていくようにスピリチュアリティの見地と内容的にも親和性が高い。その意味でスピリチュアリティの源流的な思想として位置づけることができる。スピリチュアリティの問題を考えていくうえで、そうした知見は貴重な知的・思想的資源となるだろう。現に、これらの知見を援用するスピリチュアリティ言説もしばしばみられる。また、このような背景がありながら、なおかつ今、スピリチュアリティという言葉で事を語っていく意味は何なのか、なにゆえにスピリチュアリティという見地が求められているのかを考え直す機縁にもなる。

そこで本章では、さまざまなかたちで「宗教」を広義にとらえる立場の流れを追い、スピリチュアリティの潮流との関連性を探っていきたい。[*32]

＊30　もちろん、こうした論者の見解が広く日本社会に浸透しているとは言いがたいのも事実である。「宗教」という言葉そのものへの根強い抵抗感もあいまって、多くの人が共有できる、適切で簡明な表現を与えられていないのが一因であろう。「宗教／宗教性」のような抽象度の高い用語法では理解して使いこなせる層が限られている。「宗教」への敬遠が日本では、ことに若い世代に根強いことを考えれば、「宗教」とは別の、独自の言葉によって表現を与えられる必要がある。スピリチュアリティというのは、本来、そのためにこそ役割を果たしうる、というのが本書の基本的な見解である。

＊31　「宗教と社会」学会による大学生を主対象とした調査（井上2002参照）、読売新聞による宗教意識に関する調査（最新は二〇〇八年）など。回答者の多くは平時の健康な状態にあるときにアンケートを受けたものと推定される。その時点では宗教的なものに対して無関心でも、いざ人生の最期を迎えようとするときには宗教的なものへの希求が目覚める人も少なからずいるだろうことは、今日終末期患者に対するスピリチュアルケアの重要性が高まっている事情からも明らかである。その点を考慮すると、潜在的にはもっとこの考え方の支持層は広がっていることも推定できる。

2　宗教を広義に理解する

宗教を教団・組織宗教に限らず、もっと広義にとらえる見方としてまず念頭に浮かぶのは、自由主義派の神学者、P・ティリッヒの宗教論であろう。彼は広義の宗教と狭義の宗教とを区別する。狭義の宗教とは、制度化された宗教、教団や儀礼をそなえた組織宗教であり、通常「宗教」と呼びならわされているものである。しかしティリッヒによれば、宗教というのはそれにとどまらない。人間の生の深さの次元をなすもの、それが広義の宗教であって、その意味で人生のあらゆる場面に、潜在的には関わっている（1964＝1979：58-59）。

「究極的関心」は、そうした観点から宗教を理解する概念である。ティリッヒによれば、それは究極的なもの（だと理解されるもの）に究極的に関わる状態である。何かが無条件に大切な事柄として迫ってきて、それを真剣に受け止めるような人間のあり方をいう。その人の全人格、全存在が賭けられた、知・情・意すべての側面を挙げての営みが、宗教的信仰だという。

ここで重要なのは、「何に」関わるか、関心の対象よりも、「どう」関わるか、つまり関心のありようが「究極的」であることに重点が置かれていることである。宗教を神、あるいは超越者といわれる信仰対象の側よりも、むしろ人間の生き方、あり方の問題として理解する洞察が、ここにはある。

この見地に立てば、その人が「究極的」だと受け止めているものは、その人にとっての「神」となる。それに対して人生のよりどころを見いだし、根本的な意味を見いだしているのであれば、その人は宗教的な生き方をしていることになる。たとえ神仏を信じなくても、教団宗教に入っていなくても変わらない。国家への献身や金儲けを生きがいとしているのであれば、国家や金銭を神としていることになり、国家主義、拝金主義という、ある種の宗教を奉じていることになる。あるいはある種のイデオロギーがそうした宗教の役割を果たすことは、旧共産圏のマルクス主義が格好の実例を提供してくれる。

人間の生き方の問題として、宗教を広義にとらえる理解は、宗教心理学の古典『宗教的経験の諸相』を著したW・ジェイムズにも見られるところである。宗教を心理的な側面に即して考察する彼のアプローチが、教会組織や制度としての側面よりも、個々人の内面的なあり方、生き方の方面に着目することは当然である。「制度的宗教」とは区別される「個人的宗教」が彼の主題だ、というわけである。ここから即、宗教の本体を心理的な経験、次元に求めるのは速断かもしれないが、制度・教団や儀礼などの含意から宗教を解放し、人間のあり方の問題としてとらえなおした点では、有意義な議論といえよう。

そしてジェイムズによると、「宗教とは、いかなる宗教であれ、人生に対する人間の全体的反応である」

＊32 もちろん、宗教学アカデミズムのなかで近年盛んになっている、「宗教」概念の見直しの動きを知らないわけではない（島薗進・鶴岡賀雄編『〈宗教〉再考』2004）。そのなかでは「宗教」概念の近代西欧的な出自について、またそれを翻訳することで成立した日本語の「宗教」概念が抱える問題について指摘される。古くはW・C・スミス以来、「宗教」概念を廃棄すべきだという主張も提案されている。そしてまた、本章で取り上げたような論者・思想家たちの「宗教」概念について、その実証性を疑問に付したり、独特のバイアスを含んだものとして批判的に取り上げたりする議論があることも、もとより承知している。

ただしこの論議は第一に学問的な考察の道具として、「宗教」概念が果たして妥当かどうかを問うという性格が強い。本章の関心事は、取り上げたような「広義の宗教」概念が現代日本でのスピリチュアリティ論議や一般の人々の宗教認識に及ぼす潜在的な効果にある。あえてプラグマティックな見地からこの概念の意義を論じるという姿勢をとっているのである。近代的な「宗教」概念が日本人の宗教認識に少なからぬ影響を与えていることも事実であり、両者の関心事は無関係ではないはずだから、機を見て立ち入った考察を加えたいところである。

(1902＝1988：49）という。それが全人生を賭けての応答である限り、たとえ無神論であっても、広い意味では「宗教」の名に値する、というのである。ジェイムズは「根本的真理」という表現も用いているが、ここには真理をよりよき生を促進するものとして扱う、彼のプラグマティックな真理観も関わっていよう。この限りで、宗教はやはり、教団組織に背を向けている人たちの間にも認めうる、人間のあり方だということになる。

ただし、ジェイムズは人生に対する全体的な姿勢全般を宗教として認めるわけではない。それが「宗教」と呼ばれるための条件として、彼は「厳粛さ」を挙げている。「個人が、呪詛や冗談によってではなく、厳粛で荘重な態度で応答せずにはいられないような根源的な実在」（1902＝1988：55）のみが、その人にとっての「神」と呼びうる。その意味で「無関心」こそが宗教の対義語だともいう。これは、本書の見地から言えば、「問い」の次元でスピリチュアルかどうか、に関わる次元といえよう。

もちろん、ジェイムズ自身は宗教的体験で出会われる「見えないもの」、超越的な次元の存在を肯定する立場に立っていた。その意味で「答え」についてもスピリチュアルな態度をとる思想家であった。

ジェイムズと同じくプラグマティズムの思潮に属するJ・デューイもまた、宗教を制度・教団とのつながりから切り離して、その意義を考察した論者である。彼は、実体的な「宗教（religion）」と機能的な「宗教的なもの（the religious）」とを区別する。

名詞で呼ばれる、実体的な「宗教」とは、ある種の制度的組織をもつ、特別な団体の信念と儀式のことである。それに対して、「宗教的」というのは形容詞であって、経験の独特の様相を表している。美的経験、道徳的な経験、科学的な経験……などと並ぶ宗教的経験があるのではなく、こうした経験のどのタイプにも加わりうる独自な性質が、宗教的と呼ばれるのである（1934＝2002：185）。

「一般的、永続的価値にたいする確信のゆえに、障害と対抗し、個人の生命の危機という脅しにもかかわらず、理想的目的のために遂行される活動」(1934＝2002：199)は、デューイによるとその性質上、宗教的なものである。やはり人間の経験のありよう、生き方の事柄として宗教が規定されているのである。

その狙いは、超自然的なものへの関わりが近代的・科学的な世界観によって揺るがされつつある状況にあって、人間の経験や態度における、宗教的なものの価値を救い出すことであった。デューイは理想へ向かう宗教的な姿勢をうながすものを、超自然的なものへの信仰と結びついた実体的な「宗教」が独占してきた状況を批判的にとらえる。そして、書名にもあるような「誰でもの（＝共通の）信仰」としての理想的目標への献身的態度を、いっそう純粋なかたちで発展させることを説いたのである。

こうした宗教を広義に理解する立場は、宗教学では一般に宗教の機能的定義と呼ばれる。堀江（2007：36）も指摘するように、それはスピリチュアリティの立場とかなり近い位置にある。教団宗教への所属を待たなくとも、個々の人間の経験、あるいは人生態度において、宗教（的なもの）に関わることが可能になるからだ。特定の教団に帰属していなくとも、有限な人間のあり方を超えたものとのつながりを求めたり、人生の意味を真摯に探求したり、高い理想の実現のために生きたりすることは十分に成り立つ。「宗教的でないがスピリチュアル」という人間のあり方を表しうる視点となるだろう。

3　「広義の宗教」の二つのあり方

このような宗教論から示唆される論点は二つある。一つは、教団的・制度的な宗教への関わりを抜きにしても、神仏のような超越者や、現世的な次元を超えた領域とつながるような道は開かれる、ということである。そのような態度を広い意味で宗教に含めることは可能である、ということだ。ジェイムズのように宗教を人間の心理的体験の側面に焦点を当てて考察した場合、こうした生き方がまず、考えられることになる。

さらに一歩進めば、制度化され、硬直化した既存の組織宗教には本来の宗教性はない、それは教団組織を離れたところでこそ追求しうる、という方向性にもつながる。ジェイムズの「個人的宗教」の思想にはこのような可能性も示唆されていた。「宗教の核心にあるものとしてのスピリチュアリティ」という、スピリチュアリティの潮流のなかでもしばしば唱えられる言説は、この線に沿うものである。[*33]

これは古典的にはマズロー（1964＝1972：27）によっても述べられている。彼が主題として取り上げる「至高経験」は、地域や言語、思想の違いを抜きさったところに見いだされる「宗教の核心をなす経験」「超越的経験」だというのである。

こうした宗教論は、宗教の核心にあるものを体現しているかどうか、という規範性を伴っている。[*34] その限りで、次の項目で取り扱う「スピリチュアリティの普遍性」をめぐる議論ともつながってくる。とはいえ、今日のスピリチュアリティの立場が追求する一つの方向性を示したものであることは否定できない。

もう一つは、そもそも神仏などの超越的なものを信じない、あるいは考慮に入れないような人生態度をとっているにしても、何らかの関心事に自らの全人生を賭け、そこに自分の存在の根本的なよりどころを見いだしているのであれば、そのような姿勢は広義の「宗教」として理解することができる、ということだ。

デューイによれば、神や超自然的なもの、あるいはその存在に対する信仰が、宗教の本質をなすわけではない。むしろデューイは、そうした実体的な「宗教」に関わる事柄が、宗教的なものの真髄を覆い隠している、超自然的なものとの結びつきから、真正の宗教的なものを解放することが望ましい、とまでいう。

その限りで、無宗教、無神論的な世界観を奉じていても、宗教的な生き方、姿勢は十分に成り立つ、ともいえる。このように究極的関心として宗教を理解すると、関わりの対象が神、超越的な存在とは呼べないものであっても、宗教の一つのあり方としてとらえることができる。

ティリッヒの「究極的関心」についても、そうした解釈は可能である。彼自身の立場では、本来の究極的な関心とはあくまで「究極的なものに対する究極的なかかわり」である。もし究極的でないもの、有限なものを究極的なものの位置にすえた場合、それは偶像崇拝にほかならない。国家を神の位置に据えれば（悪い意味での）ナショナリズム、金儲けを生きがいとするようであれば、金銭を神として崇める拝金主義というわけである。それらはあくまで擬似宗教であり、克服されるべきあり方だということになる。真正な信仰のあり方を追求する神学者として、こうした規範的な見地を導入して語るのは当然であろう。

だがティリッヒ自身のこうした規範的見地をさしあたり括弧に入れて、「究極的関心」としての宗教を、一つの記述概念として用いるのも許される方向性であろう。これを通して、国家やイデオロギー、会社や金銭などに人生を賭して関わる生き方を、狭義の宗教との類比で、ある種の宗教現象として理解する道も開ける（芦名 1993：37）。狭義の宗教には関わることがなく、また神仏や現世を超えた次元の存在を認めない人

＊33　樫尾（2010a：15-16）は、宗教研究における二つの「宗教」概念を対比する。「崇拝対象、教義、儀礼、組織、空間といった外在的な側面から要素論的に捉えようとする立場と、個人の体験の内面性から実在論的に捉えようとする立場」とである。そして先述のジェイムズの「制度的／個人的宗教」をはじめ、ルネ・ゲノン「エクゾテリスム／エソテリスム」、ベルクソン「静的・閉じた／動的・開かれた宗教」、トレルチ「チャーチ／神秘主義」、鈴木大拙「宗教／霊性」、ウィルバー「狭く浅い／広く深い宗教」といった対概念を挙げ、それぞれの後者の項を「モダニティの圧力から宗教を解放しようとした試み」として、スピリチュアリティの淵源を見てとっている。

＊34　ただし西平（2001）は「宗教の心理的側面を考察する」アプローチが、「宗教の本質」「宗教に代わる心理的経験」という視点に至るまでには推論の飛躍があることをマズローの心理学的宗教論の落とし穴として指摘している。注6参照。

が、別の形でどのように自らの「宗教性」を満たしているのか、考察する視点も得られる。「無宗教」を自認する人が、この概念に立った場合にどこまで本当に「無宗教」といえるのか、自己理解を深めるよすがとしても有用だろう。

本書の「問い／答え」の見地を導入すれば、こんなふうにも言える。一つ目の見地では「答え」においても宗教的、あるいはスピリチュアルといいうるものである。ただ既存の制度的な形態をとった「宗教」とは距離を置く、というまでである。それに対して、二つ目の見地では、問題となるのは「問い」だ。「究極的」という、関わりの姿勢自体がスピリチュアルだということだ。その人の人生の支え、よりどころが懸かっているからである。それに対する「答え」が国家や金銭など、狭義の宗教の求めるものとはほど遠いものであっても、「問い」においては、「宗教」に含めてよいことになる。

いずれにせよ、このように「宗教」概念を拡張するのであれば、スピリチュアリティとほとんど重なってくる。それだけ、思想的系譜としては宗教の機能的定義、それを通した宗教概念の拡張は、スピリチュアリティの立場に通じるものがある、ということにほかならない。

4　人間の普遍的・本質的な宗教性

教団宗教の外でも、人間の宗教的なあり方は可能である、というのが、前節で見てきた見地である。この見地に立てば、特定宗教に対する信仰をもたない、という意味で「無宗教」だという人でも、神仏のような超越者との出会い、つながりを教団の外で追求したり、あるいは何がしかの事柄に究極的な関心を寄せたりしているのであれば、宗教的だということができる。その観点からすれば、宗教が、より広範囲な人々の関心事となることは間違いない。デューイの表現を借りて言えば、「宗教は信じていないが、宗教的な人間である」ということも、多くの人について成り立つことになる。

ただしこれは、「人間はそもそも宗教的な存在である」「宗教性は人間に普遍的である」という認識と、そのまま重なるわけではない。たとえばジェイムズは、ある種の無神論者まで宗教的でありうることは認めつつも、人生に対する根本的な態度は何もかもが宗教的であると認めるわけではない。「厳粛さ」「まじめさ」が、態度が宗教的であるための条件であることは力説している。組織宗教の外で成り立つような宗教のあり方を認めるにしても、そのように拡張された意味での「宗教」に関わっているという要件を満たさない人が存在することも、想定されているわけである。

だが一歩進んで、人間はそもそも宗教的な存在である、という主張を展開する論者もいる。たとえばユングはよく知られているように、「人間のたましいは本来宗教的である」と語った。宗教を生み出す心理的な傾向が、人間には根ざしている。人生のよりどころとなるような帰依の対象、とりわけ超越的なものを求めようとする志向が人間の心の深層には存する、ということである。

それは、教団宗教に所属していない人間であっても変わらない。何らかの宗教性は、人間に普遍的だということになる。これは、今日のスピリチュアリティをめぐる論議で、しばしば唱えられる見解にほぼ重なる。つまり、スピリチュアリティは誰にも備わっている、という認識である。WHOの「健康」定義改正案において、スピリチュアリティが人間存在の一つの不可欠な次元として位置づけられているのは、その典型的な表現であろう。

人間の本質的な宗教性に関しては、たとえばエリアーデの「宗教的人間」の思想がある。エリアーデの浩瀚な宗教史・宗教現象学の研究において、「宗教的人間」という見方は中核をなしていた。エリアーデによると、それは世界を超越しながら世界のなかに啓示される聖なる絶対的実在を信じ、その実在に関わることを切望し、その実在にあやかり、そこから力を得て生きる人間のあり方をさす（1957＝1969：192）。

これは、前近代社会では広範に見られた人間の姿である。一方ではそれは、近代の非宗教的人間と対比される。近代の非宗教的人間はこの世界に聖なるものが示現することを認めず、もっぱら俗なる世界にのみ生きる。「全面的に聖なるものを失った世界、全く非聖化された宇宙というのは、人間精神の歴史における新たな発見である」（1957＝1969：6，強調は原著者）とまで言われる。

だがその一方では、世界の非聖化が最も強度に進んだ近代社会にあっても、完全に非宗教的な人間は稀である、ともエリアーデは述べている。「世界の中心」といった形象が生きられていたり、物語作品や夢に神話のモチーフが再現されたり、世俗的な行事のなかに「加入儀礼」「更新祭儀」といった性格が見てとれたりするなど、宗教的人間の痕跡は随所に見いだすことができる、というのである。「非宗教的人間は意識された宗教体験、したがってまた宗教の理解と承認への能力を喪失したが、しかし彼の性情の最も深い根底においては依然としてその記憶を保持している」（1957＝1969：203）というわけである。

エリアーデは宗教的なあり方を忘却した近代人のありようを「悲劇的」と形容している。その意味でも彼の「宗教的人間」の思想は、本質的には、「非宗教的な人間」と対比される意味での「宗教的人間」というより人間はそもそも宗教的な存在である、という人間観の表現として解することができよう。

人間存在の基本構造から、宗教性が必然であることを論じるのはドイツの哲学者のM・シェーラーである。シェーラーは絶対的なものについて、形而上学的な観念・感情を形成するか、しないかという選択は人間にはない（1929＝1977：115）、とする。世界を志向しつつ、その世界を超えたもの、世界の根拠に志向性を向ける「宗教的（精神）作用」が、人間の精神の本質構造に属しているからである。

だからシェーラーによれば問題は、絶対的なものの座に何を据えるか、ということでしかない。「宗教的作用」にふさわしい対象を見いだすか、それとも有限で偶然的なものに見いだすか、という違いしかない、というのである。神の座を金銭や事業、国家や恋人など、有限なものによって満たすことはある。それは物神崇拝あるいは偶像崇拝となる——有限な精神は神か偶像かを信仰する、というわけである（1923＝1978：279）。

シェーラーはカトリックの哲学者として、このようにはっきりと規範的な見地をとっている。この点ではティリッヒの立場にも通じる。だが、そうした立場を括弧に入れるにしても「宗教的作用」がそもそも人間に根ざしており、人間が「広義の宗教」に何らかの形で関わることは必然的であることを示した議論として解しても、その示唆するところは大きいだろう。

ルックマン（1967＝1976）は別角度から、宗教がそもそも人間に普遍的な現象であることを主張する。こちらは現象学的宗教社会学の観点からである。彼は宗教が制度的なものとして見いだされることは認めても、そうした教会組織を有した形態をそのまま宗教と同一視することには反対し、宗教の機能的な定義を採用する。ルックマンによると、宗教現象とは「有機体としての人間の生物学的性格を超越する現象」なのである。それは、人間が「意味ある世界に生きる」存在であるという基本条件に根ざしている。

宗教の社会的なあり方は、象徴的な意味の宇宙を構築する進行的な作業に根をもつ、という。人間の全生活を包括し、評価し、日常生活の個々の事柄に意味を与える全体的なイメージ、すなわち「聖なるコスモス」の構築にこそ宗教の宗教たるゆえんがある、というのである。

制度的な宗教が社会的な影響力を減じていく、いわゆる「世俗化」の過程が進行しても機能的な意味での宗教は人間の条件に根ざしているために、その意義を失うことはない。むしろ個人の領域で意味体系を構築する作業が進められることになる、という。

こうした宗教論は、教団宗教に属することがなくても、あるいは「無宗教」を自認する人であっても、何らかの意味で「宗教的なもの」に対する要求は備わっている、ということを示唆する。その要求の向かう先が狭い意味での「宗教」とは限らない以上、実質的にはスピリチュアルな要求といってもさしつかえのないものとなる。スピリチュアリティを人間にもとより備わっているもの、誰にも存する、として位置づける、今日のスピリチュアリティ論の流れに通じるわけである。WHOの「健康」定義改正案もこうした人間観に基づいているし、スピリチュアリティが人間の心の「機能」として理解する見地(窪寺2004など)ともほぼ重なるものとなる。

エリアーデやシェーラーの議論に見られるように、宗教的な要求が向かう先について、規範的な見地をとっている議論も多い。ティリッヒやエリアーデの立場を受けたエルキンス(1998=2000：47)も、その要求の「目的」を問題にする必要があり、スピリチュアリティの立場としては、目的は常に「聖なるもの」でなければならない、と主張する。「答え」に関して、一定の立場が想定されているというわけである。

だがこうした宗教論からまず汲み取れることとは、「問い」の普遍性ということであろう。人間の宗教性、あるいは宗教的要求というのは、組織宗教への帰依いかんを問わず、誰にも備わっている、ということである。いわゆる無宗教の人々にも開かれたかたちで彼らの議論の示唆を生かしていくためには、まずそれを出発点にすることからはじめてもよいのではないか。各々の答えがどこまで妥当か、有意味か、という議論は、広い意味で宗教的な要求という「問い」の普遍性について認識を共有してこそ幅広い範囲の人たちの間で進められるように思われる。

5 「広義の宗教」論が投げかけるもの

ここで述べてきたような宗教論、つまり宗教を広義にとらえる見地は、今日的なスピリチュアリティとかなり近いところにあることは明瞭であろう。問題は呼称の違いでしかない、といってもよいかもしれない。「宗教」という二文字を用いるかどうかの違い、というわけである。

その限りで、スピリチュアリティに関する認識を深めていくうえで、こうした過去の宗教学の学説は有益な資源になることであろう。自らの立場を従来の宗教論を受けた知的系譜に位置づけることもできる。実際、スピリチュアリティの源流をさまざまな宗教学者・思想家に求める論説は、さまざまに見いだすことができる。

その限りで、新たにスピリチュアリティ、スピリチュアルという用語がそもそも必要なのかどうか、という向きもあるかもしれない。すでに触れたように、事柄それ自体はすでに存した、という指摘もある。宗教概念を広い意味でとらえるアプローチがあれば事足りるのではないか、という主張もありうるだろう。実際、教育の文脈での「宗教的情操」教育論は、デューイやマズローらの、まさに広義の宗教の立場に依拠した学者たちの説にしたがって主張されている。私自身、かつては宗教と教育の問題を論じる際、宗教的情操教育とは別の意味だが、広義の宗教概念に基づいたアプローチを提唱したこともあった。[*35] あるいはWHOの健康定義改正案に際して、スピリチュアルの邦訳語に「宗教的」という訳語も候補として挙げられた背景には、

*35 林(2003)参照。

こうした広義の宗教に関する理解があったにちがいない。

ただし決定的な問題点がある。そうした広義の宗教概念が目下のところ、宗教学のアカデミズムを越えてはほとんど一般に浸透していない、ということである。現実には、宗教といえばもっぱら組織宗教を指す、という認識はほとんど変わっていない。[*36] しかも、若者たちの間では宗教に「アブナイ」というイメージをもつ人々が多かったり（井上 2004）、自覚的信仰を抱く人たちを否定的に見る傾向が見られたり（渡辺 2007：332）など、「宗教」というと抵抗感を有する人たちが多いのも事実である。その意味でも、「宗教」に直接かかわらずに、宗教的な問題意識を語る言葉はさしあたり、どうしても必要とされるだろう。そこにこそスピリチュアリティの視座の意義がある。それは、本書で再三強調していることである。

ただその一方で、「広義の宗教」への理解は、もっと広められてよいように思う。もし宗教を広義にとらえる認識が一般に普及していれば、自分の人生のよりどころや、存在の支えをめぐる問題について、広い意味での「宗教」という言葉を用いて語ることも可能なはずなのだ。その延長線上に、教団組織の形をとった、狭い意味での「宗教」がある、というふうに理解できるなら、宗教に対する敬遠、抵抗感というのは、ずっと小さなものになっているにちがいない。

だから広義の宗教理解については、宗教学の有力な知見として、高等学校レベルの教科書（「現代社会」や「倫理」の科目で）にも記載されることが望ましいように思う。準義務教育といってよい高校でこのような見地を伝えることができれば、広範な日本人の間に「広義の宗教」「人間の宗教性」についての理解を育むことができるだろう。それだけでも「生と死の教育」に関する深い意義があるかもしれない。そしてまた、狭義の宗教を単なる忌避、敬遠する態度を越えて、その意義を再発見する契機も開かれるだろう。

樫尾（2010a：187）が指摘するように、「江原やすぴこん参加者は、実存的な苦悩を解決するためのひとつの選択肢として、宗教があることを知らない」というのも、一つの重大な問題なのである。スピリチュアルな「問い」に対する「答え」として、改めて「宗教」の意味を見直す。それもまた現代日本人に課せられた問題の一つにちがいないのである。

*36　とりわけ若い世代の間では、「宗教」がもっぱら新宗教の意味で、それもことさらに怪しげなカルト的宗教を念頭に用いられている向きもある。たとえば「あいつは宗教に入ったらしい」という言葉を考えてみればいい。その「あいつ」が浄土真宗やカトリックに入信したのだとすれば、このような表現が用いられるだろうか。

第五章
フランクルと問いのスピリチュアリティ

1　フランクルを導き手として

この章では、世界的名著『夜と霧』の著者として知られるオーストリア生まれの精神医学者、そして哲学者（職業的な哲学者ではないが、その思想的意義に敬意を込めてこうも呼びたい）であるV・E・フランクルに焦点を当てる。本書の一貫したキーコンセプトである「問いのスピリチュアリティ」は、彼の思想のなかに典型的な表現を見いだすことができる。そしてまた、スピリチュアリティにおける「問い」の次元を独自なものとして擁護するための示唆も、彼の思想から引き出せる。そう私は確信しているからである。

フランクルは、意味を求める人間の切望を正当に、そして真剣に受け止め、しかるべき対応策をとる必要を、力説しぬいた。そして自らの臨床活動においてそれを実践したのであった。フランクルは、その意味で、問いとしてスピリチュアリティを考える私たちの視点に、はかりしれない導きを与えてくれるだろう。本章では彼の思想を考察して、その示唆を引き出していきたい。

2　スピリチュアルな問いとしての「意味への意志」

周知のように、フランクルはユダヤ人である。ナチス・ドイツによるオーストリア併合、そして第二次世界大戦にいたるまでの時代を生きた彼は、例にもれずユダヤ人であるというだけで、強制収容所に送られることになった。来る日も来る日も過酷な強制労働に従事させられ、最低限の食事と生活条件しか提供されず、役に立たなくなったと判断されればいつガス室に送られるともしれない状況。そんな境遇からほとんど奇跡といってもよい形で生還した彼は、収容所での壮絶な体験を生き証人として『夜と霧』（原題『一人の心理学者が強制収容所を体験した』）に綴ったのであった。これは、そうした状況に置かれた人間の真実を、あまさず克明に報告したドキュメントでもある。

そこでフランクルが証立てたのはまさしく、人間にとって生きる意味、ひいては苦悩の意味がいかに大切なものであるか、ということとであった。人間があらゆる社会的な属性を剥ぎ取られ、番号でしか扱われず、利用価値のみで測られるような事態。明日の生存も保証されず、食事や睡眠への基本的な欲求すら満たされないまま連日強制労働に従事させられる、極度に過酷な生存条件。収容された人々（や同世代の人々）のなかには、自ら進んで事物に、命令のままに動く自動機械へと堕した者もいた。絶望からすべてに冷淡に、無関心になり、目の前につい先ほどまで労働をともにしていた仲間の死体が投げ出されても、何も感じなくなるほどにまで人々の感受性が鈍磨させられるような状況であった。

そんななかで、なお絶望に陥らず、凄惨な境遇に耐えて、人間としての尊厳を失わずにいることができた人は、「それでも人生にイエスと言う」ことができた人は、確かに存在した。フランクル自身がその生きた証であるように、収容所生活の苦しみを、そのような境遇に自らを投げ込んだ運命を、ひいては人生そのものを、「意味あるもの」として受け止めることのできた人たちであった。

そこに彼が見てとったのは、人間がどこまでも「意味を求める存在」であることである。「意味への意志」が、人間の根本的な動機だというわけである。フランクルはこう述べている。「人は、探求すべき意味さえ見いだすなら、敢えて苦しむことも甘受し、犠牲に身を捧げ、そしてもし必要なら、そのためにみずからの命を捧げる覚悟をするということが今まで見過ごされ、忘れられてきた」(UC：20/15)。

ナチスの強制収容所という苛烈きわまりない状況にあってさえ、絶望することなく生きた人々を支えたのは、どんな時にも人生には意味がある、という信念、そしてその苦難を「試練」として受け止めたり、あるいは解放後の生活に思いを馳せたりすることで見いだした「意味」の経験であった。「意味への意志」が満たされたとき、人は人間らしさを失うこともなく、生きることを肯定していくことができる。フランクルはこれについて、「なぜ生きるかを知っている者は、どのように生きることにも耐える」というニーチェの箴言を引いている。

「実存的空虚」とはまさしく人間が生きることの意味を見いだせないゆえの苦境であり、だからこそ深刻なのである。ニヒリズムは、何も存在しないと主張するのではないが、「あらゆる存在に意味が欠けている」(HP：1/8) ことを主張するからこそ、克服されなければならないのである。彼の創始した「ロゴセラピー」

の「ロゴス」とは、ここではもっぱら「意味」を表している。ロゴセラピーとは「意味による癒し」であって、人間が価値を実現し意味を満たそうとする努力を援助する実践なのである。

しばしば誤解されるように、フランクルが「意味による癒し」としてのロゴセラピーを形成したのは、この体験をもとにしてのことではない。収容所以前に、すでに構想はほぼ固まっていた。収容所に送られるにあたって、フランクルが手を尽くして守ろうとしたものも、ロゴセラピーをはじめて体系的に論じた『死と愛』の原稿であった。収容所体験というのは、彼の思索を試練し、その真価を問うものだったのである。

収容所から生還を果したフランクルは、戦後、臨床家として多くの人々の心の悩みと向き合った。戦争中、ましてや収容所の状況とは一八〇度逆の、豊かな産業社会・消費社会に生きる人々もまた、「人生の意味」をめぐる苦悩に直面する。テクノロジーと社会福祉制度を通して人々に豊かで快適な生活を保障し、近代の輝かしい約束を果したかに見える今日の社会のなかでも、人々の「実存的空虚」はやむことはなかった。むしろ、物質的なレベルでの欲求が満たされていればこそ、人生の意味への欲求が満たされない苦悩がむき出しのものとして、いっそう切実に人々に差し迫っている。

フランクルの言葉でいえば「大衆神経症」となった実存的空虚は、自殺率の増加や頻発する暴力的行動、アルコールや薬物への依存者の増大などにも顕著に表れ出ている、という。こうした点は、物質的条件からいえば強制収容所とは比較にすらならないような現代日本の状況にも相通ずる。意味の探求は、強制収容所でも、豊かな社会でも変わらない人間の基本的な動機である、というわけである。

強制収容所と、戦後の豊かな社会での臨床実践——対極的といってもよい二つの異なる文脈での経験が、「意味への意志」の人間観を、それぞれの側面から裏打ちするものであった。「低次の欲求の満足も不満も、人間に意味の探究を促す」(UC：33-34/42)とフランクルは述べているのも、この意味でのことである。

「意味への意志」、それは、現代的な文脈に置き移してみると、スピリチュアルな要求として理解できよう。スピリチュアルケアや心理臨床にたずさわる多くの人たちによって、スピリチュアリティが「人生の意味」「生死の意味」の追求と結びついたものと考えられているのを考えてみればよい（村田 2002, 窪寺 2004, 安藤 2007 ほか）。そしてスピリチュアルペインには、人生の意味、そして死の意味が見いだせないことが、その核心にあるものと考えられている。こうした「意味の追求」に関わることは、本書の見地からすればまさしく、「問い」のスピリチュアリティだということにほかならない。

3 homo patiens ＝ 苦悩する人間

そしてフランクルの思想全体を貫くキーワードである「苦悩」は、まさにスピリチュアルペインに通じるものがある。フランクルが「意味」実現においてとりわけ強調する可能性が、「苦悩を通して意味を見いだすこと」なのである。

フランクルは、人間が人生を意味あるものとするしかた、つまり価値として、三つのタイプを挙げる。仕事を通して何かを創り出すことによる「創造価値」、美しいものの感受や愛の経験を通した「体験価値」、そして避けがたい、運命的な状況に向き合って態度をとることによる「態度価値」ということである。前の二つは人生の意味を実現する大切な道である。だが病によって何かを創造するだけの力をもはやもちえなくなったとき、また強制収容所のような境涯に置かれ、もはや人生から歓び多き体験を求めることなど遠くかなわぬ望みになったときでさえも、なお人生を意味あるものにする道は残されている。それが「態度価値」

なのである。

運命的な状況は、人をして実存的態度へと向けかえる。病や死といった避けがたい状況に直面して苦悩するとき、人は「運命を内的に克服すること」へと向かいうる。運命そのものを改変することはできなくとも、それに対して「態度をとる」ことで意味を実現しうる、ということである。

それは人間存在の有限性と、そこからくる悲劇性に根ざしている。どれほど科学技術が進歩し、利便で快適な生活と病の治癒を実現しようと、人間が人間である限り避けがたいものが存する。仏教でいう生老病死、あるいはヤスパースの言う限界状況とは、人間が人間である限り避けられない根源的な条件を言い表したものだ。こうした条件に向き合っての苦悩こそ、フランクルが「苦悩」ということで言い表そうとしていることにほかならない。

古来、私たち人間とはいかなるものであるのか、さまざまな定義が試みられてきた。「知恵ある人 homo sapiens」「工作人 homo faber」「言語人 homo loquens」などである。それに対してフランクルが人間の独自なありようとして、「苦悩する人 homo patiens」という人間像を打ち出す。それは苦悩を引き受け、運命に向き合い、そこに意味を見いだすことによって、人間らしい生を生きていく、そういう人間のありようを言い表した言葉である。「苦悩しながら自分自身へと成熟していく人間、その人は真理へ向かって熟していく」(HP：67/120)というわけである。

彼自身が体験した強制収容所のような極限的な状況さえも、苦悩を通して、人間を内的自由にいたらせ、内的成熟に向かわせる機会となりうる。フランクルは、重度の肺結核を病み、死を迎えようという女性が、「私を苦しめ、かりたて、追い立ててきた死の不安を克服しようという努力は……何十冊ものりっぱな貸借対照表よりも価値があったように思われます」(HP：67/120)と語るのを引いてもいる。そのような意味で、正しくも毅然とした苦悩は「業績」であり、また、人は苦悩する力をまず獲得しなければならない、と彼は述べるのである（HP：60/108）。それは彼のロゴセラピーにとっても重要な課題であった。

ただし、この苦悩とは、あくまで避けようがない、そして変えようがない状況に直面してのものである、ということは忘れてはならない。つまり、ヤスパースの言葉を使えば「限界状況」に直面してのものである、ということだ。克服しようがあるにもかかわらず、苦しみに甘んじたり、ましてわざわざ苦しみを被ろうとしたりする態度を、フランクルは当然のことながら肯定していない。それはマゾヒズム以外の何ものでもない。態度価値とは、運命的な必然に向き合うとき、はじめて成立するものなのである（HP：75/133）。

この点は、後述する「問題の所在を見きわめることの大切さ」という論点に触れても、重要なポイントである。身体的な苦痛を医学的処置によって緩和できるのならば、それを拒む理由などない。経済的・社会的な支援によってその人の苦境を解決できるのならば、そうした施策を進めるにこしたことはない。それを実存的、あるいはスピリチュアルな次元で解決しようとするのは、問題の取り違えにほかならない。たとえば、その結果として解決すべき社会問題——たとえば格差社会など——を放置するとすれば、いっそう危険が伴う。問題が本当にスピリチュアルな次元に、フランクルの言葉で言えば「精神」の次元に属するのかどうかは当人自身も、また何らかの意味でケアに携わる者も、的確に判断することが求められるのである。現代的に言えば、スピリチュアルペインをスピリチュアルペインとして正しく識別、受容することの大切さでもある。

4 人間を特徴づける「精神」の次元とは

「意味」への問いは、フランクルによれば「精神」の次元に属する事柄で、単なる「心理」レベルの問題に還元できるものではない。この点は西村（1998：71-73）も強調しているように、スピリチュアリティをめぐる、今日的にも重大な一つの課題に関わることである。

WHOの「健康」定義改正案に典型的に表されているのは、人間存在を構成する次元として、「メンタル」と「スピリチュアル」とは明確に区別される、という見地である（宇都宮 2003）。だがこの両者をどう区別すべきかは、しばしば論議の的になる。いずれも広い意味で「こころ」の問題に関わることである。原語は英語で言い表されており、直接に対応する言語上の区別が明確でない——だから、特に「スピリチュアル」をどう訳すか、が問題になった——日本の文脈では、なおさらのことである。

実際、日本での否定的意見として、両者の区別がはっきりしない、という意見もみられたことを津田（2000：93）は報告している。両者とも「精神的」と訳されることもあるから（棚次 2007：61）、混同されやすいのも無理はない。本章で述べるように、フランクルの議論を踏まえている私としては、メンタルのほうを「精神的」と訳すのは断じて反対なのだが、この事柄についてフランクルの立場に基づいた発言が見られなかったのは惜しまれるところであった。

事柄そのものとして、メンタルなものとスピリチュアルなものをどう区別するか、というだけにとどまらない。両者がはっきり異なること、スピリチュアルな問題というのが、固有の意義をもって成り立つということが、もっと広範な人々に理解されるためにも、避けては通れない課題である。スピリチュアリティの見地は医療・ヒューマンケア専門職の人々にとどまらず、もっと一般の人々が自分の関心事を言い表すのに用いうる「表現概念」として浸透することが望ましい、というのは本書の一貫した立場である。それに関して、フランクルの議論は示唆的なのである。

フランクル自身は英語での著作や自著の英訳のなかで、「精神的な」に対して spiritual という語は積極的に用いていない。宗教との関連性が強すぎるという理由からである。強いて用いるときでも、「宗教的な含意はなく、人間に固有な次元を表すため」(MS : 28) といった注記を付けている。むしろ好んで用いるのは、noological という、あまり耳慣れないギリシア語由来の単語 (nous ＝「精神」に由来) である。

この用語法は、「宗教的ではないがスピリチュアル」という言い回しが広く用いられ、むしろ既存宗教との距離をおくためにスピリチュアルという言葉が多用される今日の事情からすると、皮肉としか言いようがない。今の私たちの問題意識からすると、むしろフランクルが「精神的」と表現した事柄こそ現代的な意味で「スピリチュアル」と呼ぶにふさわしいだろう。以下の論述も、その点を踏まえてお読みいただきたい。

フランクルは、精神的なものの次元を、心理的なものとは質的に異なるものとして区別する。それぞれの領域に属する問題にも質的な違いがあって、決して混同したりしてはならない、ということを強調している。この点が、まず踏まえておくべき論点である。

フランクルによると、人間は、単なる心身の結合としてのみ考えられてはならない。この二つとは質的に異なる、精神の次元を含めてはじめて、人間は全体として成り立つのである。そして、心理的なものと精神的なものとの違いは、根本的な存在様式の違いにある。心理的なものは身体的なもの、社会的なものと同様に事実性の領域に属するのに対して、精神的なものはそうではない。「実存」というあり方をとり、「志向性」が本質的に備わっている、これを抜きにしては精神は精神ではない、ということである。

事実性とは、現にそうあるということである。対象として、いわば「もの」として客観的に眺めることのできるもの。そして、一定のメカニズムにしたがって作動する事柄である。それは、身体的な次元では、たとえば遺伝子の組成や生理的な機構であり、社会的地位や権力関係など、社会的な次元に属する事柄も、この領域に含めることができる。衝動や欲求、あるいは不安や恐怖などは、心の領域、つまり「心理」の次元に属するものだが、これも事実性の領域に属する、ということが大事な点である。

それは、人間の被制約性をも意味している。確かに人間は誰しも遺伝的な条件や社会的環境、心理的な衝動などの制約を受けている。そうした条件を、人間は自由に選んだのではない。そのうちには「運命」と呼ばざるを得ないほど、人間には変えがたいものもあるかもしれない。

だが、「制約を受けている」ことは「何もかも決定されている」ことを意味しない。その運命に対してどんな態度をとるかは、なお個々の人間自身にかかっている。人間には、そうした事実性に対して距離をとり、何らかの態度をとることができる。こうしたあり方が、人間を特徴づける「実存」という存在様式なのである。

絶望し、衝動だけに生きる存在にまで荒み果てるか、それとも最後の最後まで、人間としての高貴さと尊厳を失わないか、それを選ぶ余地は最後まで残されていた。避けることも変えることもかなわない運命に直面し、あらゆる価値実現の道が閉ざされたようにみえるときにも、人間は、なおその状況に対して「態度」をとることができ、それを通じて意味を実現することができる（TJ：63/111）。それはフランクル自身がナチス・ドイツの死の収容所という、あらゆる人間性を否定するような凄絶な状況をくぐり抜けて、身をもって証立てた真実であった。[*37] フランクルは、こうして事実性の領域に属する事柄のなすがままにならず、自らの態度を決する自由を「精神の抵抗力」と呼ぶ。

こうした態度が可能なのは、精神の次元に存する志向性のおかげである。「志向性」はもちろん現象学のキーコンセプトに由来し、「意識は常に、何ものかについての意識である」というあり方を指す。フランクルは自らが強く影響を受けたシェーラーやハイデガーと同様、人間の独自なあり方として位置づけるのである。精神は自分以外の対象を常に志向した在り方でのみ存在する。その折々に、満たすべき意味、果たすべき課題、関わるべき誰かといったぐあいに、必ず何かにさしむけられたあり方でのみ、精神的なものは存する。だからこそ、「精神」の次元にあずかる人間は、常に自分を超え出、自分の置かれた状況、つまり事実性の領域も超え出ることができるのである。

だから、精神は自己完結したものとして扱うことができない。「心理」のレベルに属するものは、その内部で完結したメカニズムとして扱い、対象化することも可能なのに対して、精神的なものは、志向される対象、つまり自己の外にある何かとの関わりを考慮しなければ見失われてしまうものなのである。

こうした基本的な存在のしかたに違いがあるために、精神的なものと心理的なものとは、次元を異にする。精神的な事柄を対象化して、「事実性」の領域に属するものを扱うようなしかたで扱ってはならない、ということが、フランクルがつねづね警告するところであった。

「精神」とは、人間にあって、そうした態度を可能にする次元である。「精神」は「身体」および「心理」とともに具体的な人間存在を構成しつつ、後二者には決して還元できない自律性をもつ。ここでフランクル

＊37 R・カーター（1992＝1996：129）はこう述べている。「ロゴセラピーが大量虐殺に拘泥するのは、それが典型的な人生だからではなくて、平々凡々で瑣末な通俗的実存の多くを驚くほどくっきりと浮き彫りにし、そして苦しみ耐えている人々に、自分の境遇がよしんば絶望的に思われようとも、耐え、希望し続けるための最も強力にして可能な例証を提供するからである」と。

を特徴づける人間観が「次元存在論」である。フランクルによれば、人間実存の特徴は、統一性とさまざまに区別された存在様式との共存にあるが、彼はこの「多様なものの統一」を、「次元」という幾何学的なアナロジーで説明する。三次元の立体が二次元の平面に投影されれば、円柱が円にも長方形にもなるように互いに矛盾した投影図ができる一方、円柱も円錐も球も同じ円となり、その射影は多義的になる。人間も、生物学や心理学の平面に投影されれば互いに矛盾した投影図が描かれる一方、たとえば同じ心理学の平面に投影されれば、芸術家の仕事も宗教的な出会いも、精神病理的な現象と見かけ上選ぶところのないものとなってしまう。開かれたコップが平面に投射されれば円にせよ長方形にせよ閉じた図形となるように、人間も心理学や生理学の平面に投射されれば、刺激—反応の閉ざされたシステムとして描き出され、人間に固有の世界開放性（シェーラー）、自己超越性が見逃されてしまう、というわけである（UC：47/67）。フランクルはこの比喩によって、低次の次元に即してのみ人間をとらえようとする還元主義的な人間理解の限界を説得的に示し、「精神」の次元も踏まえた、人間存在のホリスティックな把握の必要を訴えるのである。

この「次元」の比喩は、「精神」が心理や身体とは、通約不能な質的差異を有する、ということを表してもいる。精神は後二者から独立した法則を有する、というわけである。精神は、身体・心理における「事実性」の領域、「衝動」や「情態性」に対して距離をとることができる、という人間の能力に対応している。フランクルはこの能力を「精神の抵抗力」と呼ぶのである。ここに、還元主義的・決定論的な人間理解に抗するよりどころがある。

5　「問い」を正しく見究めること

フランクルは心理臨床家として、意味を求める人々の要求を、単なる心理的なレベルで取り扱うことに対して強く反対している。フランクルによれば、前者は「精神」の領域に属することであり、次元を異にするものなのだ。精神分析をはじめ、さまざまな心理療法のアプローチが台頭するなかで、語義的には「意味による癒し」を表すロゴセラピーを提唱したのも、そうした問題意識に立ってのことである。

これはあまり指摘されないが、「意味による癒し」としてのロゴセラピーだが、同時に哲学上、心理主義（psychologism）を克服するのが論理主義（logism）であったように、従来の心理療法（psychotherapy）の限界を乗り越えるものとして打ち出された logo-therapy であることは注目すべき点である。哲学上の論理主義は、認識の妥当性の問いを単なる心理的過程の事柄として扱い、結果的に真理の客観性を否認する心理主義を批判し、客観的な認識の次元を擁護する立場であった。フッサールの現象学もこの流れを汲む。フランクル自身、「ある人間が有する哲学的な世界観をその人間の個人的な心理的（あるいは精神病理的）構造から批判するのは不適切であり実り豊かなことではない。むしろその内在的な真理性に関する即事的な批判のみが適切なのである」（AS：14/23）と心理主義を厳しく批判している。ロゴセラピーもまた、単なる心理的なものには解消されない客観的な意味＝ロゴスの次元を肯定し、ここに癒しの源泉を求めるのである。

こうした人間学的な次元での精神と心理の区別は、より実践的な場面に移されると、問題がどの次元に属するかを的確に見きわめる、という課題となる。何より、精神の次元に属する「意味への意志」の問題を、それとして正当に認め、受け止めること。それが何よりもの関心事となるのである。

フランクルは、「意味への意志」を人間の最も根源的で重要な動機として位置づけ、それが満たされないために苦悩する人々を支えることに、収容所のなかでも臨床家としての実践のなかでも尽力した。そんな彼がまた心を砕いたことの一つは、意味を求める人間の要求を尊重し、それに対してしかるべき向き合い方をするように呼びかけることであった。

人生の意味への問いを、他の種類の問題と混同しないこと。まして、他の次元の事柄に「すぎない」とする還元主義的な姿勢を、厳に差し控えること――それを、フランクルは繰り返し主張する。そして、人生の意味をめぐる苦悩については、それが結果的に神経症のような「心の病」の姿をとるにしても、他のタイプのアプローチとは異なる、しかるべき方法で向き合うことであった。

この論点は、「スピリチュアリティ」の次元の固有性をめぐる議論においても、示唆的なものを多大に含んでいる。意味への問いがそれとして受け止められないとき、その問いが満たされないこととともに、自分の問いがまっとうな配慮を受けられなかったことからくる、二重の疎外感に人は見舞われる。単なる心理的な次元に属するものとして苦悩を扱い、通常の意味での心理療法、場合によっては薬物によって苦痛な心理状態だけを鎮めて事足れりとするのは、苦悩する人を愚弄することにもなりかねない。

これを「心理（学）主義」として、フランクルは徹底的に問題とした。彼は自らの臨床経験で出会ったひとりの相談者の事例から触れる。その人は、人間はいつかは死なければならないこと、もちろん自分もいつかは死ななければならないことに思い悩み、子どものころからその悩みに圧倒されてきたという。彼の言葉で言うと「私は、『永遠のために』やってきました」というのである。

彼はずっと無宗教で、父親も無神論者なのでこの問題については頼みとすることができない、という。キリスト教圏での出来事とはいえ、日本の今日の状況をも髣髴させるところである。

彼が関わっているのは、まさに実存的な問題である。本書の立場からすると、まさしくスピリチュアルな問いであることは言うに及ばない。フランクル自身の言い方を用いれば、「精神的な危機」ということである。フランクルはこの危機を正面から見据え、相談者とともに真摯に向き合うことを徹底する。単なる心理面の症状として扱い、通常の意味での心理療法や薬剤によって心の安定を得るようにさせること（薬に関しては、相談者自身がはじめから拒絶的な態度をとっていたが）は、厳に慎む。一時的に不安な心理状態を鎮めたとしても、人生の意味、あるいは無意味さをめぐる問いそれ自体が決着しているのでなければ、いずれまた苦悩に直面することは避けがたいからである。「志向性」をめぐる先の論点に関連づけて言えば、志向対象としての「意味」が充足されるのでなければ、ということである。

ことが心理療法、あるいは精神科臨床という場面に関わるだけに、フランクルはこうした精神の次元に属する危機を、単なる心理的な問題、あるいは症状と混同することに対しては、つねづね心を砕いて警告した。人生の意味や死への怖れについて苦悩することは、人間としてごくまっとうなこと、人間らしさの要ともいうべきものだ。それに苦悩する人が、結果として神経症のような症状を呈することもある。

だが「精神の次元」が存在すること、そこに属する問題が独自なものであることを認めていない立場からすると、単なる心の病気にしか見えなかったりする。その立場のセラピストは、病的なものを処置するようなしかたで、実存的な苦悩を扱おうとする。それは見せかけの安らぎを与えることはできても、根本のところではその人の深い要求、つまり精神の次元に属する要求を、「抑圧」することになる。フランクルはこうした混乱を、彼自身が大きく影響を受けたマックス・シェーラーの言葉を借りて、「形而上学的軽率」と呼んでいる。「見せかけの心の病気の背後に、真の精神の危機がある」ことを、忘れてはならない、ということなのだ。

よりかみ砕いて説明しよう。単に不安だとか打ち沈んだ気分とか、欲求不満によるストレスなどの心の健康の問題であれば、さまざまな気晴らし（自然に触れることから、娯楽、酒や食も含む）や睡眠、そして人への相談（家族や友人からカウンセラーまで）、場合によっては抗うつ剤などの薬剤によって解消することができる（場合によってはそうした原因を生み出している職場や家庭の条件を改善するなど、「社会的」な次元での施策も必要になるが）。

しかし、「自分は何のために生きているのか」「死んだらどうなるのか」「なぜあの人は死ななければいけなかったのか」「この世に存在している意味は何か」といった類の問題は、それが原因で不安やストレス、場合によっては神経症的な症状を呈したとしても、その心理状態そのものだけを扱ったところで何にもならない。一時的には鎮められるかもしれないが、当の問いがまた頭をもたげれば、苦しみも再来するだろう。

フランクルは、こうした「人生の無意味さ」に伴うさまざまな心理的症状を、単なる心理的な問題として、精神分析のような通常のサイコセラピー（幼児期のトラウマに還元して分析を図ったりするなど）や薬の処方で処置することは見当違いであり、相手を愚弄するに等しいこととして、拒否したわけである。問題はあくまで、そうした問いに対して納得できる答えを見いだすことができるかどうかにかかっている。人生を意味あるものにしたり、自らの運命を納得できるものにしたりする根本的な枠組み、支えを得ることが課題なのである。死生観あるいは世界観、物語といったものに関わってくるのである。「神経症の人間が要求してよいものは、彼が世界観的な考察においてもつであろうあらゆるものの内在批評なのである」（AS：11/18）というのは、この意味でのことである。「苦悩する力」の必要を訴えるのも、そのような意味でのことである。

フランクルが求めていることはこうである。人間の抱える問題には、単なる心理的な次元には解消されない「精神」の次元に属する問題があることを、まず認識することが大切である。そのうえで、相手の抱えている問題が何か、どんな次元に属するかを、適切に見きわめ、しかるべき対処をとるということである。さもなくば、相手の本当の問題に向き合わないまま、疎外的な対応をとることに終始しかねないのである。

このような観点は、今日的に言うとスピリチュアルペインと、単なる心理的な苦しみとの違いを理解する上でも示唆的ではないだろうか。要するに、心理的な苦しみというのが、単に心の内部の状態としてのみ扱い、対処できるものなのに対して、スピリチュアルペインはその人自身を越え出て、その人の存在に意味を与える根本的な枠組みや支えに関わる。フランクルの洞察を受けてこのように理解すると、混同されやすい両者のペインを区別することも容易になるのにちがいない。

6 ニヒリズムを問い直す

フランクルはこうして、まず心理臨床的な場面で、スピリチュアルな事柄を正しく理解することの必要を説いた。だが彼の議論の射程はそこにはとどまらない。精神の次元の事柄に目を閉ざしたり、あるいはもっぱら他の次元の事柄に還元して説明しさろうとしたりする当代の風潮にも、正面から向き合った。

フランクルは、当時から蔓延していた「ニヒリズム」に二様の形態を区別する。その一方はこれまで述べてきたような「生きられるニヒリズム」、すなわち人生の意味を見いだせないことからくる実存的空虚である。他方には「学問上のニヒリズム」、あるいは世界観上のニヒリズムがあり、実存的空虚のさらに深い根底をなしているという。それが還元主義なのである。

心理（学）主義というのは、臨床の場面だけで問題となるのではない。フランクルは、当初から、同時代の心理療法が、おおむね「心理（学）主義」、すなわち「ある行為の心理的発生からその精神的な内容の妥当性を推論しようとする擬似科学的な作業」によって支配されていることを見てとった。ここでは意味を求める人間の実存的苦闘や、芸術家の創造活動が、たとえば何らかのコンプレックスの産物に「すぎない」ものと決めつけられ、それが「本物」であることを否認されるのである。

こうした心理主義は、つまるところ還元主義という時代の支配的世界観の一つの姿である。すでに触れたように還元主義とは、人間の、あるいは現実のある一つの層を絶対化し、他のすべてをその層に還元しようという立場である。人間の営為が何に還元されるかによって、還元主義は先の「心理（学）主義」の他に、「生物学主義」「社会学主義」といったさまざまな形態をとる（HP：27-28/53）。この結果、人間のあらゆる動機づけ、あらゆる営為は、ある時は心的衝動に、ある時は遺伝機構に、またある時は権力関係に還元されることになり、結局は「……にすぎない」ものとして、その真正性を否定されることになる。人間実存を特徴づける精神の志向性が無視され、それゆえに志向される意味・価値も同時に無視されるからである。フランクルは自身の経験からこんな例を挙げる。

かつてある自然科学の教師が授業の際に、有機体の生命は、したがって人間のそれも、結局は一つの酸化過程、すなわち燃焼過程に「過ぎない」と得意になって説明したところ、突然一人の生徒が立ち上がって質問したという。「一体それでは人生はどんな意味をもっているのでしょうか？」（AS：21/34）

これは、「生物学主義」という形の還元主義の典型的な一例である。西洋語においては life や Leben や vie などに見られるように「人生」と「生命」は同一の語で表されるために、こうした還元主義的理解の影響はより直接的なのであろう。

生物学主義[*38]と心理学主義が人間に心身的有機体のみを見る傾向があるのに対して、社会学主義は人間の社会的制約性のみを見る。社会学主義は、フランクルによると、認識主観が社会的に制約されていることを繰り返し強調することによって、客観を著しく制約された主観のうちに埋没させることにある（HP：36/67）。それによって認識対象が主観、意識を超越した客観性をもつ、という性格が見落とされる。他のすべてを社会的なものとの関係で相対化し主観化することによって、客観的に精神的なもの、つまりロゴスの次元を見逃す。客観的な価値が問題である場合には、その価値を剥奪することになるのである。

フランクルは社会学主義的な思考が、人間を非人格的な社会集団、「ひと」（das Man）のうちに埋没させようとする態度と深く結びついていることを指摘し、これを時代精神の病理としての「集団主義的思考」の一つの表れとして解している。

フランクルはこうした還元主義を、人間の尊厳をなす「精神的・実存的性格」を無視し否定するものとして、全力を挙げて批判したのであった。

これは、フランクルが「暴露（仮面剥がし）心理学」と呼ばれる潮流に向けた態度を考慮すれば明らかである。精神分析は神経症者の行動の背後にある無意識の動機を明らかにする、いわば「仮面を剥ぐ」ことを求めるが、この姿勢は時として精神的な営み、創造の仮面を無理やりに剥ぎ、その背後にある神経症的・精神病理的な動機を暴露しようとする企てとなる。芸術は生活あるいは愛からの逃避「にすぎない」、宗教は

＊38　最近の「生物学主義」の傾向として、E・O・ウィルソンやR・ドーキンスといった生物学者たちによって展開された社会生物学の人間論が挙げられる。「どんな生物も、その遺伝的歴史によって形成された諸規範を超越する目的などというものを持ってはおらず、人間もその例外ではない」とウィルソン（1978＝1997：16）の言明からもその姿勢は明らかである。

自然の暴力に対する原始自身の恐怖「にすぎない」、ゲーテは一介の神経症者「にすぎない」という具合にである。だがフランクルは言う。「もはやそれ以上仮面を剥がすことができない何かに精神分析家がぶつかった時は、その時点で、仮面剥がしをやめなければならない。本当のものだと確信できたものに、さらにそれ以上の仮面剥がしをしても意味がないからである」（UC：14/5）と。

フランクルはこうした「暴露心理学」への批判に、いわば相手の武器をもってする。その立場の根底に存する、価値を貶めようとする傾向を暴露するのである。人間のなかにある本当に人間的なもの、真に人間的なものの価値を、品位を、評価を引き下げようとする傾向が、「仮面剥がし」の仮面の下からさらけ出される、ということである。無差別に「仮面剥がし」を行ってゆくことに、フランクルはこのように警鐘を鳴らす。こうした「仮面剥がし」への批判は、時としてアイロニーやシニシズムに傾きがちな脱構築派のポストモダニズムへの批判ともなっていることが注目されよう。「一方的に私が反対するのは、ニヒリストのおかげで広まった冷笑主義と、冷笑主義者のおかげで広まった虚無主義に対してである。虚無主義的な教化と冷笑主義的な動機づけが互いに循環しあっているのである」（WL：104/176）とフランクルが自伝で述べている通りである。

このような還元主義的な思考との対決を通してフランクルが求めたことは、人間に「精神」という固有の次元があり、その次元には他の次元の事柄には還元されない独自の問題があること、そして、その問題に対しては、正当に受け止めたうえでの対処が求められる、ということであった。

ここでフランクルが求めているのは、問題を適切に見きわめることである。ある次元の問題を、別の次元に属するものとして扱おうとする誤謬を戒めているのである。フランクルはロゴセラピーという、実存的空虚、そこからくる神経症に悩まされる人たちを援助するための心理療法を創始したが、これが万能なものだとは決して主張していない。

ロゴセラピーさえあればどんな心の問題にも対応できるとか、すべての心の悩みは意味への意志に関わるもの、精神の次元に属するものだとは、彼はひとことも述べていない。あくまで「心理」の次元に属する問題、ロゴセラピーとは別のアプローチによってこそ向き合える問題というのも厳として存在する。現実には「意味への意志」が満たされないために起こる、実存因性の神経症というのは決して多数派ではない。だがそうした苦悩に直面する人たちも確実に存する以上、そうした人たちにはしかるべき応答が求められる、と力説しているまでなのだ。

フランクルはフロイト、アドラーの力動的心理学から多大な影響を受けながら、それぞれ「快楽への意志」「権力への意志」に立脚した二人の人間観を肯んじはしなかった。いずれの立場も、彼の批判する「心理主義」を免れてはいない。だが批判はしながらも、フランクルはフロイトやアドラーの心理学説を全面拒絶したわけではない。フロイトの精神分析が、自己の内なる不快なものを直視する「即事性」の徳を、アドラーの個人心理学が劣等感を乗り越える「勇気」の徳を体現したものとして、それぞれ高く評価している(UC：7-8/5-6)。フランクルは、終生フロイトを深く尊敬し、自身をフロイトという巨人の肩に乗っている小人になぞらえていた。だがその一方で、両者の心理学には欠けている「責任」の徳を、自らのロゴセラピーによって補おうとするのである。

つまり、フランクルからしても、ロゴセラピーは心理療法に「取って代わる」ものではなく、あくまでも「補完する」ものでしかない。そして、人間が「快楽への意志」や「権力への意志」によって動機づけられるのは、より本来的な動機である「意味への意志」が挫かれた結果であるとして、フロイトとアドラーの立場を自らの心理療法・人間観のうちにも取り込んでいる。

こうしたフランクルの姿勢は、一方ではスピリチュアルな次元の要求をそれとして受け止めず、物的、社会的、心理的なレベルの問題として扱おうとする姿勢、逆に、本来は心理的な問題か、あるいは社会的な方策で解決すべき問題なのに安易に「超越的解決」に頼ろうとする一部の「スピリチュアルブーム」関与者たちの立場についても、示唆的なものを含んでいないだろうか。

7 おわりに

本章では、「問いのスピリチュアリティ」の観点から、フランクル思想の意義を考察してきた。スピリチュアルな問いとはどのようなものか、他のレベルに属する問題とはどのような点で異なるのかについて、またスピリチュアルな問いを「意味への意志」として尊重することの大切さについて、フランクルは実に多くのことを教えてくれる。

ただし、フランクルの洞察は、もとよりそこにとどまるものではない。人間の独自性と尊厳をしるしづける「実存」「精神性」をどこまでも擁護しつつ、その本来的なあり方は「超越」の次元に開かれてはじめて成り立つものである、という視点を打ち出しており、彼の思想が、スピリチュアルな「答え」を探し求めてゆくうえでも大いに導きになることを示唆している。

「私たちが人生に何を期待できるかが問題なのではなく、人生が私たちから何を期待しているかが問題なのである」(TJ：18/27）とはよく知られたフランクルの言葉だが、ここで「人生」と訳されるLeben（英語ではlife）は個々人の「人生」のみならず、個々人の人生を超えた大いなる「いのち」とも訳せる（山田

1999：143-144)。「人生からの問いかけ」に答えることは、そのまま自らを超えた「いのち」に応答すること
でもある、という洞察にまでつながるものを含んでいる。

このような方面への洞察については、本書には収録できなかった拙論（林 2004）や、諸富（1997）、山田（1999）のフランクル論があることに触れたうえで、結びにしよう。

第六章
「問いのスピリチュアリティ」から幸福を問う

1　「問い」として考える

人間存在を全体として（ホリスティックに）理解しようとするならば、そして本当に人間らしい生を営むためには、いわゆる「現世的」な次元へのまなざしだけでは十分ではない――こうした認識が次第に共通了解となりつつある。その認識を端的に表したのが、本書でずっと主題としている「スピリチュアリティ」という言葉である。

WHOの「健康」定義改正案に典型的に表現されているように、「身体的・心理的・社会的」な次元に還元、解消できない大切なもの、そういう何かが人間のうちには存在する。スピリチュアリティは、この次元を指し示すために登場した用語である。従来は「宗教」が引き受けていた事柄であり、今日でも一定の宗教的立場のもとで語られることもあるが（カトリックに多い。また鈴木大拙の日本的霊性）、必ずしも特定宗教への信仰を前提とはしないと考えられる。こうした領域を、直接「宗教」に触れることなく問題にすることができる概念――スピリチュアリティとは、機能的にはまず、このように考えることができる。特定宗教への信仰をもたない人々が大多数を占め、多くの人々が「宗教」という言葉そのものに違和感・距離感をもつ現代日本の状況において、スピリチュアリティとはまさに待ち望まれていた言葉だといえる。

「スピリチュアリティと幸福」[*39]――この問題について考えるということは、スピリチュアリティの観点に立ってこそ見えてくる幸福のありようとは何かを突き詰める、ということであろう。とはいえ、スピリチュアリティをどう理解するかをめぐっては、論者の間でも意見が分かれるところである。本章では、「問いのスピリチュアリティ」という観点に立って、考察を進めてゆきたい。

スピリチュアリティにおいて「問い」と「答え」の位相を区別することについては、第一章で論じた。「問い」のスピリチュアリティは、「人生の究極の意味・目的」とは何か、それはどのようにしたら見いだせるのかを、自覚的に問題にしてゆこうとする関心・姿勢にある。ただ、現世的・世俗的なもの、「身体・心理・社会的なもの」を超えるものの「可能性」が問いにのぼってさえいれば、最終的にどんな答えが見いだされるかについては、オープン・エンドのままでも成り立つ。それに対して、「答え」のスピリチュアリティは、そうした「問い」に何らかの答え、方向づけを与えようとするものである。たとえば、「生かされて生きていることの自覚」「超越者や来世の存在を肯定した生き方」といった形態が考えられる。この二つの位相の緊張関係においてスピリチュアリティを捉えてゆくことから開けてくる展望について、筆者は考察したのである。

もちろん、これはスピリチュアリティとは何か、本質主義的に規定するものではない。確かに現在の日本での「スピリチュアリティ」の用法は至って多義的であり、論者の間でも混乱の元となっている。[*40] だがさしあたり、人間にあって「身体的・心理的・社会的」な次元では尽くされない何かを探る手がかりとなる、発見法的な言葉として用いてゆくほうが生産的で、有望であろう。

その意味で「問い」と「答え」の位相の区別というのも、あくまで錯綜したスピリチュアリティの問題状況に対して、一つの「見通し」あるいは「座標軸」を与える試み、という位置づけである。

この試みの意義については、すでに第一章で示した。重要な論点なので改めて確認しておくと、スピリチュアリティをほぼ「誰でもの」関心事とする道を開くことである。「超越者の存在」や「諸宗教の核心にある体験」など、何らかの「答え」を含んだものとしてスピリチュアリティを打ち出す限り、「宗教」よりは幅広い範囲の人が受け入れられるとしても、結局は特定の世界観を支持する人たちのみに受容される見方にとどまってしまう。だが「人生の意味についての根本的な問い」のようなレベルであれば、はじめから何か超越的なものの存在を信ずることは要請されない。スピリチュアリティはずっと人々に開かれたものとなる。より明確な方向性と内実をともなった「答え」のスピリチュアリティを求めてゆく機縁、窓口ともなるであろう。「スピリチュアル教育」「スピリチュアルケア」で問題とすべきなのは、それらが生徒・患者に対して特定の信仰や価値観を押しつけることが戒められる限り、こうした「問い」のスピリチュアリティにちがいない。

これはスピリチュアリティがはじめて関心事となるとき、いわば「初発時点」での問題である。だがスピ

＊39 本章は、もともと関西学院大学ＣＯＥプロジェクトの元での『先端社会研究』第四号の「特集　スピリチュアリティと幸福」のために執筆された。
＊40 たとえばせ葛西（2003）の挙げる四つの用法を参照。第一章ですでに言及した。

リチュアリティの事柄を、「問い」から「答え」へと、単線的に考える必要はない。すでに第一章で示唆したが、「問いのスピリチュアリティ」は、すでに出された「答え」を「問い直す」という意味でも考えることができる。確かに「スピリチュアリティ」には現実にさまざまな立場が見られる。一定の「答え」を含んだ見地も少なくない。だがその「答え」は究極的なものなのか。それは果たして普遍性を主張できるものなのか。一面的なものに終わっていないのか。それを絶えず問い直してゆく批判的・反省的契機として、「問いのスピリチュアリティ」の位相は働くことができる。そもそも、この世俗化、「死生観の空洞化」（広井 1997：56）の進んだ日本の社会のなかでスピリチュアルな問いに臨むとすれば、この社会のなかで育んできた既存の人生観・幸福観を「問い直す」という側面は必ず伴うであろう。「問い直す」という契機を積極的に設けることで、スピリチュアリティの問題系を、すぐれてダイナミックなものにすることも期待できる。

本章では、「幸福」という問題に、こうした意義をもつ「問いのスピリチュアリティ」の観点から切り込んでみたい。まず「スピリチュアルな問い」において「幸福」を考えた場合に、いかなる展望が開けるかを見てゆく。そのうえで、「問いのスピリチュアリティ」と親和的な立場をもっている実存的精神医学者V・E・フランクルの「実存分析」の思想を手がかりとして、さらに考察の深化を図ってゆくことにしたい。

2　幸福を「問う」とき

「問いのスピリチュアリティ」の観点から「幸福」を考えるときまず問題となるのは、「身体・心理・社会」の領域でのみ考えられていた「幸福」像を問いに付すことであろう。そうしたいわば「現世的」「自然主義的」な次元で思い描かれた幸福のありようを、それが本当に人間の、そして自分の幸福と言い切れるものかどうか、問い詰めようとすることである。こうした次元を超えたところにこそ幸福のよりどころが存するのではないか、と問い求めてゆくことである。「スピリチュアルな問い」には「問い直し」が含まれている、と先に述べたのも、こうした意味でのことにほかならない。

こうした「問い」に目覚める最大の機会は、人が「死」に直面したときである。目に見えるもの、形あるものは、巨万の富や不動の名声であっても、死に際してはほとんど何の役にも立たない。孤独に最期を遂げる運命を免れること、わが死を看取り、悲しんでくれる人がいることは確かにいくらかでも死にまつわる苦悩を和らげるだろうが、これとて死そのものにまつわる根源的な問題を解決しうるわけではない。死とは人間の存在の有限性、はかなさを最も決定的に思い知らせる人生の事柄であり、それゆえ、死に際してそれまで求めてきた、あるいは築いてきた幸福も、「結局はむなしいもの」と映ることは誰にもありうる事態であろう。「スピリチュアルペイン」とは、まさにこうした場面での「人生の意味を求めるたましいの苦悩」にほかならない。

死、つまり人生の文字通りの終末に際することは、人生そのものがトータルに、根本的に問題となる機会としては最も決定的なものであり、その意味でスピリチュアリティをめぐる真摯な議論が、医療、ことに終末期医療の文脈で沸き起こったのも当然である。しかし、人がスピリチュアルな問いに直面するのは何もそうした機会に限られたものではない。近親者との死別はもちろんのこと、学業や仕事上の挫折や失恋など、それまで人生のよりどころとしてきたものの喪失が、「そもそも自分は何のために生きているか」を問う引き金となることもある。現世的な意味では成功・幸福の絶頂といえるような境遇のなかで、それが結局は「むなしい」のではないか、という問いが頭をもたげることもある。[*41] あるいは何気なく思索をめぐらして、人間誰もが、もちろん自分もいずれは死ななければならない運命にあることに思い至り、それだけでニヒリスティックな気分に苛まれるのは子どもですらありうることである。

原理的には人間存在が有限なもの、死すべきものである限り、いつでもそうした問いは頭をもたげうるだろう。W・ジェイムズ（1902＝1988：209）の言葉を借りれば、「宴の席でも、いつも髑髏は微笑んでいる」のである。いざ死に臨むというのは、この問いをどうにも逃れようがなくなったときでしかない。

その意味でも、スピリチュアリティが「医療」の文脈にのみ閉じ込められるのは、望ましい事態ではない。現状では、葛西（2003：154）の指摘によると、現在の日本において、「スピリチュアリティ」という言葉を使うのは特に医療・看護をはじめとするヒューマンケアの専門職に偏っているという。これを受けて、辻内（2005：52）は、「スピリチュアリティ」の現在の用法には専門家主導による「医療化」という傾向が見られるという。だがここから葛西のように、この概念が日本社会では馴染み深いものにはならず、結局は一般には浸透しにくい、という判断を下すのは早計のように思われる。こうした事態は「スピリチュアリティ」の展望自体の限界を意味するというよりは、むしろスピリチュアルな事柄を日常の場面では人々から遠ざけている、現代日本の世俗化社会の限界を象徴していると解釈したほうがよいであろう。

だからこそ、人々は死という避けがたい現実に直面して、はじめて人生の意味とか、自分の存在意義といった重大事に直面することを余儀なくされるのである。「スピリチュアルケア」はこの事態に対処するために提供されてきたわけだが、「予防医学」的な発想からすれば、末期に立ち至るずっと以前からスピリチュアルな事柄に向き合うことのほうが望ましいにちがいない。「教育」その他の場面でのスピリチュアリティの立場のさらなる発展が望まれるゆえんである（本書第八章参照）。そしてまた、「問いのスピリチュアリティ」の視点は、スピリチュアリティの事柄を遠ざけている、この社会のありようを「問い直す」ことにもつながってくる。
「問いのスピリチュアリティ」から「幸福」を問う視点は、人生のいかなる時点でも問題となりうる。この「問い」はどのような方向に向かって進められてゆくのか、次なる考察で見てゆくことにしよう。

3 問いのスピリチュアリティから見えてくる「幸福」の展望

改めて言えば、「問いのスピリチュアリティ」の観点から「幸福」を問うとは、「身体・心理・社会」の次元だけではどうにもならない人間の「有限性」「はかなさ」という事実に、どう向き合い、折り合いをつけるか、を問うことである。ただしここで問題なのは、「有限性」そのものよりも、そこからくる「むなしさ」にある、ということに注意する必要がある。いかなる幸福も結局は死によって消え去ってしまうならば、一切は「むなしい」ものではないか、というニヒリズムにどう対処するか、ということである。裏を返せば、問いのスピリチュアリティから幸福を問うなら、幸福の問題は私たちの存在の意味、それも「結局は何のためなのか」ということだから、究極的な意味をめぐる問題に帰着することになる。その意味が見いだせるかどうかに、スピリチュアルな観点から見た幸福のありようがかかっている。

そこで、「聖なるもの」「人間を超えたもの」「見えない世界」といった「超越的なもの」の存在いかんが、少なくとも「問いにのぼって」いることがスピリチュアリティの立場として重要なポイントとなる。その存

＊41 後に詳論するフランクルは、こうしたなかで「実存的空虚」にさいなまれる人たちの多さを報告している。

在が最初から肯定される必要はない。だが、私たちの人生が、有限な私たちの存在を超えた意味を究極的にもちうるかどうかが問いとなるのなら、こうした「超越的なもの」の存在を肯定するかどうかは根本問題である。最終的にどんな結論に行き着くにせよ、この問いに真っ向から実存的に向き合うこと、そして何らかの答えを出し、態度を決することは避けては通れない。この問い自体がすぐれてスピリチュアルな事柄であり、「問いのスピリチュアリティ」の根幹である、というわけである。安藤（2007：28）が「超越的次元の自覚」がバックボーンにならなければ、スピリチュアリティの本質が損なわれる、と述べるのは、この意味で理解すべきところであろう。

「人生の意味」を問うにしても、はじめから「超越的」な次元を視野にも収めない。「この世を超えたものは存在しない」「人は死ねば無になる」といった答えが、自明の前提であるかのように扱う。宗教離れの進んだ日本社会ではしばしば見られるこうした事態を「問い直す」ことが、スピリチュアルな問いを問うてゆくうえで不可欠の一歩となる。「超越」を最初から肯定しないまでも、その可能性を閉ざさないこと。扉を開けておくこと。「問い」のスピリチュアリティというのは、こうした姿勢を意味する。

「身体・心理・社会」の領域のみで完結したような人間のあり方を絶対視しないこと、「有限な自己」の枠内だけで幸福を考える姿勢を「問いに付して」ゆくこと、よりオープンな見方に向かって「幸福」像を開いてゆくこと――こうしたことが「問いのスピリチュアリティ」の立場から語りうる「幸福」への展望である。[*42]

このようにしてスピリチュアルな方向に「問い」を深めてゆくことは、実存的精神医学者・フランクルの立場からさらに示唆が得られる。次節でこの点に立ち入ってゆこう。

4 フランクルの視点から

すでに「問いのスピリチュアリティ」の視点から開かれる幸福の展望についてはいくらか示唆してきたが、この展望を実存的精神医学者・V・E・フランクルの思想を手がかりにさらに発展させてみたい。フランクルといえば何より『夜と霧』の著者として知られる。前章でも触れたが、この歴史的名著のなかで、彼はナチス・ドイツの強制収容所の凄絶な体験を、その生き証人として綴った。だがそれと同時に、そうした極限状況のただなかにあっても、なお高貴さと尊厳を失わずにいた人間も存在することも告げ知らせた。「ガス室を発明した存在であると同時に、ガス室の中でも毅然として祈りの言葉を口にする存在でもある」(HP：50/92) 人間の悲惨と偉大を克明に描き出したところに、この本が長きにわたって読み継がれ、多くの人々の心を打ってきたゆえんがある。

その鍵は「意味」にあった。文字通りすべてを奪い去られた人々の間でも、「生きることの意味」への渇望は強烈なものであった。人々が、収容所の過酷な苦境のなかで、なお人間としての尊厳を保ちうるかどうかは、まさに苦悩に満ちた生に「意味」を見いだせるかどうかにかかっていた。「いかなる時にも、人生に

＊42 「問い」のスピリチュアリティは、人生の転機に臨んで、それまでの生き方の根本前提になっていたものを、ひいてはその生き方を促していた社会のありようをも問いに付す「脱構築」の契機だともいえる。だがそれは単にそれまでの支えを突き崩し、人をよるべなきニヒリズムへと追いやるものではない。より統合的なかたちで、より人間らしく、人生を生き、死んでゆくための支えを「再構築する」道も開く、「再構築のための脱構築」なのである。それは近代主義的な現世的・物質的な生き方を解体する点で「ポストモダン」ではあるが、「脱構築」ではなく「再構築」のポストモダンの立場、筆者が主題的に論じてきた「建設的ポストモダニズム」の立場に通じる。これについては、林(2004)を参照。

は意味がある」という自覚が、人間の生を最後まで支えるものであった。人間の根源的な動機を「快楽への意志」（フロイト）や「権力への意志」（アドラー）よりも、「意味への意志」に見いだす人間観は、こうした体験をもとに実存的に裏打ちされ、鍛え上げられたものであった。

こうした「意味への意志」は、「スピリチュアルな問い」と重なり合う。「スピリチュアルな問い」が人間にあってどこまで深い関心事であるかを、理論のみならず体験に裏打ちされたしかたで示したのがフランクルの立場である。「スピリチュアリティと幸福」という問題系において、本稿の展望に彼の思想が示唆を与える点はまずここにある。

戦後、フランクルが臨床家として向き合ったのは、戦争中、ましてや収容所の状況とはうって変わった、豊かな産業社会・消費社会に生きる人々の「人生の意味」をめぐる苦悩であった。テクノロジーと社会福祉制度を通して人々に豊かで快適な生活を保障し、近代の輝かしい約束を果たしたかに見える今日の社会のなかでも、人々の「意味への意志」が満たされない苦悩はやむことはなく、むしろ切実なものとなった。「低次の欲求の満足も不満も、人間に意味の探究を促す」（UC：33-34/42）――フランクルがこう述べるように、強制収容所と豊かな社会という両極端の状況いずれにおいても切実であるとは、「意味への意志」が、それだけ人間にとって根本的なものであるという証といえよう。それはまた、「豊かな社会」が約束すると見えた「幸福」が、それだけで人間を本当に満たしうるかどうかを「問い」に付す機縁でもある。この意味での「問いのスピリチュアリティ」にも関わってくる展望をも、フランクルの思想は有している。

そこで、フランクルの視点が「問いのスピリチュアリティ」の立場をどのように深化させてゆくのか、その意義を、以下の考察で見てゆくことにしよう。

A　人間像を問いに付す――還元主義批判

フランクルがまず求めたこととは、生きることの「意味」への問いを「精神」の次元に属する事柄として、正当に扱うことであった。この姿勢はフランクルの人間存在論が支えている。前章でも述べたように、フランクルは人間を「精神―心理―身体」の三つの次元からなるものと理解する。特に強調される点は、「精神」の次元が、「心理―身体」の次元には還元できない独立性をもっており、人間を人間たらしめる固有の次元である、ということである。人間は誰しも遺伝的な条件や社会的環境、心理的な衝動などの制約を受けている。それらはある意味で「運命」かもしれず、人間は被制約的な存在である。しかしその運命に対してどう向き合うかは、なお個々の人間自身にかかっている。精神とは、こうした「身体・心理・社会的なもの」に対して距離をとり、何らかの「態度」をとることを可能にする次元なのである。この点では、「身体・心理・社会的なもの」では尽くされない何かを希求し、人間の真にホリスティックな理解を要求するスピリチュアリティの立場とは、もとよりごく親和的な思想をみることができるだろう。

こうした人間理解から、哲学的なレベルで「スピリチュアルな問い」の立場を推し進めた展望が開かれる。それは、一面的な人間観、また一面的であるがゆえにニヒリズムにも至る人間観を「問い」に付してゆく、というものである。それは「還元主義」に対する批判となって表れている。還元主義とは、人間の、あるいは現実のある一つの層を絶対化し、他のすべてをその層に還元しようという立場である。人間の営為が何に還元されるかによって、還元主義は「心理主義」「生物学主義」「社会学主義」といったさまざまな形態をとる（HP：27-28/53）。この結果、人間のあらゆる動機づけ、あらゆる営為は、ある時は心的衝動に、ある時は遺伝機構に、またある時は権力関係に還元されることになる。「意味」を求める要求も、正面から聞き届けられることなく、それ自体としては無意味な何かの表れに「すぎない」ものとして扱われる。行き着く先はニヒリズムである。

心理学、生物学や社会学が人間について明らかにした知見が間違っているというわけではない。ただ人間の一面でしかない事柄を、全面に渡って適用しようとするところに錯誤がある。それは「精神」の次元まで含めた、人間存在のホリスティックな理解を妨げるからである。そして「意味」に関わる人間の次元を抹消してしまうからである。こうした一面的な人間理解は、たえず「問い」に付してゆく必要がある。

総じてフランクルは、あらゆる形の「主義」への批判者であった。およそ「主義」たるものは、世界を存在の一つの層ないし次元に還元し、それ自身を絶対化しつつ他のすべてを相対化することで実在の豊かさを切り詰め、人間存在の意味を奪うものだからである。一定の立場からすべてを裁断しようとするあらゆる「主義」の暴力性を絶えず告発し続けた点で、フランクルの主張は「全体化」をとり行う概念体系の暴力性をたえず告発し続ける、「脱構築」の作業にも比することができるだろう。

ただし、この「脱構築」は「再構築」への志向を伴っている。より「意味への意志」を、つまりスピリチュアルな志向を容れうる、よりホリスティックな人間理解を目指して、あらゆる一面的な「主義」を告発していったのである。この意味で、「脱構築」というより「再構築」のポストモダニズムに位置づけることができる、ということは、筆者が別の場で論じておいた（林 2004）。

再構築といっても、単に人間らしさ、人間の尊厳を回復する、というだけにとどまるものではない。それは「人間学主義」、つまり、人間を万物の尺度としようとする見方でさえ、フランクルは問いに付す（HP：81/148）。「すべてが人間のため」だとすれば、「人間は何のために存在するのか」が見えなくなるからである。これも別の形でニヒリズムに至りかねない。人間の絶対化すら問いに付し、より「超越」の可能性にも開かれた人間像を求めてゆくのがフランクルの視点なのである。

B　実存的な次元での「問い」――「絶望」を問い直す

ここまで哲学的な場面で、フランクルが「問い」のスピリチュアリティを展開していったことを見ていった。だが「問い」の立場は、より臨床的・実存的な場面、つまり「幸福」と直接関わりの深い場面でも表れている。それが「絶望」という心の危機に対する向き合い方である。

生きることにあらゆる意味も望みもない、という絶望は、ニヒリズムを最も如実に表現する情念である。だがフランクルによると、絶望が生じるのは、人が何かを偶像化しているからである（HP：87-88/158）。この学校に入れなければ、この事業が成功しなければ、この人と結ばれなければ、もはや生きることに意味はない。そのように感じ、考えて人は絶望することがある。だがこのとき、人は相対的価値しかもたないものを絶対的価値にまで高めようとしている。何かある関心事を、それだけが唯一人生を生きるに値するものだと受け取ったときのみ、それが失われたときに人は絶望する、というわけである。フランクル自身、収容所に囚われる際、ほぼ完成して出版までこぎつけようとしていた著作の原稿をナチス当局によって容赦なく奪い去られたとき、こうした絶望に襲われたのであった。「……さえすれば、……さえあれば、幸せになり、自分の人生は意味あるものとなるだろうに」という希望もまた、その裏返しの偶像化といえよう（ジョンソン、ルール 1999＝1999：12）。

この視点からすれば、「人生に意味などない」というシニカルな態度さえ一種の偶像化に陥っている。ここにはその人の、合理性をもって任ずる自らの判断の絶対化が見られるからである。この判断によって自らを閉ざしているだけだからである。この姿勢自体が、問いに付されるべきものなのである。先に論じた還元主義、いやおよそ「主義」というものの、その問題点は偶像化されているところにあるともいえる。

そして絶望を超え出るとは、こうした「偶像化」に基づいていた人生観を問い直すことによる。フランクルのロゴセラピーの立場は、こうした「偶像化」から人を解放し、いかなる人生も、それに耐え抜くという責務に身を捧げるとき無条件に意味に満ちている、という事実へと向き合うよう促すのである。

収容所体験のなかで、フランクルはこれを決定的なしかたで遂行した。収容所から生きて出られるかどうか、が多くの被収容者たちの心を悩ませていたなかで、彼は問い直したのである。生き延びることだけに意味がある生ならば、その意味は偶然の僥倖に左右されるだけで、もともと生きるに値しない生ではないか、と。むしろこの収容所のなかで向き合わなければならない運命、苦、死に意味があるのかどうかが問題ではないか、というのである。これが、生きて出られる保証はどこにもない収容所の苦境のなかで、彼に絶望に陥ることを免れさせたのであった。「単に生き延びること」すら偶像化されることがあり、これを超え出たところになお意味を見いだす可能性は開かれている、というわけである。

このように実存的な場面でも、人をそれこそ不幸にするような人生態度、人生観を「問い」に付す、という立場ははっきりと見てとれる。哲学的にも実存的・臨床的にも、フランクルは「問いのスピリチュアリティ」を一つの方向へ、より深く推し進めていったということができる。「意味への意志」という「スピリチュアルな問い」に根ざしたフランクルの思想は、また「問い直し」という意味でも深められていた、ということがここで確認できよう。だが「問い直す」ことの先に、どんな展望が開かれるか。「問い」をさらに深めていったらどうなるか。続いてこれを論じてゆくことにしよう。

C 「問い」のしかたの転換──人生の意味をめぐる「コペルニクス的転回」

フランクルが、人生の意味をめぐる「コペルニクス的転回」と呼んだ思想において、問いのスピリチュアリティの立場は、決定的に進められ、深められることになる。これは「人生から私たちがまだ何を期待できるか、ではなくて、むしろ人生が私たちに何を期待しているかが問題なのである」と、人生の意味に関する「問い」の姿勢をまさに一八〇度転換することにある。ここにおいて、私たちは自らを「問う者」から「問われている者」として自覚しなおす。「問いのスピリチュアリティ」が、いわば「問われるスピリチュアリティ」へと変容するところにまで、「問い」の立場を問い直してゆく姿勢がここにある。

「人生から何を期待できるか」とは、言い換えれば自己を中心に据え、自己の欲求に即して世界と人生を観る態度である。E・フロムの用語で言えば、「もつ」という人間の存在様式に対応するといってよいだろう。この人生態度が限界に行き着かざるをえないことは、「豊かな社会」に生きているはずの人々の「実存的空虚」に、フランクルが向き合わねばならなかったことでも明らかであろう。「すべては自己のため」だとすれば、それでは「自分は何のために存在するのか」が見えなくなるのである。

また一方で、「人生に期待していたもの」が得られなければ、それは絶望に直結する、ということもある。たとえば、先に触れたが、人生のなかで「偶像化」されてきたものが倒壊したときである。さらにフランクルが体験した強制収容所のなかでは、被収容者たちは文字通りすべてを奪い去られ、「人生に何も期待できない」状況に追いやられた。だが何も収容所でなくとも、「人生から何も期待できない」と感じられ、人生の一切が無意味なものと映ることは、死への直面をはじめとして、どの人にも起こりうる事態である。

こうして、人生の意味に関して、絶望へと至りかねない、つまり幸福をもたらさない「問い方」そのものを問いに付し、新たな「問い方」へと姿勢を向け変えること、これがフランクルのいう「コペルニクス的転回」なのである。「人生が自分に何を期待しているか」を問う姿勢に、逆に言えば自らを「問われる」立場に置く姿勢に転ずる、というわけである。[*43]

この観点に立ったとき、人生は時々刻々、私たちに問いかけてくるものとして現れる。その問いかけは一人ひとり、それぞれの状況で唯一独自なものである。課題は、その問いに対して、適切なしかたで応答してゆくことにある。それは何かを行い、何かを創り出し、何かを体験することで、運命を切り開くことであったり、あるいは逃れがたい運命に直面したときには、その運命を引き受け、その運命に対して何らかの「態度」をとることであったりする。それが「自分は何のために存在するのか」という問いに答えてゆくことであり、意味ある人生を生きるためのよりどころがある、というわけである。この問いの転換は、フランクルが収容所に囚われた仲間たちを勇気づけ、生きる支えとしたものであった。

人間を「人生から問われ、応答すべき存在」として理解する観点について、フランクルは「実存の自己超越性」（UC：35/44）を根源的な人間の事実として強調する。実存としての人間は、自分自身を超え出て、自分とは別の何か、誰かに向かって存在するときにのみ、本来の意味で自分自身であることができる、ということである。彼がよく用いる喩えで言うと、健康な眼は眼とは別の何かを見るのであり、眼それ自身を見る眼は白内障という病気を患っているように、自分自身が関心事となっている人間は、むしろ疎外された姿、意味を決して見いだせないあり方に陥っている、というわけである。

「幸福」についても、それは人生の問いに答え、意味を実現してゆくなかで結果的に得られるものであって、「幸福そのものを目標とすればするほど、幸福は逃げてゆく」（UC：36/46）と、フランクルは語る。性的快楽についてさえも、「快楽」それ自体を追い求めたために、かえって快楽さえも失われてしまう性の営みの例を、彼はしばしば報告するのである。これが幸福をめぐる、フランクル独自の視点であった。

自らを「問う」立場から「問われる」立場に置き直すことで、いついかなるときでも人生を意味あるものとして、結果として幸福を実現する可能性を開く。こうした「問い方」そのものを問い直す観点に、フランクルが「問いのスピリチュアリティ」を深化させた立場を見ることができる。だがこの「問い」を、固有の意味で「スピリチュアリティ」といえるまでに深めてゆく道を、彼は示唆している。これを次は考察してみよう。

D 「超意味」へ向けての問い

フランクルが実存としての人間の「自己超越性」を語るといっても、これは「自分自身を超え出て、別のものに関わる」という純然たる人間的なあり方を指しているのであって、宗教的な意味での「超越」とは、直接には関係がない。彼自身そう明言している（UC：94/199）。しかし、「人生からの問いかけに答える」という観点が「自分は何のために存在するのか」という問いとも関わっている以上、有限な人間の次元を超える、という意味での「超越」、つまりすぐれてスピリチュアルな意味での超越とも、深いところではつながってくる事柄であることも否定できない。

フランクルは還元主義が、精神の次元まで含めた人間のホリスティックな把握を妨げ、人間の尊厳と存在意義を見失わせる、と厳しく批判した。だが同時に彼は、人間を宇宙の中心に置き、万物の尺度とする立場、「人間学主義」に対しても等しく批判的であった。人間が究極的なものであれば、そもそも人間が何のために存在するのかが見えなくなるからである。これは別の形でのニヒリズムにほかならない。

「人生が何を期待しているか」という際の「人生」の原語は Leben あるいは life であり、これは個々人を超えつつ個々人を生かしている「いのち」とも訳せる（山田 1999：143-144）。つまり私たちに問いかけてく

＊43 この視点は、文脈を変えれば、環境倫理の問題系に対しても示唆的である。これまでのような「私たち人類が自然から、地球環境から何を期待できるか」という態度が環境危機につながり、私たち自身の生存すら脅かすようになった。だが「自然が、地球環境が、私たちから何を期待しているか」と問い方を転換してみたらどうだろう。

るものは、自らの「人生」であると同時に、それを超えた「大いなるいのち」の働きでもある、と解することも可能である。こうした読み方はあくまで一つの可能性であるが、よりスピリチュアルな方向に向かってフランクルの「問い」の立場を深めてゆくうえでは有意義な視点となるだろう。そしてフランクル自身が「超意味」の概念において展開した思想ともつながってくる。

「人生（いのち）からの問いかけ」に答えて、私たちが成就してゆく意味は、唯一無二の人と状況に対応した、個別具体的なものである。そのつどの応答を通して、私たちは意味ある人生を生きることができる。だがそれでは、この個別の意味が究極的にはそもそもどんな意味をもつのか、ということがさらに深い問いとなってくることがありうる。それとも、結局は無意味なものなのか、という疑問もまた頭をもたげうるであろう。これは世界全体の意味に関わる事柄であり、スピリチュアルに問うてゆくならば、この問いに逢着するのは当然とも言える。フランクルはこうした問いの志向を真摯に受け止め、全体、存在そのものの意味を「超意味」と呼んで思索を進めている。

ただしフランクルは「超意味」を証明の外の事柄として受け止める（HP：56/101）。「全体」は人間の理解力を必然的に超えており、絶対的な意味への問いに答えることは人間にはできない、と見るからである。だから彼は超意味が存在する、とは断言しない。ただ、それは「信じる」べき事柄である、と述べるまでである。それを信ずるか、否かはスピリチュアルな意味でもまさに究極的な「問い」であろうが、これについては彼はオープンな「問い」の事柄にとどめている。まさに「問いのスピリチュアリティ」の深い場面で、考えようとしているのである。全体は、超意味か無意味か――ここには私たち自身の実存的な決断の余地がある。

ただし、全体の意味、超意味を否認すること、すべてを無意味であるとみなすことは、つまるところ自分自身を唯一の意味の与え手にして担い手であるとみなすことにつながり、一つの傲慢、自己絶対化を含んでいる、ともフランクルは問い返す。何ものにも意味がないのなら、それを何らかのしかたで見抜けるはずだが、私たち人間に全体を見通せない以上、すべてに意味がある、ということを見抜くことはできないはずである――彼はこのように論じて、立証責任は超意味を否定、懐疑する者の側に課する。こうして、「希望」としての超意味への扉を、あくまで開いてゆこうとするのである。「問いのスピリチュアリティ」の視点を貫いて、深めた到達点ともいえる見地であろう。

ただし、私たちが実存するただなかでは、そのつどの具体的な意味に専心すればよく、「超意味」への信仰に固執する必要はない、ともフランクルは言う。「超意味」が存するとすれば、「幸福」の場合と同様、あくまで「結果において」のみ与えられるからである。そのつど実現される意味は、それ自体、永遠的な意味をもつとする時間観を、フランクルは「過去のオプティミズム」として展開している。「時は流れ去る。しかし生起したことは歴史として凝固するのです。生起したいかなることも、生起しなかったことにすることはできませんし、創造されたいかなるものも、この世界から取り除くことはできません。いかなるものも過去の中で二度と失われることなく、すべてのものは過去存在の中で失われることなく守られているのです」(UM：87/193–194)。

これもまた「信仰」の事柄といえるかもしれない。だが、すべては無に帰してゆくから空しいという「時のニヒリズム」に対して、一つの「問い直し」の見地を提供し、一つの「希望」を託しうる展望を開くことは否定できない。自らの個別の行いが永遠の意味をもちうる、という可能性にも開かれた姿勢で生きることは、確かに人生をより意味に満ちたものにする可能性を開く。より超越へと、より深い意味の可能性へと開かれた姿勢へと向かう――これが、「問いのスピリチュアリティ」の視点を、フランクルの思想を解して深めることで「幸福」に関して示唆しうる展望であろう。

5　おわりに

「スピリチュアリティはかくかくしかじかのものである、だからこうすれば幸福を得られる」という単純な結論を求めることは不毛であろうし、また達成不可能であろう。人間にとって根本的な・究極的なものが関わるスピリチュアリティの問題系は、こうした端的な規定に閉じ込められるほど浅いものではない。だが「問い」という開かれたスピリチュアリティの見地からは、「幸福」の問題に関して、何らかの示唆を提供できるものと思われる。それが、人生の究極的な意味に関して「問い」、「問い直し」、「問いを深めて」ゆく、という方向性である。

一定のスピリチュアルな「答え」を前提することなしに、「問いを深めてゆく」視点は、多様な価値観と志向をもった人たちを相手にしなければならない医療、福祉、教育などの実践者にとっても有意義なものとなることを筆者は期待する。そしてまた、自らスピリチュアルな志向を生きようとする人たちに対しても、である。本章ではV・E・フランクルの立場を手がかりにスピリチュアルな問いを深めてゆく可能性を探ったが、この問いの方向性をさらに問い直してみることも、より深いスピリチュアリティの志向のためには必要となるかもしれない。さらに深いものを追求してゆく、ダイナミックな立場としてスピリチュアリティを理解することの必要を確認して、論を結ぶことにしよう。

第七章　「スピリチュアリティの哲学者」としてのベルクソン

1　世界観をめぐる問題

本書はスピリチュアリティを「問い」と「答え」に分節化し、まずスピリチュアリティを「問い」として理解することを基本的な姿勢としている。だが私自身もスピリチュアリティの「答え」の次元について、もちろん一定の立場を有している。本章は、私自身が拠って立つ「答え」のスピリチュアリティの世界観の一つの面について述べようとするものである。

スピリチュアルな志向をもつ人たちにとって困難の一つは、その志向が現代社会の支配的な世界観と相容れないことである。特に現代日本においては、戦後公教育から「宗教」が排除されたこともあいまって、学校教科書を通じて教えられる、いわば「正統」の位置にある世界観は、きわだって近代主義的なものである。

そこでは科学主義・唯物論・世俗的ヒューマニズムなどが基調をなす。生命もつまるところ物質の複雑な反応過程にすぎず、人間もその精神も例外ではない、という見方が含意されている。

スピリチュアルな志向の基本が、物質主義的、現世的な生き方を超えた何かを求めることにある、という主張に異を唱える人は少ないだろう。だがそうした生き方が成り立つためには、物質的なものを超えた何かが存在し、それが実効力をもつものでなければならない。だが近代主義的な世界観は、そうした精神と実在の理解を保証しない。「スピリチュアルケア」や「スピリチュアル教育」を実践するにしても、それは近代主義的な前提とはもとより衝突する。世界観を手つかずにしたまま「スピリチュアルな志向」を訴えても、それこそ白々しいものと映りかねない。西田幾多郎（1950：59）が言うように、「人は相容れない知識的確信と実践的要求とをもって満足することはできない」のである。

その意味で、哲学的世界観の観点から、スピリチュアルな志向の基盤を探ってゆくことはスピリチュアルな実践に劣らず有意義だろう。しかしこの企てを無から始める必要はない。すでに幾人もの先達がいる。[*44] 本章では、導きをフランスの哲学者H・ベルクソンに求めたい。早くから近代の科学的唯物論と対決し、生命そして精神を中心に据えた「持続」「創造的進化」の哲学を展開した彼は、スピリチュアルな生 la vie spirituelle の支持者でもあり、その意味で「スピリチュアリティ」の立場の先駆的思想家だといえる。

そこで本章では、世界観、認識論、宗教論、そしてエコロジーなど多面にわたって、スピリチュアリティの問題系に対するベルクソン哲学の示唆を引き出してゆきたい。

2　スピリチュアルな世界観、スピリチュアルな生

「スピリチュアリティの哲学者」としてのベルクソンの相貌は、まずその世界観にある。彼は近代を通じて支配的であった科学的唯物論に真っ向から異を唱え、精神・生命に基礎を置いた実在理解を展開した哲学者であった。その世界観から、スピリチュアルな生とは何かも具体的に描き出されるのである。

ベルクソンの第一の主張は、精神とは「持続」である、ということにほかならない。「持続」とは、心の事象を空間的・物理的なものとして了解する常識的認識の習慣を去って、「意識に直接に与えられるもの」を省察したときに立ち現れる相としてまず見いだされる不断の流れであって、過去のさまざまな要素が現在と結びついて浸透・融合しあい、新たな様相を創りだしては未来に向かって進んでゆく生成変化（EC：4）、「諸要素の相互浸透、連携、内面的有機化」（DI：75）である。音楽のメロディにおいて、新たな音が加わっては新たに調べが展開されてゆくのはその典型である。それは時計によって測られる「空間化された時間」にあらざる、本来の意味での時間である、とは、ベルクソンの根本的な論点である。絶えず新たな状態が創造されるために、意識の持続は予測不能であり、非決定論的である。人間の内面的な自由の根拠もここにある。

『創造的進化』においては、持続は生命の領域においても見いだされる。それ自体としては持続を有しな

＊44　こうした展望を開く思潮として、筆者はかねてから建設的ポストモダニズム constructive postmodernism に注目している。ベルクソンもまたこの流れに位置づけられる思想家である。この流れについては Griffin, Cobb, Ford et al.（1993）を参照。

い物質とは対照的に、「変化の連続性、過去が現在に保存されること、本物の持続、といった性質を、生きものは意識と分かち合っているように見える」（EC：22‒23）。ここから、生命の領域に見いだされた持続としての「エラン・ヴィタール」（生の躍動）が、物質の抵抗に逢着してさまざまな方向に分岐し、予見不能なしかたで新たな種を創造してゆく、というベルクソン独自の進化論が成り立つのである。[*45]

もっとも、意識・生命と物質とは、デカルト哲学で主張されるような、相異なる二種類の実体ではない。意識の内面的持続を強調した第一主著『意識に直接与えられたものについての試論』では、確かにデカルト的な二元論とも受け取れるような議論が見受けられた。だが心身を相関性において考察した『物質と記憶』では、精神性と物質性とはそれぞれ持続の「緊張」と「弛緩」の相として理解され、実体的に異なるものとはみなされていない。『創造的進化』では精神・生命と物質とは実在の「生成してゆく」方向と「解体してゆく」方向という、宇宙の二つの傾向を言い表したものとして位置づけられる。その意味でも、ベルクソンの生命の哲学は、物質に非物質的な「生命原理」が加わることによって生きものが成立する、という「生気論」ではない。

人間精神と生命とは創造的な持続にあずかるものとして、根源を同じくする。両者の間に本質的な絆を確立したことは、ベルクソン哲学の重要な論点である。そして宇宙全体もまた、精神・生命と必然的に相関したものとして理解する限り、持続にあずかっている（EC：242）。こうした意味でベルクソンの哲学は、精神の哲学であると同時に、生命への共感、自然との交わりの哲学でもある。

ここから、ベルクソンは固有の意味でスピリチュアルな生のありようを指し示す。それは実在の創造的持続にあずかり、「生命の勝利」を自らにおいて実現させることである。それは芸術家や学者の営みにおいて著しいが、「自己による自己の創造」というしかたで、基本的には誰にでも可能である。そこには、単なる生物的生存のための欲求を満たした「快楽」とは質的に異なる、深い「歓喜」が味わわれる、という。物質的、自然主義的な生を超えた、固有の意味でのスピリチュアルな生の姿がここに存する。

だがベルクソンは、スピリチュアルな生を擁護しつつも、精神を他の一切から孤立させ、地上を離れた高みに祭り上げるような立場に対しては批判的であった（EC：268）。そうした姿勢は、人間精神と生物的・物理的自然との連帯性・連続性を明るみに出す科学の知見と調和しない。それゆえに精神やスピリチュアルな生は、ますます現実性を欠いたものとして扱われるようになってしまう、というのである。ベルクソンの立場では、スピリチュアリティは実在世界の創造的な相との連帯、持続する生命界、ひいては宇宙全体とのつながりと共感において成り立つ。こうして、私たちは自らを孤立したものとして感じることはなく、また人類は自然界のなかで孤立したものとして感じる必要はなくなる。後述するように、これはスピリチュアリティの見地からエコロジー問題に向き合ううえでも示唆的であろう。[*46]

ベルクソンは最後の主著『道徳と宗教の二源泉』では機械文明からスピリチュアルな生への移行の可能性

＊45　ここではベルクソン的な進化観の妥当性について紙数を費やす余裕はない。だがベルクソンが当代のダーウィニズムに向けて放った批判は、現代のネオ・ダーウィニズムに照らして、なお有効な論点を含んでいる、という指摘もある（Wolsky, M. I. and Wolsky, A. A., 1992；Mullarkey, 1999 ほか）。たとえば進化が漸進的なものか飛躍的なものか、という「断続平衡説」をめぐる論議はすでに先取りされている、という。そしてベルクソン的な「持続」に依拠したコスモロジーが、プリゴジンの散逸構造論のような現代科学の論議のなかで、改めて高い評価を受けつつある、ということも確認しておきたい。

＊46　精神の根本をリアルな時間性に見ることは、J・メイシー（1991＝1993：230）が糾弾する「時間からの逃走」のスピリチュアリティを克服する道としても意義深い。メイシーは、時間・変化を仮象とみなし、非時間的・永遠的な次元への超克をはかるようなスピリチュアリティの姿勢（東洋宗教に依拠したものに多い）を、環境危機をはじめとする時間的世界の現実から眼を背けることだとして批判している。だが、ベルクソン哲学に立てば、スピリチュアルな生の真髄とは創造的時間へのコミットメントにほかならない。

を示唆していた。人間の身体は機械技術によっていわば法外に肥大したといえる以上、その身体を満たし、導くには人間の魂もそれ相応に豊かなものとならねばならない（MR：330）――いわば予言者的な展望で、こう告げていたことを付言しておきたい。

3 認識論と哲学的方法――流れに即し、生命に即する――

ベルクソンが「スピリチュアリティの哲学者」たるのは世界観の側面だけにとどまらない。彼は哲学者として、自らの方法に対してきわめて自覚的、批判的であった。現在のスピリチュアリティの思潮がより確固たる哲学的基盤を得るためには、これは示唆に飛んでいる。認識論的側面の考察がここからの課題である。

ベルクソンの認識論上の姿勢の基本は、つまり対象に即応した説明を求めることであった。対象の種別を問わずに出来合いの思考様式、概念をあてはめれば認識は成り立つ、とする立場を彼は受け入れない。ことに、人間知性に特有の思考傾向を、意識や生命といった実在にそのまま適用するような認識態度に対して、厳しく批判的であった。実在のタイプの違いに即応した、異なった認識の様式がある、というのがベルクソンの認識論の基本であり、この立場は今日のウィルバーの「三つの眼」の理論にも通じるであろう。

ベルクソンは事あるごとに、言語や知性がもたらす認識の錯覚や、解決不能な擬似問題を指摘する。（悪）名高いゼノンの逆説とは、不動から出発して動を再構成しようとする人間知性が陥る錯誤の表現として理解される。また予見しがたい創造をなす事象に対しても、知性は事後的に「回顧の論理」によって、原理上は「予見できたことにする」傾向がある（PM：14 以下）。総じて、知性は時間を空間として、動を静として、自由で創造的なものを決定論的・機械論的なものとしてとらえようとする、というのがベルクソンの警告である。

ベルクソンによると、これは知性的分析が、もとより実在を操作するための認識だからである（PM：212）。人間知性は「無機的な道具を製作し、使用する」能力として発達したものであり、それゆえに無機的で固体的な物質の認識に適合してきた。それゆえにあらゆる対象を物質になぞらえ、機械論的・決定論的に把握しようとする。生物学的適応の観点から人間の知的能力を吟味するアプローチは、現在の「進化論的認識論」とも相通ずる。

また「言葉はあまりに異なるものを、同一の名称のもとに結びつける」（MR：10）という問題意識のもと、言語から生じる錯誤を、彼は随所で暴き出す。まったく異なるものが安易に混同されて詭弁や誤謬推理を許したり、質的に異なるものの間に程度の差しか認められなかったり、解きがたい擬似問題が生じたり、という具合である。「多様性」「因果性」「相関」「正義」「愛」「宗教」などの語が吟味の対象となるが、これらはほんの一部にすぎない。その透徹した姿勢は分析哲学をも思わせるものであり、ベルクソンを「言語を無視した哲学者」として扱うのは、あまりにも皮相な通念である。

ベルクソンのこうした主張を、知性や言語に本質的に備わった、超えがたい限界を示したものとみなすかどうかには論議の余地があろう。しかし、いずれにせよ汲み取るべき洞察は、物質に適合した思考様式、あるいは制度化された言語を無際限に精神や生命といった実在にあてはめることは、その真相を歪めてしまう、ということである。スピリチュアルな事柄に対しては、別の認識様式がある。

それが「直観」という方法である。知性的な「分析」が「対象の周囲をまわる」のに対して、直観は「対象の内側に入りこむ」（PM：178）。外的な視点、あるいは記号的な翻訳表現によらず、対象の動きのなかに身を置き、対象と一つになって、内側から対象を把握することである。その意味で「共感」とも呼ばれる。これによって、動的で創造的な実在が、その生きたままの姿で開示される。こうして、「意識の内面的持続」が、「生命」が、ひいては、「意識や生命と不可分に連帯した宇宙全体」が、直観を通じて、その生き生きとした姿を失うことなく把握されるのである。

この直観は、決して単なる合理性の放棄でもなく、恣意的なものでもない。[*47] 直観はガンターの言葉を用いれば「知性との弁証法」において考えられている。ベルクソンは当然、直観とて概念に結実し、知性と言語によって伝えられなければ効力をもちえないことを熟知していた（PM : 31）。そうした直観に由来する概念は、明晰さに欠けるように見えることがある。「ある対象に対して、この対象にのみ適している概念を裁断する」（PM : 223）[*48] 直観は新しさをもった概念を提示し、それは既存の観念には還元されないからである。

だが深い直観に由来する概念は、知性的認識においても在来の枠組を一変する効果をもつ。最初は不可解なように見えても、ひとたび受容されれば、それまで解決不能だと思われていた問題が解消され、別のしかたで立てられるようになるのである。ガンター（1987 : 10–16）は、ベルクソンの直観が、量子力学の非決定論を先取りしていたことや、「時間生物学」という新たな分野の開拓にあたって大きく力をもったことを、その効果の例として挙げる。これによって当の概念も、次第に明晰さを増してゆく。

言い換えると、直観については、「公共性の漸次的増大」が指摘できるのである。明晰判明に定義された出来合いの概念から出発する知性的・分析的アプローチは、確かに客観性をもち、公共性を有したものである。だが当初は単に主観的で公共性を欠くように映るからといって直観をことごとく退けてしまうのは、知性を旧来の枠組みに閉じ込めるだけに終わる。知性と直観とを相互排他的なものとはみなさないこの論点は重要である。

このように既存の認識の枠組みを打破し変容する可能性を、ベルクソンは神秘主義のうちにも見ていたことは注目に値する。経験を除いて知識の源泉はない、というのは正しいが、この「経験」を実証主義のように感覚経験に限る必然性はない。神秘家たちの体験を、日常的な意識状態とは異なるからといって精神病理現象と同一視するような論調を、ベルクソンは彼らの示した行動への熱意、環境への適応力、識別力などの知的健康に照らして慎重にかつ敢然と退ける（MR：241）。そして神秘家たちのヴィジョンを、権利上は検証可能な経験として、実在、それも高次のリアリティを開示する可能性をもったものとして認めるのである。こうしたヴィジョンが示唆する「事実の線」を相互に照合し、その延長が交わりあう点を探ってゆく、という方法によって、「採るか捨てるか」しかない従来の形而上学に代わって、次第に蓋然性を高めてゆく、進展に開かれた形而上学の展望を描き出す。これは現代のトランスパーソナル研究にとっても示唆的な認識論的論点といえる。

＊47　ベルクソンのいう直観がとりとめのないものではなく、明確な方法論だということについては、G・ドゥルーズ（1966＝1974）の指摘が名高い。

＊48　持続する実在とて渾然一体たるものではないから、認識を通じて分節化される。ドゥルーズがよく引く「プラトンの料理人」の比喩のように、直観に求められるのは実在の自然な分節に沿うことである。だが実在が動的なものである限り、その認識は恒常不変の性質、あるいは本質を取り出そうとするものとはなりえない。動的な「傾向」に即して、分節化されることになる。「その群がある種の特性を所有することではなく、それらの特性を強める傾向にある」（EC：107）ことに基づいて概念、カテゴリーは動的に定義される。

4　閉じたものと開かれたもの

ベルクソンが最後の大著『道徳と宗教の二源泉』で展開した宗教論は、とりわけ「トランスパーソナル」といってよい議論を豊かに含んでいる。その中心的な論点は、書名が示す通り、「閉じた／開かれた道徳」「静的／動的宗教」という、機能も源泉も異にする二つの道徳・宗教を区別することであり、それぞれに対応した、「閉じた／開かれたもの・社会・魂」の間の差異を明らかにすることである。[*49] こうした区別は、今日のスピリチュアリティの問題系に座標軸と批判的視点を提供するものとして、改めて見直してみる価値がある。

ベルクソンの言う「閉じた道徳」「静的宗教」は、既存の社会秩序の存続を支えるように働く。閉じた道徳とは、何より「……すべからず」と禁令を下す責務の体系である。そして背いた者に有形無形の制裁を下す社会の圧力である。これを通じて社会は、知性をもち行動の自由を得た個々の人間を、自らの秩序に服従するよう強いる。知性の反省的思考は、人間に反社会的行動への誘惑や死への恐怖、不測の事態への心配をももたらしうる。だがこれらに対して「罰する神」「不滅の魂」「人間に味方する力」の表象をもたらすことで、社会解体の危険を抑制するのが静的宗教である。

責務の体系は、知性をもった人間を社会につなぎとめるうえで、本能が蟻たちを蟻塚に、蜂たちを蜂巣に結びつけるのと同等の機能を果たす。また静的宗教の基盤は、幻影的表象を生み出す能力としての「仮構機能（fabulation）」であり、これは「知性の解体力に対する自然の防御反応」（MR：127）と規定される。いずれも、知性によって反省能力と行動の自由を得た人間が「社会的生物」として存続してゆくために要請される、すぐれて生物学的な機能として理解される。こうした道徳・宗教が支えるのは、「閉じた社会」である。そこでは安寧は確保されているものの、新たなものへの変化、生命本来の創造性の発露は見られない。他の生物種と同様に、人間も陥った生命の袋小路、反復と停滞の様態である。

だが道徳と宗教には、源泉を異にする、解放的で創造的な別の形態がある。それが「開かれた道徳」「動的宗教」である。「開かれた道徳」は、非人格的な責務からなる「閉じた道徳」とは異なって、ギリシアの賢者や聖書の予言者たち、仏教の聖者たちなど、具体的な人格に体現される（MR：30）。こうした道徳的英雄たちの心の奥底にはある種の創造的情動がある、とベルクソンは言う。これが彼ら自身を実践へと動かし、また余人たちを強制ではなく憧憬によって、圧力ではなく引力によって招き寄せる。この道徳に生きる人たちは閉じた社会のくびきから自由になり、他のあらゆる人間、いや全自然と共感しうる「開かれた魂」をもって前進するのである。

そして「動的宗教」とは、神秘主義において現れるものであり、それはあらゆる生きものを、したがって人類をも生み出した根源的な創造の力に接し、これと部分的に一つになること、と規定される（MR：233）。ここでは根源のエラン・ヴィタール＝生の躍動は、エラン・ダムール＝愛の躍動として立ち現れる。神秘家たちはこの神的な創造の力を自らのうちに体現し、他の人々にも分け与えてゆく。こうした「開かれた道徳」「動的宗教」によって、人間はただ生存のみをこととする、単なる生物であることをやめる。閉じた社会の反復と停滞のあり方を超え出て、根源的な生命の創造力を改めて発現させるのである。

このようにして生まれる「開かれた魂」が志向する「開かれた社会」の特質は、とりわけ強調に値する。

＊49　もちろんこの二種は「理念型」であり、現実には純粋形態では存在しない。現実に見られるのは両者の混合である。だからこそ二つの「傾向」を取り出すことが重要なのである。

「閉じた社会」は本性上「境界」を有し、外部との敵対を本質的に内包する。愛と思いやりを説いていた社会が、他の社会を相手にした場合には掌を返したように裏切りや欺瞞を、ひいては掠奪や殺人をも正当化し、推奨すらする（MR：26）。社会集団が家族から部族、国家へと拡大しても事態は変わらないのは、二十世紀の二度の世界大戦や、21世紀の今なお絶えない「テロと報復の連鎖」を見るにつけ、明白である。他方、「開かれた社会」は境界をもたない。家族や部族、国家との対比から「人類社会」と呼称されることもあるが、何も「人類」で完結しているわけではない。原理的にはあらゆる生きとし生けるもの、地球の生命圏全体にまで及びうる（MR：34）。開かれた社会と閉じた社会の差は単に量的なものではなく、質的なものなのである。

こうしたベルクソンの道徳・宗教論は、現代のスピリチュアリティの問題系においても、なお見過ごせない多くの示唆を与えてくれる。ベルクソンは動的宗教の核心に神秘家のヴィジョン、つまり変性意識状態でのヴィジョンを見いだし、教義や組織はそこから結晶化したものと見た。「宗教が神秘主義に対する関係は、科学の通俗化が科学に対する関係と等しい」（MR：253）という一文がこの視点をはっきり表現している。その意味で動的宗教に関しては、「宗教」は「スピリチュアリティ」と置き換えても差し支えない。この神秘主義に高次のリアリティを開示する可能性を示唆したことは、すでに触れた通りである。

またウィルバーにずっと先立って、「前／超」の虚偽への戒めを明確に行っていることがある。ベルクソンは開かれた道徳の基底にある情動を、観念・思想をも産出する創造力をもった「知性以上の情動」と呼び、通常の「知性以下の情動」と明確に区別するよう主張する（MR：40）。また静的宗教は「理性的存在者の持つ不合理」でしかないのに対し、動的宗教は合理性の秩序を超え出ている。同じ「宗教」の語で呼ばれるからといって、両者を「合理的でないもの」として一括する態度を、ベルクソンは告発してやまない。

宗教の二類型の区別は、宗教の社会機能的、イデオロギー的で抑圧的な様相と、真にスピリチュアルで解放的な相貌との双方を受け入れつつ、両者を混同しないこと、後者の可能性をさらに探ってゆくことを促す。[*50] 宗教に対するイデオロギー批判的・還元主義的アプローチに対して、そうした批判が妥当するのは「静的宗教」のみであって、「動的宗教」については、その真価を正しく認める必要がある、と応答できる。また同時に、「スピリチュアリティ」の衣をまといつつも、実質的には「閉じたもの」でしかない立場を識別する、批判的な視点を確保することも可能となる。

生命の必要に即して、生物進化の観点から宗教の意義を考察するベルクソンのアプローチは、今日の「社会生物学」にも相通ずる。事実、少なからぬ論者が彼の議論を「社会生物学」と呼んでいる。[*51] しかし現行の主流の社会生物学は、ウィルソンやドーキンスの立場のように、道徳や宗教の機能を生物学的な生存（遺伝子の存続）に還元する傾向がある。それに対してベルクソンの「社会生物学」は、従来の機械論的なアプローチと違って、進化論的人間観とスピリチュアルな人間観を和解させる道を提示できよう。道徳的英雄や神秘家に、人間が実現しうる高次の可能性を開示したものとして解するベルクソンの立場には、今日のトランスパーソナルの志向と共鳴するものを見てとることができる。古くはR・M・バックの「宇宙意識」の思想から、今日のウィルバーのコスモロジーに至るまでの進化的パースペクティヴと通じ合う。

倫理・社会的な含意としては、ベルクソンが神秘主義の至高の形態を「行動」に向かうもの、「開かれた

＊50　「静的／動的宗教」は、ウィルバーの言う「合法的／本格的宗教」にも近い。ベルクソンの議論は、元来はデュルケーム流の機能主義的な宗教理解に対して、宗教本来のスピリチュアルな可能性の次元を擁護すべく打ち出された。その類型の区別は、ウィルバーの用語を用いれば宗教の「本格性」の次元を擁護する試みとして位置づけることもできよう。

＊51　Hartshorne (1987), Gunter (1993), Mullarkey (1999) など。

社会」に向かって人々を誘うものとして位置づけた、ということも挙げられよう（MR：241）。[*52] スピリチュアリティの立場が、時に個人の意味充足に終止する主観的・自閉的なものに陥る危険に対して、この視点は有意義な警告となりうるだろう。樫尾（2010a：16）がスピリチュアリティの見地に連なるこれまでの宗教論のなかで、ベルクソンの「開かれた宗教」の概念に最も共感を覚える、と述べているのも頷ける。

5　環境へのスピリチュアルな関わり

最後に、ベルクソンの哲学が、環境倫理へのスピリチュアルなアプローチにおいて、豊かな示唆を含んでいる、ということを示してゆきたい。第二次大戦のただなかに生涯を閉じたベルクソンは、現代の地球規模の環境危機を目の当たりにすることはなかった。しかし、「生命」に深い理解と洞察を示したベルクソンが現代に生きていたら、環境倫理の強力な論客になっていたとしても不思議はない。事実、ベルクソン哲学には、環境倫理・思想にとっても今なお示唆的な洞察が豊かに胚胎されており、すでにガンター（1999）によって、認識論・コスモロジー・社会哲学と多方面にわたるベルクソン哲学の「グリーンな」相貌が指摘されている。本節ではガンターの議論を継承しつつ、さらにベルクソン哲学のエコロジカルな含意を引き出してゆこう。

まずベルクソンが『創造的進化』を中心に展開したコスモロジーは生命中心的な環境倫理に親和的なものであり、すぐれてエコロジカルである。共通のエランから分化発展したものとして、自然界の生きとし生けるものはみな、つながりあっている。創造的な持続は生物界はもちろん、物質全般に浸透しており、万物が何らかの内面性、価値を内在させたものとして理解される。こうした見方をとるとき、私たちは自分を、また人類を、宇宙のなかで孤立したものとして感じる必要はなくなる（EC：271）。

また、宇宙における人間の地位に関するベルクソンの議論も示唆的である。ベルクソンは人類を「この惑星における有機化全体の存在理由」（EC：186）と位置づける。一見人間中心主義のようだが、立ち入って考察すれば事情は違ってくる。こう言われるのは、進化における「知性」の方向の先端を行く人間が、生命の根本特性である自由な意識を、地球上で最高度に目覚めさせたからである。しかし先に述べたように知性は物質、機械的なものに親和性を有していて、生命の自己疎外態という性格も帯びている。根源のエランから見れば、逸脱種の一つでさえある。[*53] だから人間の優位とて、相対的なものでしかない。

このように、ベルクソンのまなざしは人間の限界に対する深い反省に支えられており、反自然的な人間中心主義とははっきり一線を画している。この人間観に、先に述べた人間とあらゆる生命界、自然界との連帯性、という論点をあわせれば、自然に対する人間の責任を導くのは容易である。人間の独自性と自然そのものの価値への配慮との双方を支える視点が、ベルクソンの生命哲学にはある。

こうした進化論的見地に加えて、ベルクソンは認識論においてもエコロジカルな立場を提供している。す

＊52　ベルクソンはキリスト教神秘主義を至高のものとし、仏教やヒンドゥー教といった東洋宗教のそれに対してあまり高い評価を下していないが、これは彼の時代的・文化的制約、仏教理解の限界を反映したものであって、額面通りに受け入れるべき種の議論ではないだろう。ベルクソンが仏教に端的な「現世否定」の教えしか見て取っていないことも、彼がそうした制約から自由ではなかったことを示唆している。ベルクソンの立場から仏教の再評価を試みたものとしては、篠原（2006：148-153）を参照。

＊53　守永（2006：278）であれば人間を「流離し、失敗したエラン」と見る。少なくとも人間の優位もあくまで相対的なものであることを確認しておくことは必要である。

でに述べたように、知性と、それによって成り立つ科学的分析は、いわば利用と支配のまなざしを通して物を見る傾向をもつ。実在の全体性を功利的な関心から自在に分割・解体し、あらゆるものを人工的な機械になぞらえようとする。[*54]それに対して直観は実在を全体としてありのままに、その生ける姿のままに見て、「共感」しようとする認識態度であり、こうした認識様式をもってして、はじめて自然の内なる生命に触れることができる。知性的分析の立場では自然に対して策略を用い、不信と闘争の態度をとらざるを得ないが、直観の立場では「自然を友として扱う」という論（PM：159）は、ベルクソンの認識論がすぐれてエコロジカルなものである何よりもの証である。

こうした「共感」の態度は、「開かれた道徳」「動的宗教」を展開する「開かれた魂」の思想ともつながり、ここにはエコロジカルな自己のあり方についての洞察がある。開かれた魂は、原理的には全人類のみならず、生命の世界全体と共感するのだからである。ここには孤立的・アトム的な自我のありようを超え出て自然環境と同一化し、人間が自然を守るというより「自分を守る自然の一部」となるようなエコロジカルな自己のあり方、A・ネスのいう「自己実現」の立場が、ネスに先駆けること半世紀にして、すでに描き出されているといってよい。

ただし、ベルクソンが力説してやまない「閉じたもの」と「開かれたもの」との間の質的な断絶は、「エコロジカルな自己の拡張」という立場に、一つの大切な反省的視点を導入する。アトム的な自我を超え出てゆくといっても、それが「閉じた魂」の単なる量的拡大であっては意味がないばかりか、カルト集団や全体主義国家への盲目的な同一化に至るならば、それこそ破滅的なことになりかねない。こうしたエゴイズムの肥大化でしかない「閉じた魂」の拡大と、「開かれた魂」としてのエコロジカルな自己のあり方とは、明確に一線を画すべきなのである。

この「閉じたもの」と「開かれたもの」との区別を踏まえれば、環境倫理においてしばしば提言される「モラル拡張論」の決定的な限界も見てとれる。この立場では、ナッシュ（1989＝1999：30）が述べるように、人間の倫理的進歩の歴史は、徐々に配慮の対象を拡張してきた歴史として解釈される。その範囲が環境問題が問われる今日、人類の枠を超えて他種生物や自然物にまで及ぶようになった、というわけである。この見方は閉じた「配慮の範囲」の量的な拡張しか見ず、「閉じたもの」と「開かれたもの」との質的な差異を無視している点で決定的な難がある。マラーキー（1999：98）が、ベルクソンの立場からP・シンガーの動物解放論、「広がってゆく環」のモデルを批判して「配慮対象の拡大へと向かう力を説明できない」と指摘するのもこのためであろう。求めるべきは配慮の対象を単純に拡張することでなく、環境に向かって「開かれた」魂の態度を培うことなのである。

このように、ベルクソン哲学はコスモロジー、認識論、自己論という多面にわたって、エコロジーの哲学、それもスピリチュアル・エコロジーを支える哲学としての資格を有している。認識論的な反省や「閉じたもの／開かれたものの区別」のような意義深い哲学的洞察に満ちており、地球環境危機にスピリチュアリティの立場から向き合う思索と実践に、これからも示唆と鼓舞を与えてゆくにちがいない。

＊54　もちろん、個々の科学者がみなここでいうような態度で自然に臨むというのではない。ただし、「自然を友として扱う」ような姿勢には、ベルクソンの言うような「科学的分析」とは別のアプローチによる補完が求められる、というのが基本的な論点であろう。科学者として冷徹な立場から『沈黙の春』を著して環境汚染の危機を警告しつつ、その一方で自然の驚異に対する感受性＝「センス・オブ・ワンダー」の意義を強調したレイチェル・カーソン（1987＝1996）は一つの典型といえる。

6　おわりに

このように、ベルクソンの哲学は多面にわたって、スピリチュアリティの立場に対する示唆と支えを提供しうるものであることが、本章の考察で明らかになったと思われる。その示唆は世界観や認識論といった哲学的な基本原理のレベルから、宗教理解や環境への関わりなど、事柄そのものに対する考察に至るまで、実に幅広い。その意味で私自身が、スピリチュアリティの「答え」として、至って有望な道の一つとして考えているものである。だが哲学的な支えを求めるとはいっても、それ以上の異論や改訂を受けつけない「確実不動の基礎」を築こうとするものではない。そうした姿勢は、思索の停滞に、「閉じた」体系につながりやすく、スピリチュアリティの志向とも相容れないであろう。求められるのは、生成発展に開かれ、たえず自らを更新してゆくような哲学的世界観である。ベルクソンの創造的持続の哲学には、そうした契機が十分に含まれている。この契機を十分に生かしつつ、よりスピリチュアリティの立場にふさわしい哲学的な支えを私たち自身の手で探究してゆくことが、今後の課題となるであろう。

第三部　実践に向けて

第八章
「問い」の見地からするスピリチュアル教育の展望

1　なぜ教育にスピリチュアリティか

自分は何のために生きているのか。自分はどこから来てどこへ行くのか。この世の有限な人生を超えたものは存在するのか――こういったことは、人間なら誰しも、人生のどこかで直面するにちがいない問いである。生と死の問い、あるいは死生観に関わる問いというわけである。そしてこの現代日本という場でこの問いに向き合うことは、独特の困難が伴っているように思われる。

かつては仏教をはじめとした宗教が多くの日本人の心のよりどころとなって、生と死に意味を与えてきた。しだいに宗教離れが進んだ戦後の日本社会でも、「昨日より今日、今日より明日もっと豊かになる」という経済発展の物語が、擬似的とはいえ多くの日本人に人生の支えとなっていた。だが九〇年代初頭に起こったバブル経済の崩壊以降、この物語ももはや追求しがたいことが露呈されている。伝統宗教にももはや往年の力はない。何らかの宗教を信じる日本人の割合が、全体で三割程度にまで落ち込んでいる実情からもうかがえる。結果として、日本人一人ひとりが、自らの生死をどう受け止めるか、という問いに、満足な指針を失ったまま直面しなければならない時代となったのである。

その徴候はとりわけ子どもたち、若者たちに顕著に現れる。若い世代のうちでの不登校、引きこもり、自殺などの増加は、「生きていく意味」を支えるものを彼らが欠いていることも一因であろう。広井（1997：56）は、とりわけ若い世代に「死に向き合っての心のよりどころ」が欠けていること、つまり「死生観の真空」という事態が現出していることを指摘している。あるいは、はじめて「生と死の問題」に直面したときに出会ったのがカルト宗教であったとすれば、それに対して無防備なまま向き合うことの危険は大きい。

こうした意味でも、生と死の問題を「教育」という場で真正面から扱うことの重要性は、ますます高まっている。だがこの問題と関わりの深い「宗教」に立脚して生死の問題を扱うことは、現在の日本の公教育では難しい。特定の宗教の教義をそのまま説くのは当然ながら憲法や教育基本法に反することになる。そうではなくても「宗教」に対するタブー視やマイナスイメージは教育関係者の間にも、また教育を受ける側の若者世代にも大きい。戦後教育の中で「宗教」は公教育では各教科のなかで単なる「知識」として断片的に教えられることを除いてはほとんど扱われないできたテーマである。また「宗教と社会」学会の調査によれば特定の宗教への信仰をもつ若者は一割程度、また宗教に「アブナイ」というイメージを抱く若者は過半数に及ぶ。この傾向は一九九五年のオウム真理教事件以降はさらに拍車がかかった。[*55]

かといって、伝統的に「宗教」が問題としてきたような事柄をまったく扱わないで、「人生」「死生観」といったテーマに十分に踏み込めるかどうかも疑わしいところである。「人間の力を超えた、見えない何かは存在するのか」「自分のいのちはただ自分ひとりのものではなく、自分を超えた大いなるいのちとつながっているのではないか」「この世の死をもって、自分のすべてを失われてしまうのか」――そういった生と死の根本的な疑問に答えを提供しようとしてきたのが宗教であった。こういう「超越的なもの」をそのまま肯定すればよいというものではない。だが、逆にそれをまったく扱わないというのは、現世主義、世俗主義の人生観・死生観をそのまま受け入れるように強いることと変わらない。賛否いずれにせよ、こうした問いそのものに向きあうことは、一人ひとりが自らの死生観を築き上げていくうえで、きわめて重要な課題になるはずである。無視や頭ごなしの否定は、その反動で不合理なカルトに若者を向かわせることにもなりかねない。

ただし、今日の日本社会でも、従来宗教の領域にあったような生と死の根本問題を、必ずしも特定の宗教への信仰を前提にしなくてもかなり深くまで語れるような地盤は整いつつある。日本でも各方面に広まりつつある「スピリチュアリティ」の立場がこれをはっきり表現したものである。医療・ケアの領域はもちろん、心理臨床、エコロジー運動、社会運動、ひいては消費文化においても、従来の宗教の外で、有限な人間の力を超えたもの、見えないものとのつながりを求めていこうという「スピリチュアリティ」の動きは確実に広がっている。島薗（1996；2007）はこうした潮流を「新霊性運動」と名づけてその流れを追っている。

その意味で教育という場面でも、「スピリチュアリティ」の立場は新しい展望をもたらしてくれるにちがいない。新しい言葉は、その言葉でしか表現できないような思考を可能にし、新しいパースペクティヴを開く。スピリチュアリティという言葉は、「宗教／無宗教」「信仰／不信仰」という単純な二項対立を脱した考え方、ひいては実践を可能にする。特定の宗教への帰依を前提とすることなしに、宗教が従来扱ってきたよ

＊55　このため、井上（2004：116）は「九五年ショック」という表現を用いている。

うな生と死の事柄を教育の場で扱う可能性も、スピリチュアリティの立場からであれば開けてくる。[*56]

けれども、具体的にはどんなアプローチが考えられるか。スピリチュアリティの視点に立った教育とは、どのようものが望ましいのか。単に「宗教」という言葉を避け、「スピリチュアリティ」と言い方を替えれば解決される問題なのか。これは、まず考えておく必要がある課題だろう。一般にはスピリチュアリティというと「宗教」からその制度的・組織的な側面を引いて残るもの、と解されるが、これだけでは内容としては実に心もとない。

「これがスピリチュアリティの本質だ」とばかりに、決定版の定義を求める必要はない。多様な意味で用いられているのは、「スピリチュアリティ」の問題圏の裾野の広さ、豊かさと深みを意味しているともいえる。だが「スピリチュアリティ」という言葉で何を言おうとしているのか、相応の展望をもっておくことは大切であろう。ことが「教育」という実践の場面であるだけに、なおさらその意味に無自覚であってよいはずがない。むしろ「教育」という文脈において有効な実践の展望を開く見方は何か、という戦略的な見地から、スピリチュアリティのありようを探ってゆくことが有意義であろう。

結論から言えば、本章で提言するのはスピリチュアリティをまず「問い」として理解することである。「問い」のスピリチュアリティに立脚した教育こそが、現在の日本の公教育でも抵抗が少なく、また実践もしやすいアプローチである、ということである。この点から見ると、ある意味で「スピリチュアリティ」の立場に近いとも見える従来の論議の限界と問題点も、明瞭に見えてくる。それを立ち入って明らかにしたうえで、改めてスピリチュアル教育の有望な可能性を探っていきたい。

2 「答え」の教育の限界──「宗教的情操教育」論から──

「宗教的情操教育」──それは教育において宗教をどう扱うのか、という議論において、常に論争の的とされてきた事柄である。特定の宗教・宗派の教えを信仰の問題として教える「宗派教育」は公教育では憲法・教育基本法によって明確に禁じられている。だが「特定の宗派に限定されない宗教心を養う」アプローチ、つまり「宗教的情操教育」であれば「宗派教育」とは違って公教育でも実施は可能であり、かつ望ましい、と推進者たちは主張してきた（家塚 1985, 杉原 1992）。

「特定の宗教・宗派に限定されない宗教心」というのは、スピリチュアリティの立場に近いようにも見える。事実、あからさまに批判的な立場からではあるが、高橋（2004）は宗教的情操について「神道でも仏教でもキリスト教でもない、何かよくわからない、特定の宗教とは結びつかない一種の神秘主義的なスピリチュアリティー」という表現を用いており、両者を同じようなものとして理解する議論は確かに見受けられる。

だが「宗教的情操教育」は、たびたび推進論が唱えられつつも、異論も多く、有効な実践には至っていないアプローチである。それだけにこのアプローチをめぐる論議とその問題点は、スピリチュアリティの教育

＊56 必ずしも「スピリチュアリティ」という言葉を実践の中で用いる必要はないだろう。その発想を理解し、それに基づいた教育を展開するなら、それで十分にスピリチュアル教育といえる。明らかに流れを異にする、マスメディアに流通した「スピリチュアル」と混同されることは避けたい事態である。しかしスピリチュアリティを自らの関心事を的確に言い表すための「表現概念」とするための教育も重要なものだろう。

の可能性を探るうえで、踏まえておくべき論点となるだろう。

まず宗教的情操教育のキーワードとなっている「畏敬」が「科学の発達していなかった時代の畏怖感情を前提にした宗教観」である、とする菅原（2002：13）の批判が挙げられる。「畏敬の念」の教育は非合理的な態度の助長であり、生徒たちに偏った宗教観を与えてしまう、というのである。[*57] また加藤（1999）はそもそも「特定宗教を離れた宗教心」の存在を認めない。「畏敬の念」が「生命の根源」や「自然」に向けられていることから、結局は神道的情操にほかならない、と主張するのである。これとも関連が深いが、高橋（2004：132）は「畏敬の念」の政治的な利用を危惧し、イデオロギー的な見地から批判を展開する。戦前から今日に至るまでの「宗教的情操の涵養」論を検討し、「大いなるものに対する畏敬の念」が「不遜な言動を自ら慎ませる」ことで、国家や既存の権力に対して従順な国民精神を培うことが意図されている、と主張するのである。戦前の日本で、「公正な宗教的情操の涵養」の名のもと、国家神道教育が推進された歴史的事実を省みれば、「情操教育」が警戒の目で見られるのもゆえなしではない。

このように宗教的情操教育論はさまざまな角度から批判が寄せられている。その根本的な問題点は、宗教的情操教育が結局は、一定の「答え」――世界観・人間観――を前提としている、ということであろう。だから「畏敬の念」が宗教観としても偏っている、という菅原の批判や、そもそも特定宗教の立場を押しつけるに等しい、という加藤の批判が出てくるわけである。

さらに立ち入って考えてみよう。「畏敬の念」は「生命の根源すなわち聖なるものに対する畏敬の念」（中教審「期待される人間像」）あるいは「人間の力を超えたものに対する畏敬の念」（一九九九年学習指導要領）と表現されてきた。これだけでも明らかだろう。「生命の根源」「聖なるもの」「人間の力を超えたもの」が存在することが、そもそも前提になっている。つまり何らかの有神論、あるいは汎神論的な世界観を正しい

「答え」として認めてかかっているわけである。この「答え」は唯物論だとか、世俗的ヒューマニズムといった世界観を支持する人たちにはそもそも受け入れられないだろう。

　また宗教的情操教育の推進論者たちは「人間はもともと宗教的な存在である」ことを前提として主張する（たとえば杉原［1992：59-65］など）。この人間観を受け入れていれば、たとえ「畏敬の念」の政治的利用を危惧する批判を語る論者にしても、そうした危険を乗り越えるような宗教的情操教育論を提示するのが自然である。*58 代案が出されないのは、そもそも当の人間観が、受け入れがたい「答え」とみなされているからにちがいない。

　端的に言えば、宗教的情操教育論の限界とは、それが「問い」ではなく「答え」の立場をとったものであることである。つまり特定の世界観・人間観を「答え」として想定していることである。そしてその「答

＊57　「畏敬の念」を菅原のように解することには異論の余地もあるだろう。菅原の議論では、「畏敬」は「畏れ敬う」という意味であるはずなのに「敬う」の契機がいつしか抜け落ちており、また「畏れ」が「恐れ」に変わってしまっていて、単に「恐ろしいものを恐がること」の意に解されている。その点で「畏敬の念」への正当な批判となっているとは言いがたい。また氏は「有限な人間の力を超えたもの」についても、死のような人間の本質的な有限性と、古代人が雷を神の怒りとみなしたような、時代や地域に相対的な人間の有限性とを明確に区別せずに論を進めているから、その意味でも必ずしも説得的とはいえない。両者の混同を警戒する、ということは重要であっても、「畏敬の念」自体を否定する議論は、ここからでは導き出せないように思われる。

＊58　高橋によると「大いなるもの」は神でも仏でも自然でも、また国家であってもよい代入自在な概念であり、それに対して自分がいかに卑小な存在かを自覚させ、「不遜な言動」を控えさせることが「畏敬の念」の教育の主眼ではないか、という。だが「畏敬の念」の立場でも、こんな見地も考えられる――「人間の力を超えたもの」に対する畏敬の念があればこそ、「大いなるもの」の位置に、国家などの「有限な人間の力」を立て、偶像化するような姿勢は警戒すべきで、「畏敬の念」が批判原理としての役目も果たすような教育こそが求められる（筆者自身の立場ではない）。歴史的にも、宗教がしばしば政治権力と結びついた一方で、逆に既存の権力体制に対する強力な批判原理を提供したことも多いことを考えれば、あながち無理な考え方ではないはずである。

え」に対して子どもたち、若者たちを教え導いていこうとするやり方である。その「答え」を受け入れられない人たちからすれば、反発を覚えるのも当然だろう。

だがこの議論は逆の方向に向けることもできる。「人間の力を超えたもの」「超越的なもの」の次元をまったく取り上げないことも、何らかの世界観へと生徒を導こうとするのも同然であり、別の意味で「答え」を前提にした教育にほかならない、ということである。これは、特に現在の日本社会の実情ではなおさら重要であろう。というのも、この世俗化の進んだ社会では、「人生の意味」を問うとしても、そのままでは現世的・自然主義的な答えの可能性だけが想定されがちだからである。「この世を超えたものは存在しない」「人は死ねば無になる」といった答えが自明化しているからである。「超越への扉」が閉ざされている、あるいは扉の存在すら忘れられているといってよい。何もしないことはそのまま こうした世界観に白紙委任状を与えるに等しい。これはもっと問題視されてよい事態である。

そもそもことは「生と死」に関わるような、人生の根本的な問題である。特定の宗教・宗派でなくても、何らかの「答え」を一方的に正しいものとして生徒たちに課するというのは、「寛容」の原則からして望ましいものではない。そもそも一人ひとりが自分の人生を生きるなかで問い、思索し、そして決断していかなければならない事柄である。「生徒よりもよく知っている教育者が、正しい答えに向かって導く」という通常の教育の姿勢が、他の何よりも成り立たない場面なのではないか。

従来の「宗教的情操教育」をめぐる論議は、何らかの「答え」を想定したような教育のアプローチ、「教化」の姿勢に立ったアプローチの限界を示しているようである。「宗教」に関わるかわりに「スピリチュアリティ」の立場からの教育を構想するといっても、それが何らかの世界観や死生観をめぐる「答え」を提供しようというものであれば、これと同じ轍を踏むことにもなりかねない。単に名前を変えただけではない、本当に有望な「スピリチュアル教育」を実践するためには、別の道を探ることは欠かせない。

3　スピリチュアリティを「問い」として理解する

こうした事情を踏まえ、スピリチュアリティをまず「問い」の次元で理解する視点を、まず大切なこととして打ち出したい。もちろん、これは「本来スピリチュアリティとは……である（でなければならない）」という具合に、その「本質」を語ろうとするものではない。ただ多種多様な意味で「スピリチュアリティ」という言葉が用いられている今の状況に対して、一つの「見通し」を示そうとするまでである。特に「教育」の場面では、課題はこのようになる——生徒たちの「生きる意味の喪失」に応え、死を見据えつつ有意義な生を送っていく支援をするためには、どのような意味で「スピリチュアリティ」を理解することが有望なのか、ということである。

本書の基本姿勢としてこれまでも繰り返し述べてきたように、「問い」のスピリチュアリティは、「人生の究極の意味・目的」とは何か、それはどのようにしたら見いだせるのかを、自覚的に問題にしてゆこうとする関心・姿勢にある。ただ、現世的・世俗的なもの、「身体・心理・社会的なもの」を超えるものの「可能性」が問いにのぼってさえいれば、最終的にどんな答えが見いだされるかについては、オープン・エンドのままでも成り立つ。それに対して、「答え」のスピリチュアリティは、そうした「問い」に何らかの答え、方向づけを与えようとするものである。たとえば、「生かされて生きていることの自覚」「超越者や来世の存在を肯定した生き方」といった形態が考えられる。この二つの位相の緊張関係においてスピリチュアリティを捉えてゆくことで、錯綜したスピリチュアリティの問題状況に対して、一つの「見通し」あるいは「座標軸」を提供しようとしたのである。

そして「問い」の次元で考えてみることで、はじめてスピリチュアリティは「誰でもの」関心事として理解できることになる。「特定宗教を離れている」ことを理由に、スピリチュアリティの名のもとで特定の「答え」、価値観が一般化される、ということには警戒したほうがよいだろう。[*59] 宗教的情操教育論の限界も、つまるところはそこにあったといってよい。たとえ個別的な宗教を離れたとしてもそれがただちに万人に通用するものとは限らないのは、「無党派層」の政治的な主張が万人に受け入れられるものとなるわけでないのと同じである。

だが「人生の意味についての根本的な問い」であれば、はじめから何か超越的なものの存在を信じることは必要条件ではない。現世的・物質主義的な生き方、自己のあり方を疑問に付し、それでは満たされないものを求めるに至ったなら、人はすでに「問い」のスピリチュアリティに入っている。自らの思いを「スピリチュアル」と表現できる。一定の「答え」を前提しないからこそ、それはさまざまなしかたでのスピリチュアルな「答え」を求めてゆく窓口にもなる。「人生の意味と目的」を問いぬいた果てに、純粋に現世的、無神論的、ひいては虚無主義的な「答え」に落ち着く可能性も原理的には排除できない。最終的にどんな「答え」に行き着くにせよ、「問い」そのものはスピリチュアルである、と見るならば、スピリチュアリティはずっと人々に開かれたものとなる。ほとんど万人の関心事になるといってよいだろう。

こうしたオープンな「問い」のスピリチュアリティを出発点とすれば、[*60]「教育」という場面でも新しい可能性が見えてくる。「生と死」の事柄について、そして「超越的なもの」「人間、この世を超えたもの」について、何らかの「答え」の正しさを前提にしないで問題にする道が開けるからである。これは「スピリチュアルケア」の場面でも言えるだろうが、スピリチュアリティの教育について第一に求められることは、一定の答えや方向性を示すことではなく、こうした問いの場、機会を開くことではないだろうか。

＊59　森岡（2005）が「死後の世界を信じられない者」としての立場から死生観やスピリチュアルケアの問題を問いに付しているのが、「答え」の一般化に対して警戒を示した一例である。スピリチュアリティは「特定宗教への信仰とは無関係」という触れ込みのもとで打ち出されることが多いだけに、こうした事態は十分に想定される。

＊60　オープンな「問い」の立場が一定の「答え」に変質する危険については、常に自覚的である必要がある。この変質は、情操教育論の文脈ですでに実例が見いだされる。家塚（1985：27–29）は「ある人にとって、究極的絶対的な意味をもつ価値が志向されている」場合その情操を「宗教的」情操と呼ぶ、と述べており、ここではどんな価値が究極的なものかについてはオープンにしていると受け取れる。しかし続いて「究極的な価値」を「人間のいのちと関わるもの」「生命の根源」と解する立場を表明するとき、完全に一定の「答え」を与えてしまっている。これは明らかにある種の生命主義的世界観を前提した発言だからである。その「答え」の普遍性が疑われうるのは当然であろう。
スピリチュアリティに関しても、「諸宗教の共通の核心」「宗教の外でも成り立つ超越者との関わり」のように解された場合、結局は一定の「答え」を与える立場となる。どこに「諸宗教の核心」を見いだすかに関しては論者によって主張が分かれる可能性が高い。結局は特定の宗教・思想に偏した「スピリチュアリティ」の立場が打ちだされかねない。注6で見たようにすでに西平（2001）がマズローの心理学的宗教論に即して、こうした変質の事例をたどっている。あるいはまた葛西（2003）は現在の日本での「スピリチュアリティ」の用例を検討し、そこには「福音主義者の祈りやヒューマンケア専門職の理想としての〈成長〉モチーフ」が反映されていることを指摘する。こうした特定の価値観が「スピリチュアリティ」の名のもとで一般化される危険には十分に警戒すべきであろう。こうした立場からスピリチュアル教育を打ち出そうとすれば、「情操教育」同様の異論を招くことは避けがたい。

4 「問い」の教育——その基本姿勢——

問いのスピリチュアル教育で教育者に求められるのは、ある微妙な立場に身を置くことである。自分自身のもっている「答え」がどんなものであれ、教育に臨むにあたっては、「超越」の次元を単純に肯定するのでも、否定するのでもない微妙な立場に、ということである。この日本社会において自明化しつつある世俗的ヒューマニズムや自然主義の妥当性もまた、「問い」に付する。「超越」を最初から肯定しないまでも、いわば「超越への扉」を開けておく。こうした微妙な立場から、一人ひとりの生徒がいずれの方向を決断するか、それを問う場を開くことが求められるのである。

いずれの「答え」が正しいのか、もちろん哲学的な論議の余地はある。しかし「教育」という実践的な場面において、そうした論争の決着を待っているわけにはいかない。重要なのは、スピリチュアルな問いを、学校という場で正面から語れるような場を設けることであろう。そのなかで、超越志向の「答え」も、純粋にこの世的な「答え」とともに、可能な「答え」として正当に扱われることがスピリチュアル教育として求められるのである。[*61]

そもそも、「問いのスピリチュアリティ」のような事柄について、教育者の側が生徒たちよりも「たくさん知っている」といえるだろうか。少なくとも、「答え」を一義的に握っていると言えるだろうか。[*62] 教育者自身も含めて誰もが人生をかけて問うていかなければならない問題が、そこにはある。その意味で「よりよく知っている大人が、より知らない子どもに対して答えを、知識を教える」という形の教育は、ここでは適さない。「宗教的情操教育」の限界も、結局はそこにあった。

そういうわけで、「問いのスピリチュアリティ」は、一定の正しいとされる価値観を生徒に課するようなアプローチは採らない。「人は何のために生きているのか」「本当の自分とは何か」「死んだらどうなるのか」といったスピリチュアルな問いと、それに対する各人の「答え」の模索を語りうる場を教室に設けてゆくことが主眼となる。そうした場を通じて、各人が自らの人生の支えとなる死生観を形成してゆくことを支援する、というのが基本的な狙いである。以下では、その具体的な方策について論じてゆこう。

5 実践への提言

「問いのスピリチュアル教育」を実践するといっても、そのための科目を新たに増設することは現実性が乏しい。高校の「倫理」のような科目を必修化し、これをスピリチュアル教育専門の場とするような方法にしても実行は難しいだろう。けれども、既存の教科を活用する道はある。つまり、各教科のうちでスピリ

*61 近藤（2002）は自身の提唱する「いのち教育」が「死への準備教育」ではなく「今この生をよりよく幸せに生きるための教育」である、という主張の根拠として、自身にとっては神も死後の生もまったく存在しないものだから、と述べている。一個人の信条としてはもちろん尊重に値し、その「いのち教育」の実践には深い敬意を払いたい。だがこれは「いのち教育の原理」という場面で語るべき主張だろうか。宗教的な家庭背景をもった生徒もいるだろうし、また思春期以降なら、独自に「神」や「来世」などのことを考えようとしている生徒がいても不思議ではないからである（私事を言わせてもらえば、かつて筆者はそういうティーンエイジャーであった）。

*62 西平（2005：81）は「死の教育」という場面では、こうした「常識的な」教師—生徒関係が決定的に成り立たなくなる、ということを立ち入って論じている。

チュアルな問いと密接に関わるテーマが取り上げられる機会を「問いのスピリチュアル教育」の実践の場とするということである。この戦略のほうがずっと実行しやすいし、しかも実り多いものと思われる。

その実践は原理的には、どの教科の授業でも可能だろう。確かに「倫理」のような科目では最も容易に実践できる。ここで扱われる古今東西の思想は、スピリチュアルな問いとも関連が深いからである。思想家の名前や用語を単に記憶させるのにはとどめず、こんなふうに「問い」を発していくことが考えられる。「ソクラテスが死を選んだことをどう思うか」「デカルトの言うように、われ思う、ゆえにわれあり、なのか」「ニーチェの言うように、本当に神は死んだのか」といった具合である。この問いを深めていけば、そのまま「問いのスピリチュアル教育」へとつながるだろう。

「現代社会」もまた「生と死をどう考えるか」を問う機会は豊富である。たとえば臓器移植やクローン技術などの先端医療技術をめぐる生命倫理の問題は、「いのち」とはどういうことか、そして自分はどう向き合うか、を考える恰好の機会となる。現在の日本社会での「自殺者の増加」という問題が扱われれば、これも重要な「問い」の機会とすることができるだろう。なぜこうも多くの人々が生命を絶つ道を選ぶのか。それをもたらしている社会の背景は何か。どうやったらそんな悲劇は防げるのか。それを問うていけば、スピリチュアルな関心事にもつながるにちがいない。

「歴史」もまたスピリチュアルな問いを導入しうる素材に満ちている。たとえば先史時代を扱う際、「死者を埋葬した原始人」の事例に触れてみるのが一つの機会だろう。ここには「人間だけが死を知る生きものである」という事実が含まれている。ここから「人間とは何か、生と死とは何か」という問いにつなげていくわけである。もちろん、仏教やキリスト教、イスラームなどの世界宗教の成立経緯などは、「倫理」の場合と同様にスピリチュアルな問いの機会となるはずである。他にも、たとえば現代の日本人にはなじみの薄いゾロアスター教の成立に触れて、そのラディカルな「善悪二元論」から善とは何か、悪とは何かという問いに導くこともできる。題材には事欠かないだろう。

こうした社会科の各科目は比較的スピリチュアルな問いと結びつけやすい。だが、他の教科でスピリチュアルな問いを取り上げることも不可能ではない。たとえば国語において、人の「生と死」を扱った文学作品が取り上げられることはかなり多い。そうした作品における登場人物の生きざま、死にざま、あるいはそこに体現された死生観に触れて、生徒たち自身の生と死に関わる問いと結びあわせてゆくアプローチが考えられる。すでに岩田（2004）は、既存の小学校国語教科書を分析して、「人の死」「戦争と平和」「動物の死」といったテーマを含んだ作品が多大に含まれていることを指摘している。そうした教材を活用すれば、現代社会を支配する「死のタブー化」を乗り越えて「死の意識化」を図る教育は、現在でも十分に実践可能だというのである。山本（2009）はさらに進めて、「文学教育によるスピリチュアル教育」を立ち入って構想している。また外国語のリーダーでそうしたテーマを含んだ文章が扱われるのであれば、同様の実践が可能かもしれない。

宗教音楽や宗教画、仏像などが扱われる芸術系の教科は、今でも断片的にせよ宗教についての「知識教育」が行われる場となっている。だがそうした作品の鑑賞をさらに掘り下げていけば、スピリチュアルな問いへと進めてゆくことも不可能ではない。場合によっては創作の方面でも可能だろう。

理数系の教科でもスピリチュアルな問いを扱う場は十分にある。たとえば理科では地動説や進化論といったトピックは「宗教と科学の関係」を考える機会を提供できる。また宇宙・生命の起源や、生命の物理・化学的な現象を扱う際、「そうした科学的な生命理解で、人間の生きていることをどこまで語り尽くせるか」を問うてゆく場面も開ける。そもそも「科学によって人間の人生をどこまで理解できるのか」という問題は、理科教育で取り組んでおくべき重要な課題にちがいない。科学的精神を無視した安易な非合理への傾斜も、逆に科学（万能）主義も、科学に対するふさわしい姿勢ではないはずである。「科学と人生」についての問題を考えてゆくことは、この科学・技術の時代には、そのままスピリチュアルな問いへと通じている。

「数学」は最もスピリチュアルな問題と縁が薄そうに見える。だがノディングズ（1993：2-4）は自身の数学教師としての実践から、さまざまな試みを紹介している。たとえば「座標系」を扱う際、その発明者であるデカルトの話へともってゆく。そこからデカルトが試みた「神の存在証明」の話につなぎ、そこから「神は存在するのか」という問いへとつなぐ、というアプローチである。また彼女は、「確率」を取り上げる場合に「パスカルの賭け」の話につないでゆく、という例も挙げている。

このノディングズ（1993：1）が主張するように、通常の教科の授業からスピリチュアルな問いに入ってゆくほうが、「宗教思想」といったような専門教科を設け、その授業のなかでスピリチュアル教育を展開してゆくよりも、むしろ生産的なのかもしれない。幅広い教科にわたってスピリチュアルな問いに触れることで、生徒たちはこの問いが物事のあらゆる場面に関わる、本当に重要な問題であることを実感できるからである。「クロス・カリキュラム」的な手法でスピリチュアルな事柄をとりあげてゆくわけである。そのためには各教科の担当教師の間の連携態勢が望ましいのは言うまでもない。

6 「問い」の教育から開ける展望

ここまで挙げたのはほんの一端にすぎない。それでも実に多くの場面で、スピリチュアルな「問い」の機会を開くことができるのは明らかになったといえよう。だがそうした機会に、どうやって「問い」を進めていくのか、ということも改めて問題となる。

もちろん「問い」に関して、生徒にまったく自由に意見を発言あるいは記述させる、というのも一つのやり方である。だが、生徒が自分たちだけで何の手がかりもなしに考えるのが難しい、と判断するなら、教師の側でありうる答えの可能性をいくつか参考として提示するということも考えられるだろう。たとえば「人間とは何か」という問いがあがったとき、「知恵ある人」「工作人」「遊ぶ人」「宗教的人間」など、いくつかの人間観を紹介してみる、というわけである。もちろんこれらの「答え」があくまで「参考」でしかないことに触れておくのも重要だろう。また特定の立場に偏ったものにならないように、「バランス」をもった選択肢の提示も重要なところである。先にも述べたように、超越志向のものも世俗的なものも、ともに選択肢として提示されることが求められるわけである。

同時に、生徒の側から出された「答え」は、それが超越志向のものでも世俗主義的なものでも、いずれも排除することなく真剣に聞き留めることが重要だろう。聞き留めたうえで、その「答え」がどんな生き方を導くのか、どこまで自分と他者の人生を支えてくれるのかをさらに掘り下げ、生徒各人が自分の死生観をさらに精練してゆくのを助けるのである。ただし、たとえば自殺賛美やナチズムや狂信的カルト教団の教えのような、明確に「間違った」答えといえるものに対しては、これを問いに付すことも必要である。「問いのスピリチュアル教育」の目標が「適切な死生観の形成」である限り、あまりに「不適切な答え」は防ぐことも教育者の責務である。「何でもあり」であってはならない。一面的な死生観を問いに付す、つまり「問い直す」という姿勢を培うことも、「問いのスピリチュアリティ」の一部として求められているわけである。これには教室の仲間たちのさまざまな「答え」と対話することも、よき機会となるであろう。

こうして、生と死に関わる問いを明確に語りうる場を与えることで、各人の死生観の形成を支援してゆくのが「問いのスピリチュアル教育」の目標とすることである。確かに学校に通うような若い時期に死生観を「確立」するまでには至らないかもしれない。その後の人生の経験を経て、一人ひとりの死生観は何度も挑戦を受け、変容していくこともあるだろう。けれどもいつか改めて「生と死の問い」に本格的に向き合うことになったとき、学校時代にすでに「問うてみた経験」があることは必ず支えとなるだろう。その経験のなかで得たさまざまな「考え方」、自分の考えを表現するためのさまざまな「言葉」――こういったものも助けとなるにちがいない。人生の終末期に及んではじめて、いわば「ぶっつけ本番」でスピリチュアルペインに直面させられることもなく、培ってきた自らの死生観をもとに意味のある人生の締めくくりを迎える、ということすら可能になるはずである。スピリチュアル教育は、一面では「予防的スピリチュアルケア」という意義ももつ。

「問いのスピリチュアル教育」は、第一には生徒一人ひとりの死生観の形成を支援することを目標としたものである。だが、展開のしかたによっては別の方面にも効果を発揮することができる。たとえば、非合理的あるいは反社会的な「カルト」と思われる教団に若者たちが無批判に帰依する危険を避けるための「対宗教安全教育」に対する要望も、「宗教と教育」をめぐる論議ではしばしば触れられる（菅原 1999）。だが教育を受ける側に、何らかの意味でそれを「自分の問題」として受け止める関心が育っているかどうかは、その効果を大きく左右するのは間違いない。「スピリチュアルな問い」に関わっていればこそ、それに対する答えを提供しようとするものとして、「カルト」と呼ばれるような宗教の危険性も生徒たちの切実な関心事となってくるということである。そうした関心を欠いたままでは、何らかの教団の勧誘者からの「あなたは何のために生きているのですか？」といった類の問いかけは、若者にとって「平原の中に突如あらわれた絶壁のようなもの」（井上 1998：214）となりかねないであろう。

「宗教」の教育がタブー視されるあまり、異文化の宗教伝統に対して偏見なく理解し、共存していく知恵と姿勢を育むことを目指す「宗教的寛容」の教育の課題まで、この日本ではなおざりにされてきた感がある。グローバル化・国際交流の進展とともに、その必要はますます高まってきているといえる。だが、いきなり異国への理解から始めるより、まずはもっと身近な場面から、教室の中で「寛容」の態度を培ってゆく方法もあるのではないか。

つまり、スピリチュアルな問いをめぐって、同じ教室の仲間たちが出した答えに対する寛容を育むことを出発点にする、ということである。「問い」に対する「答え」は、一つのクラスのなかでも多様なものとなるだろう。それこそ「神様はいる」という人も「いない」という人もいるかもしれない。一人ひとり、教室のなかで自分と異なる考えの人々とも出会うことになる。それは立場の異なる人たちの考えも尊重し、偏見のない態度で接する、という姿勢を育ててゆく好機となる。こうした、身近な場面で培う寛容の態度を広げて、異文化の人たちの考え方、宗教も尊重する態度にまで及ぼしてゆく道も開けるだろう。それによってより実感を伴った寛容の態度を確立しうるにちがいない。

「問いのスピリチュアル教育」の射程は、こうしたところにまで及ぼすことができるだろう。

第九章
問いの視点からみたスピリチュアルケア

1　スピリチュアルケアという潮流

今日の日本社会のなかで、「スピリチュアリティ」あるいは「スピリチュアル」という言葉が最もさかんに用いられる場面はどこか——江原啓之を中心とした、マスメディア、大衆文化のなかでの「スピリチュアルブーム」を別にすれば（こちらでは、「スピリチュアリティ」のほうはめったに耳にされないが）、医療、ことに終末期医療の文脈であろう。何より、スピリチュアルケアという実践においてである。

病の終末期をはじめとして、人生の危機に直面した人たちが直面する、スピリチュアルペインと呼ばれる独自な種類の苦しみ。「どうして自分はこんなふうに苦しまなければならないのか」「今まで自分が生きてきた意味はなんだったのか」「私は死後どこへ行くのだろう?」といった問いに答えが出ないまま苦しむ人たちに寄り添い、その「いのち」の支えになろうと援助するのが、スピリチュアルケアという営みである。

スピリチュアルケアとはどういうものか、この分野の日本での代表者たちの語るところを聞いてみよう。窪寺（2004：1）によれば、スピリチュアルケアとは「特に死の危機に直面して人生の意味、苦難の意味、死後の問題などが問われはじめたとき、その解決を人間を超えた超越者や、内面の究極的自己に出会う中に見つけ出せるようにするようなケア」である。また村田久行（2002：25）はスピリチュアルケアを「人生のさまざまな場面・状況で生きる意味を失い、生きることの無価値、空虚、無力、孤独、負担、疎外から、自己の生そのものの無意味に苦しむ人のスピリチュアルペイン（＝自己の存在と意味の消滅から生じる苦痛）を和らげ、軽くし、なくするケア」と述べている。

従来の治療中心の医療が、こと「終末期」「死」に直面しては、医療機器への過度の依存と孤独をもたらして、むしろ人間を疎外するものになりかねない。死を避けることはかなわなくても、患者一人ひとりが最期まで生の質を高め、人間らしさを、また意味や希望を見失わずにこの世を去るように手助けすることが大切なケアの営みだ――そういう認識が広がりつつある。そこでスピリチュアルケアの意義も認識され、各地のホスピス施設をはじめとして、実践に携わる人々も増加を見せている。

近年、欧米のスピリチュアルケア関連の書物が次々と翻訳刊行されている。そして、日本語オリジナルのスピリチュアルケアの専門書も、数多く出版されている。『看護学雑誌』『緩和ケア』など、さまざまな医療専門誌で特集が組まれるようになっており、そこに寄せられたものも含めてスピリチュアルケアを扱った論文・記事の数は増加の一途だ。スピリチュアルケアの専門職を養成するコースを設ける大学も現れ、スピリチュアルケアの専門学会も設立されるにいたっている（本章はそもそも、日本スピリチュアルケア学会で報告させていただいたものを土台にしている）。

スピリチュアリティへの関心は大衆文化から企業経営や環境保護、教育など、さまざまな領域で高まっている。だが人生の終末期に臨む人たちに向き合うスピリチュアルケアは、広範に渡る日本のスピリチュアリティ文化のなかで最も真摯で、良質な部分とみなしてよいだろう。玉石混交の感のある日本のスピリチュアリティ文化に対して一つの範例となって、この潮流全体をあるべき方向にリードしていく可能性も秘めていると思われる。

本書の「問いと答えのスピリチュアリティ」の見地からスピリチュアルケアの意義を見直し、それがこの日本においてさらなる発展を遂げていくための助けになるような展望を示すこと。それが、本章を設けた目的である。

もとより現代的に言えばスピリチュアルケアと呼ばれるような営為は、伝統宗教のなかに存在していた。これは、「ホスピタル＝病院」「ホスピス」という用語が、もとは中世キリスト教で、聖地に向かう巡礼者を迎え入れ、もてなす施設から由来している事実からも示唆される。わが国でも仏教者たちが悲田院、施薬院といった病人や孤児のための施設を建立したり、念仏結社「二十五三昧会」のもとで最期を迎えようとする仲間の極楽往生を支援する臨終行儀に取り組んだりしてきた歴史がある。

だが現代的な意味でのスピリチュアルケアは、一九六七年に英国の医師C・ソンダースが聖クリストファー・ホスピスを設立したのに端を発するホスピス運動の興りと軌を一にしている。日本でも一九八二年に浜松の聖隷三方原病院ホスピス、一九八四年に淀川キリスト教病院のホスピス病棟が設立されたことを皮切りにホスピスの必要性と意義が認識されるようになり、それを受けてスピリチュアルケアの研究と実践が開始された。こうしたキリスト教的な背景をもった運動に加え、仏教者によるスピリチュアルケアの実践と提言も、近年では進んでいる。長岡西病院ビハーラ病棟の取り組みや、高野山大学スピリチュアルケア学科の設立などが、その代表的な例である。

第一章でも触れたが、わが国のスピリチュアルケアの浸透において、一つの転機となったのが一九九八年、世界保健機関WHOによる「健康」定義改正案である。「健康とは、完全な身体的、心理的、スピリチュアル、そして社会的福祉の動的な状態であり、単に疾病または病弱の存在しないことを意味しない」と、「スピリチュアル」という用語を盛り込んだ新たな健康観が世の耳目を集めた。日本でもこの案を受けて、「スピリチュアル」をどう訳すかという議論が高まり、「宗教的」「霊的」「精神的」「たましいの」など、さまざまな案が検討された。

結局この案の採決は「時期尚早」との意見も多く、見送られる運びとなった。しかしこの案をきっかけとして、日本でも人間のスピリチュアルな次元の大切さが認知されはじめ――近代日本がたどってきた「宗教離れ」の歴史を踏まえると、「改めて」といったほうが適切だが――、ことに医療の場面で、スピリチュアリティの問題に正面から向き合う機運が高まったのであった。

2　現代日本のスピリチュアリティ事情のなかで

スピリチュアリティへの関心は、この日本でも広範にわたって高まっている。従来はもっぱら宗教のほとんど専売的なテーマだった人間を超えたもの、聖なるものとのつながり、非日常的な次元の体験。人生の根本的意味や本当の自己の探求。そうした関心事を、教団的な宗教の枠にとどまらずに追求していこうという動向、島薗進の言葉でいえば「新霊性運動」は、日本を含めた先進諸国で幅広く見いだされる潮流である。

この日本でも医療や福祉、心理臨床、教育などのヒューマンケア部門から、企業のリーダーたちの経営思想、自然との共生を目指す環境保護運動、音楽やアニメなどの表象文化など、多岐にわたっている。大衆的な形態として、江原啓之のスピリチュアリズムが隆盛しているのも、その一端として理解することはできる。第一〇章でより立ち入って考察するので参照されたい。

だが医療・看護、ことに終末期医療という場面でのスピリチュアルケアは、日本のスピリチュアリティの潮流のうちでも、いわば最前線になっているといってよい。樫尾（2010a：137）の言葉を借りれば、九〇年代以降の日本のスピリチュアリティ文化では中心的・制度的な核にある。そして、人間にとってのスピリチュアリティの意義、人々の抱えるスピリチュアルな問題に対して、最も真摯な取り組みが見られる場面といってさしつかえない。

というのも、人生の終末期というのは、明治以降の近代、ことに戦後の日本人がおおかた顧みないできた問題に、誰もがいやおうなく直面させられる場面だからだ。その背景には、今日の日本社会が、人々が人生を根本的に意味あるものにし、死への恐怖や不安に向き合うための物語、つまり死生観を提供できていない、という実情がある。

かつては日本人にも、倫理性や人生の意味を支え、生と死の問題に直面しても精神のよりどころとなる、伝統的な宗教的世界観が存した。岡野守也（2000：149-150）の言葉を使えば「神仏儒習合」の世界観である。つまり、人のいのちの源泉たる神としての自然、そしていのちのつながりを支える祖先＝祖霊や、それらと習合的に考えられた仏、あるいは儒教的な「天」といった人間を超えたものを崇敬し、その意志にしたがって生きることこそ、正しくも意味ある人生の基盤であり、「極楽浄土へ往生する」「祖霊の仲間入りをする」という形で、死を超えて永遠なものとつながる道でもある、という考え方である。

神道・仏教・儒教という三つの伝統が習合し、日本社会のほとんどの成員に実感をもって共有されていたこうした世界観が、長らく日本人にとって「大きな物語」だった、と岡野は指摘する。それにしたがって生き、死んでいくことで、意味があり幸福な人生を送ることができ、死すべき運命も受け入れていけることが多くの人には保証されていたのだ。

それが、明治維新の神仏分離と戦後の政教分離・公教育からの宗教の排除という二つの事件を通して大きな打撃を受け、漸次的に解体していった。結果として、表層的には経済的繁栄と娯楽を享受しつつも、心の深いよりどころを失った根無し草状態にある、というのである。

同様のことは広井（2001：13）も述べている。比較的年配の世代ならばまだしも、日本人の伝統的な死生観が意識の深い部分には浸透しているといえるかもしれない。だが団塊世代以降の世代になると、「経済成長」という戦後社会で共有されたゴールを目指して邁進してきた分だけ死の問題を視野から遠ざける人が多数となった。その結果、「死生観の空洞化」ということが生じ、さらに若い世代も含めて、死をどう受け止めるか、どのような立場をもって死に向き合うかが見えなくなっている。それは同時に、生の意味づけもわからなくなっていることを意味する、というのである。広井はその深刻化が露わになるのが団塊世代が定年退職を迎える二〇〇七年だということで、「二〇〇七年ショック」という言い方も用いている。

人生の意味にせよ死後の行方をめぐる不安にせよ、潜在的にはいついかなるときにも切実な関心事になりうる。人間はもとより有限な存在、哲学者ハイデガーの言葉を借りれば「死への存在」にほかならないからだ。だが健康で精力的に活動できる間は、そうした問題を差し迫ったものとして受け止めずにいることはできる。学業や仕事、家事、育児や娯楽などの日常的な関心事に意を注ぐことで、人生の根本的な問いは、視野から遠ざけておくこともある程度は可能である。

だが、それまで宗教的に無関心で、自分の「強さ」に確信があって、自分の力をもっぱらの恃みとしてきた人であっても、いざ「死」が差し迫れば、人間がいかに有限な存在であるか、痛感せざるを得なくなる。それ以前に、病の進行にともなって健康時にはもっていた仕事や地位、力や自信といったものを次第に喪失していくにつれて、自己についての認識を改めざるを得なくなる。そして自分が生きてきたこと、そしていま生きていることの意味が、そして迫り来る死の向こうに果たして何があるのか、痛切な問いになってくる。その問いに答えが見いだせないことが、スピリチュアルペインという形で人を苦悩させる。

そういう意味で、スピリチュアリティの大切さが終末期医療の場面で何より注目されるようになったのは、当然といってよい。そうした切実な問題を抱えた人たちに、人生のよりどころや意味、そして希望を見いだす手助けをし、最期まで人間らしさを失わずにいることを援助しようとする営み。そういうものとして、スピリチュアルケアはきわめて意義深いものといわざるをえない。日本人が戦後を通して本質的に抱えてきた大切な問題を、いち早く浮き彫りにして正面から取り組もうとした点で、スピリチュアリティの問題系全般をリードするだけのインパクトをもっている。

3　ケアのなかでのスピリチュアリティ

こうしたスピリチュアルケア実践者の間で、スピリチュアリティとは何を意味するか、というのは、もちろん当初からの関心事であった。ＷＨＯの提言を受けて、その邦訳語について論じられたり（稲葉 2000）、終末期患者に即してスピリチュアリティ概念の構造を探ったり（今村ほか 2002）、日本人のスピリチュアリティの独自性を探ったり（田崎 2009）などである。スピリチュアリティの構造について、村田（2002）や窪寺（2004）のような、高度に分節化を進めた考察も展開している。

ここでは当然実践的な問題意識が主になるため、スピリチュアリティの多義性や宗教との関連に関する理論的考察や、他の文脈でのスピリチュアリティ理解については「役に立たない思弁」として敬遠する傾向があることが、かつては安藤（2006：75）によって指摘されていた。だが窪寺（2008：29-31, 72-75）が哲学や心理学、社会学でのスピリチュアリティの用法も視野に納め、またエリアーデ、ヒックといった宗教学者の学説も援用してスピリチュアリティ概念を再検討したり、浜渦（2009）のような哲学系の研究者が、西洋哲学史の系譜を踏まえつつスピリチュアルペインを「哲学的ペイン」として位置づけなおす考察を行ったりするなど、他領域の知見に開かれたかたちでスピリチュアリティ概念を深めていこうとする動きも、近年では確実に見られる。著者自身が、二〇一〇年の日本スピリチュアルケア学会の「概念構築ワークショップ」にて報告する機会を得たのも、この流れに呼応するものといえるかもしれない。

窪寺（2008：32-37）はこうした流れを受けて、スピリチュアリティの多様な意味を一望している。「生きる意味」「生きるための枠組み」「生きる土台」「感情・意識」「アイデンティティ」「ペイン」「側面」「機能」「プロセス」といった具合である。窪寺の関心はもちろん臨床的なところにあり、そのつど、どのような意味でスピリチュアリティという言葉を用いているか、どのような意味でのスピリチュアルケアが求められているか、適切に理解することが必要だ、という問題意識に立ってのものである。窪寺自身はスピリチュアリティを「機能」として位置づける立場を提唱しているものの、その見解に排他的にこだわるわけではない。

田村（2000：103）は、ＷＨＯの議論を受けて「人間はスピリチュアルな存在であり、スピリチュアリティは人間の本性であるといえる」という立場をとることを表明している。村田（2002：421）も「人間は宗教や信仰の有無にかかわらず、すべての人が本来、スピリチュアルな次元をもっている」と述べる。あるいは窪寺がスピリチュアリティを、人間存在の「機能」として位置づけているのも、スピリチュアリティの普遍性を言い表したものとして理解できる。

こうした認識は、スピリチュアルケアに携わる人たちにとっては共通了解となっている。本書の見地から、それを人間誰もがスピリチュアルな「問い」に直面することがありうる、と解釈することで、その意味を一つの面で明確化することができるように思う。

というのも、スピリチュアルケアとは、スピリチュアリティの「問い」としての側面の大切さに何にもまして光を当てた営みである、ということができるからである。それは何より、スピリチュアルペインに対するケアを意味する。

スピリチュアルペインは、村田（2002：421）によれば、死を前にしたときなどの人生の危機に及んで「自己の存在の意味」や「病気や苦しみの意味」が見いだせないことによる苦しみである。「自分が生きてきたことの意味は何だったのだろう？」「私はどこから来てどこへ行くのか？」「どうして私がこんなに若くして、こんな死に至る病気にならなければいけないのか？」といった問い、つまりスピリチュアルな「問い」。それに納得できる「答え」が得られないことが、人をさいなむのである。その意味でスピリチュアルペインとは、本書で言う「問い」のスピリチュアリティを、その答えがつかめない苦しみに焦点を当てて、言い表したものだということができる。

それに対しては、しばしば超越的・究極的なものとの関わりを通した答えが求められる。フィチェットの言い方では「聖なるものに応答する」ことが、このペインに直面した人たちの典型的な態度となる。自分の存在の意味や運命をめぐる実存的な問いに対して、自分を、人間を、この世を超えた見地からとらえなおすことが、その人にとって納得のいく意味を形成する助けになるからである。

窪寺（2004：45）は、「神も仏も私を助けてはくれない」「この宇宙を創ったのは神ですか、私の病気を創ったのは神ですか」といった苦悩が、神仏を信じているわけではない患者から吐露されることがある、と指摘する。信仰に立って語っているわけではないから「宗教的な」ペインではないが、スピリチュアルペインではある。窪寺は、人間を超えたものは、ここでは患者の心の痛みを和らげるものとしてイメージされているという。

それは窪寺（2004：57）が事例として分析した三人の人物、岸本英夫・西川喜作・鴻農周策の闘病記のなかでも表現されている。いずれも特定宗教への信仰をもたない人物ながら、「私の死後は大きな宇宙の生命力のなかにとけ込んでしまってゆくと考えるぐらいが、せい一杯であります」「このあたりでおいとまするのは神の摂理と納得している」「神様、許されるものなら許してください」といった具合に、人間を超えたものに言及しているのである。

これは本書の見地からすれば、神仏のような超越的なものの存在が、「問い」にのぼっているということにほかならない。「信仰する」という形で「答え」に行き着いているわけではない。結果的に神仏の存在を肯定することになるかどうかもわからない。だが、神仏のような人間を超えたものが、自分の人生や苦しみの意味ともども、切実な関心事として「問い」になっていることが、スピリチュアルペインたるゆえんなのである。

通常の意味では「超越的」とは異なる形で答えが求められ、満たされるようなケースも存する。谷山の言うように、人と人とのつながりや自然、自分の生きてきた道筋などが、スピリチュアルペインに対する支え、「答え」として働くことは、特に日本人の間ではありうることだろう。それでも、もととなったペインそのものは、自分の存在の根本的なよりどころに関わる限りでは、スピリチュアルであることに変わりはない。つまり、「問い」がスピリチュアルだというわけである。

そして、問いが、苦悩がスピリチュアルな次元に属するものであれば、それ相応のものとして受け止められることが、患者にとってもまず大切となる。「傾聴」「共感」「受容」がスピリチュアルケアにとって最も大切な基本的態度として位置づけられているのも、だからこそである。村田（2000：112）が言うように、人間は「関係存在」だから、傾聴することはそれだけでも援助となる。心から聴いてもらえたとき、乱れていた考えが整理され、苦しみや痛みは和らげられるわけである。

「何のために生きてきたのか」「自分をこんな苦しみの運命に追いやったのは何ものか」といった問いは、誰にも通じるような形で「答え」を与えることが困難な問いだ。その問いの切実さが誰かに受け止められなければ、そもそも問いに答えが見いだされないことに加えて、患者は二重の疎外感に苦しめられることになる。まず「問い」を「問い」として受け止め、寄り添ってくれる人の存在が大切になるわけである。

この点は、谷山（2009：29-30）が宗教的ケアとスピリチュアルケアの違いについて述べるところが説得的である。宗教的ケアは対象者が援助者の（信仰）世界に入ることを是認することが前提になるのであり、その限りで「答え」を提供することができる。それに対してスピリチュアルケアは「答え」を提供するものではなく、援助者が対象者の「世界」に入って、対象者自身を支えるものを確認することによって、たとえペインは除去されなくても生きていけるように援助するものである、という。

患者の発する痛切な「問い」を「問い」として真摯に受け止めつつ、自ら「答え」を見つけ出していくための手助けをする。本書の見地からスピリチュアルケアを特徴づけると、このように述べることができるだろう。

4 「問いと答え」の諸相

スピリチュアルケアの実践者たちは現場で、一人ひとりの終末期患者に具体的に接し、ケアした経験を踏まえ、さまざまな種類のスピリチュアルペインを見いだしている。これは、「問い」としてのスピリチュアリティがどのようなものかを、臨床的な見地から分節化したものである。また、ペインとしての問いに向き合う中で、患者が向かう「答え」のさまざまなありようを見てとっている。

淀川キリスト教病院の元ホスピス長で、わが国のスピリチュアルケアの先駆者のひとりである柏木哲夫(1996：115-116)はスピリチュアルペインを七つに分類する。「人生の意味への問い」「価値体系の変化」「苦しみの意味」「罪の恐怖」「死の恐怖」「神の存在への追求」「死生観に対する悩み」ということである。

窪寺(2004：43)はこれを受けて、「「わたし」の生きる意味・目的・価値の喪失」「苦痛の意味を問う苦しみ」「死後への不安」「「わたし」の悔い・罪責感」の四つを、スピリチュアルペインの内容だとしている。

これまで何のために生きてきたか、がわからなくなる。人生の残された時間が限られて、生きる目的が見失われてしまう。地位や名誉を第一にしてきた人がそれらに何の価値も認められなくなり、何に価値を置いたらよいのかが見えなくなる。自分がなぜこんな病気に見舞われなければいけないのか、苦しみに遭わなければならないのか、その意味が見いだせなくなる。自分が死後無に帰してしまうのか、その恐怖にさいなまれる。最期を迎えようというときに、これまで自分がしてきたことが罪深く、恥ずべきことに感じられ、悔いを覚える。そうした苦悩に直面するなかで、この世を、人間を超えたものが存在するのか、そうした存在とつながることができるのかが関心事になる——そうしたことが、苦しみのうちでもことスピリチュアルな性格をもったものとして受容され、それに相応しいケアを受ける必要があるものとして挙げられているわけである。

窪寺はさらに、スピリチュアリティを心の「機能」「生命保存の性質」として理解する見地から、「外的他者（＝超越者）への関心」と「内的自己への関心」という、関心の二つの方向性を区分する。片や神仏のような超越者への関心と希求、そして信仰、片や自己の人生への関心、意味の探求、そして受容というわけであって、それぞれが「超越性」「究極性」と規定される。他所でも述べたように、「人生への関心」の延長線上で「超越者への希求」にいたることも十分に成り立つ。人生の意味や死後の不安が切実に問いになればこそ、人間や現世を超えたものとのつながりが希求される、としたほうが自然だからだ。谷山の言う「現実的次元」に答えが求められ、「超越の次元」の志向が生じない場合もあるにせよ、「人生へ関心」と「超越者への関心」を別の方向のように扱うのには留保が必要かもしれない。だが、上記のようなスピリチュアルペインという「問い」がどのような方向に向かうのかを立ち入って規定した議論として意義深いものであることに変わりはない。

また村田（2002：422）はスピリチュアルペインを「自己の存在と意味の消滅から生じる苦痛」と定義した上で、人間の「時間存在」「関係存在」「自律存在」という三つの側面から区分する。それぞれ「無意味・無目的」「虚無・孤独」「無価値・無意味」が苦痛として感受され、表出されるということである。一つ目が「私の人生はなんだったのか」「早く楽にしてほしい、お迎えが来てほしい」といったもの。二つ目は「死んだら何も残らない」「これから私はどうなるの？　どこへ行くの？」」。三つ目は「人の世話になって迷惑をかけて生きていても何の値打ちもない」といった患者の言葉に、スピリチュアルペインが表現されているというのである。こうした、人間の存在構造に即してスピリチュアルペインを分節化し、理解しようという村田の試みは、スピリチュアルな「問い」がどのようなしかたで生じるか、ということについても、有意義な示唆を投げかけてくれる。

また今村由香ら（2002：427-428）による議論では、「問い／答え」の構図にも通じる見地から、スピリチュアルペインが考察されている。ここでは文献調査を通じた概念分析を通して、スピリチュアリティの構成要素として「探求の方向性」という論点が導入されているのである。

すなわち、人が自らのスピリチュアルな要求（ニーズ）を満たすために向かう先として、「超越的なもの」（自分を超えた力、宇宙、神）、「他者や環境事象」（自然、コミュニティ、家族など）、「内的自己」（アイデンティティ、自己の存在、生への意志など）という三つが挙げられている。これらはまさに、スピリチュアルな問いと、それに対応する答えの諸相を探っていく考察として理解できる。また、そうした「答え」として求められた対象と当の個人との結びつきの深さとして、「統合のレベル」という要素が導入されているのも興味深い。

この考察はこれから日本で終末期患者のスピリチュアルケアを発展させていくにあたって、スピリチュアリティ概念の共通理解を得ておこう、という問題意識のもとで、海外文献を資料として行われたものである。「問いと答え」という、より簡明に表現できる本書のような見地も参照しつつ、日本の事情に即した同種の考察が進められていくことが望まれるだろう。

「探求の方向性」に関して、谷山（2009：82-86）も窪寺のスピリチュアリティ論において、「存在の枠組み」「自己同一性」を支えるものが「超越的なもの」「究極的なもの」に集約されていることに疑問を呈する。谷山によると、神仏のみならず、「最も身近な神様」としてのご先祖様とのつながり、あるいは現に生きている家族や友人、恋人とのつながりが支えるスピリチュアリティもある、とする。あるいは自然と触れ合うことも、「自然は悟っている」という本覚思想に通じ、癒される経験になる。内的自己についても、「本当の自己」とまでいかなくても、過去の思い出や将来（来世含む）への希望も支えになるのではないか、というのである。

谷山はこれらを総称して「現実的次元」と呼ぶ。スピリチュアルな問いに対して、「答え」においては通常の意味ではスピリチュアルとは呼ばれないようなものが求められることもある、という事態を指摘したものとして興味深い。

人はどのようなスピリチュアルペイン、つまり「問い」に直面するのか。その「問い」に対して、どのような「答え」を見いだすのか。あるいは逆に、神仏や自然とのつながり、自己の深み、大切な人との関係性といったさまざまな「答え」の背後には、どのような「問い」があったのか。スピリチュアルケアの文脈では、そのさまざまな姿が臨床の具体的な事例を踏まえて示されつつある。また逆に、「問いと答え」の次元を区分して考えてみることは、患者の抱え、向き合う問題をよりクリアーに理解する手助けにもなるはずだ。

そしてスピリチュアルケアの領域で進められた考察は、教育や社会現象など、他の領域のスピリチュアリティを理解するうえでも示唆的であるにちがいない。

5　さらなる展望

すでに触れたように、スピリチュアルケアという営為は、わが国でスピリチュアリティがまじめな関心のもとで追求される最前線となっているといってよい。終末期の患者という、スピリチュアルな問題がとりわけ切迫した関心事となる人たちを相手にするのだから、それは当然である。

その必要性に気づいた心ある人たちの実践から始まって、今日では関西学院大学や高野山大学といった大学、臨床スピリチュアルケア協会やパストラルケア教育研修センターなどの機関で、臨床家の養成が進められている。日本スピリチュアルケア学会という、専門の学会も誕生している。こうした発展を受けて、より多くの人々が人生の最後の瞬間まで、満たされた、人間らしい生を生きてこの世を旅立っていけるようになることは、もとより望ましい方向である。

スピリチュアルケアをさらに普及、浸透させるには、現時点では報酬支払いなどの財政的問題、他の医療者との連携体制の確立など、実際的な側面でもなお多くの課題を残している。だがその事情を踏まえても窪寺（2009：10）が指摘するように、「スピリチュアルケア理解への文化、風土を起こす」ことが、根本的な課題であるのだろう。死に直面した人たちなら誰もが直面しうる死後への不安や人生の意味への疑問、それに正面から向き合えるような医療文化が生まれる必要がある、というものだ。これは、「患者役―医療者役」という従来の医療の枠組みの抜本的な転換を迫るものであるだけに（谷田 2009：28）、それ自体が大変な困難を伴うだろう。

そういう意味でも、医療界での事柄に限らず、そもそも社会全般に対してスピリチュアルケア、ひいてはスピリチュアリティに対する理解を広め、深めていくということが、さらなる課題として求められると思われる。というのも、スピリチュアリティが切実に問われるのがもっぱら終末期医療の場面にとどまるというのは、決して望ましいあり方とは考えられないからである。これは、本書で論じてきたような、日本社会におけるスピリチュアリティのありよう全般を展望する見地から提言したい点である。

確かに一般社会では、江原啓之ブームや各種のヒーリングなどの、「スピリチュアル」が人々の注目を集めている。だがスピリチュアルな「問い」の意味を誠実に受け止め、人間存在のスピリチュアルな次元に真摯に向き合おうとする営為は、わが国ではまだ他には十分に育っているとは言いがたい。

スピリチュアルケアを受ける相手となるのは、第一に終末期患者である。人生の終わりに臨んでは、スピリチュアルな問いに避けがたい形で直面させられるからであろう。それは逆に言えば、そういうのっぴきならない場面にならなければ、スピリチュアリティの大切さに気づかずにいる人たちが多い、ということである。

スピリチュアルケアが、被虐待児童や要介護高齢者を対象としても考えられたり、あるいは周産期医療のなかで語られたりするという動きがすでに見られる。スピリチュアルな関心事は、終末期にとどまらない場面で広く問われるという認識はこのように広まりつつある。医療に限らず、福祉の領域にも入り込もうとしているといってもよい。そのような意味でスピリチュアルケアの、つまりスピリチュアリティが問いとなる場面の裾野は確実に広がっていることは認められる。

だが、ケアというのは総じて、何らかの危機、困難に陥った人たちに対して向けられるものである。

高木（2009：23）はスピリチュアルケアを終末期患者に対するケアや、家族など大切な人たちの死別に見舞われた人を対象としたグリーフケアに限らず、もっと幅広く考えることを今後の課題とする。「集団を対象としたスピリチュアルケア」、個人にとどまらない、社会レベルでのスピリチュアルケアを何らかの方法で行っていく必要がある、というのである。ケアを要すると高木がみなす現象は「マスメディア信仰」「IT依存」「スピリチュアルブーム（!·）」「差別・格差社会」など、多岐に及ぶ。

これは遠大な展望だが、もとよりスピリチュアルな問題への関心を社会全般に広げていく必要は、スピリチュアルケアの方向性として、もっともな問題意識といってよい。

樫尾（2010a：169）はスピリチュアルケアの動きを評価した上で述べる。可能ならば、終末期の状況だけでなく、元気な状態のときに恒常的なケアと生死の実存的意味の学びがあったほうがよりよい、と。その方向性を示すものとして、スピリチュアルケアを、日常生活のなかでよりよく生きるための手がかりとして位置づける高野山大学スピリチュアルケア学科の姿勢がある。だが樫尾は、ここに示唆された「スピリチュアルケアの恒常化」は社会、国家を挙げて取り組まねばならない急務だ、という。

これは平素からスピリチュアリティに関わる問題に取り組み、自らの「答え」を見いだしていくような機会をもっと広く用意する、ということである。それは「予防的スピリチュアルケア」という意味ももつだろう。そうした機会が十分にあれば、いざ最期を迎えようというとき「ぶっつけ本番で」スピリチュアルな問題に直面させられるのに比べても、より準備のできた状態で終末期に臨むことができるだろうからである。

6 「表現概念」という見地から

ここで、「表現概念」という観点から、スピリチュアリティという言葉の意味について論じてみたい。「社会全般の理解を深める」という課題に対して、それが有効な方向性を示すと考えられるからである。

すでに触れたように、スピリチュアリティとは何か、人間にとって何を意味するかという議論も、スピリチュアルケアという文脈ではとりわけ深く探られている。窪寺（2008：29-31）のように宗教学や哲学、心理学、社会学などの知見を援用してスピリチュアリティの意味を深めようというアプローチが見られる一方で、棚次（2006）や樫尾（2010a）といった宗教学者がその専門的な見地からスピリチュアルケアの意義や構造に光を当てるなど、学問の垣根を越えた議論も発展している。

そうしたスピリチュアルな問題が人間にとって切実なものであることは、スピリチュアルケアに携わる人たちにとっては共通了解として確立しているのだろう。「すべての人々がスピリチュアリティを有している」という認識が、日本スピリチュアルケア学会の基本理念のうちにある、ということもそれを示唆している。ケアを提供する側はそれを認識した上で、ケアを受ける相手の抱える問題に向き合おうとするわけである。

だが、スピリチュアリティの重要性については、ケア専門職の枠を超えて、一般社会に広く認知されることが必要なのではないだろうか。私が出席した日本スピリチュアルケア学会で、報告者のひとりがスピリチュアルケアの実践に携わっていると言ったところ「オーラでも見えるんですか？」と訊かれたという経験を報告した。「スピリチュアル」といえばそちらの連想が、一般にはまだ根強いことの一例であろう。

これは、他文脈との関わりは確かにあるものの、スピリチュアリティをめぐる議論が、精緻に尽くされながらも、さしあたり専門家の間のものにとどまっていることが一因だろう。別の視点から言うと、こういうこともある。この文脈でのスピリチュアリティ論は、スピリチュアリティの事柄の重要性について、すでに一定の理解をもっている人たちに向けられたものである（スピリチュアルケア専門職を志す、あるいは自らの実践に導入することに関心を寄せる人たちが主要な受容者なのだから、当然である）。

そういう状況を考えても、スピリチュアリティを「表現概念」として育て、社会全般に普及させていくことが求められるのではないか。

自分は何のために生きているのか、生きてきたのか。私とは本当は何者なのか。どこから来て、どこへ行くのか。人間は、実はもっと大きな何かに支えられ、生かされて生きているのではないか。物質的・経済的な豊かさを追求するだけで、本当に満たされた人生を送ることができるのか。なぜ大切なあの人は、こんなにも早くこの世を去らなければならなかったのか……。

たとえ特定の宗教を信仰していなくても、このような問いを切実に抱くということは、誰にもありうるだろう。これが終末期のスピリチュアルペインであればなおさらのことである。だが、「宴の席でも、いつも髑髏は微笑んでいる」(W・ジェイムズ)という言葉にあるように、人間が死すべき有限な存在である限り、人生のどんな場面でもそんな問いは頭をもたげうる。

従来、それを端的に、明確に表現できる言葉というのが、日本語に見当たらなかった。「私の言語の限界が、私の世界の限界である」(ウィトゲンシュタイン)という。それを表す適切な言葉がない事柄は、とりたてて自覚にのぼりにくい。それとして問題にすることも難しい。

そのために伝統的な宗教の影響力が弱まり、死生観の空洞化が進んだこの日本社会の中でも、それで何が欠けることになったのか、明確な「言葉」で言い表せないために見えづらかった。あるいは個々人でも、人生の意味とか、本当の自己とか、死後の運命をめぐる関心や苦悩は、必ずしも宗教に帰依しなくても、人生の実存的な危機に及んでは誰しも切実な問題になりうるものだが、やはりそれを表す適切な言葉が見当たらず、何が悩みなのか、実体がつかみづらかった。

スピリチュアリティというのは、そうした関心事を言い表すためにこそ、まさに適切な言葉なのである。「宗教的ではないがスピリチュアル」という言い回しに見られるように、宗教への帰依を前提にしないでも語れる。「宗教／無宗教」の単純な二分法から自由である。そしてWHOの「健康」定義改正案にも示されたように、身体的・心理的・社会的な次元とともに、人間存在の不可欠な次元として位置づけられる普遍性をもつ。宗教への信仰を前提にしないでも、人生の根本的な関心事を、しかも超越的な次元まで射程に収めて、語りうる言葉。単なる「心理的」なレベルにとどまらない、より深い問題のレベルがあるということである。

それが「スピリチュアリティ」という外来語でなければならない必然性はない。だが、この言葉が表す発想が、わが国に取り入れられたことは幸いというべきである。日本社会が抱える切実な関心事の一つを、それとして的確に言い表すことを可能にしてくれるからである。

そういう点でも、「宗教にかかわらずとも大切な人生の根本的な関心事」を、社会のより多くの人が、スピリチュアリティという言葉で表現できるようになることが大切なのだ。そしてまた、このような意味でのスピリチュアルな問題が誰にとっても大切だということについて、社会的に広く認識が共有されることが大切なのだ。人々が普通に、社会の問題を、個人の悩みを、「スピリチュアルなもの」として表現できる。そうなることこそが望ましい。ケアの文脈で言えば、むしろ患者、一般の人々が、「スピリチュアリティ」という言葉を用いて自分自身の問題意識を自覚化し、的確に語れるようになってほしいと思う。

患者の側も自分の直面している問題が「スピリチュアル」なものだと認知できなければ、そもそも何が問題なのかとりとめが無いし、適切な種類の援助も求めにくい。中には、スピリチュアルケアを受容しながらも、それを通常の意味での心のケアと区別していない、という人もかなりいるという。周囲にスピリチュアリティの大切さが認知されていなければ、患者の苦悩もそれとして聞き届けられ、受容されにくい、という面がある（公認されない苦悩＝私自身、病の状況ではないが、思春期にくぐりぬけなければならなかったことだ）。

研究者が特定の社会現象や心理状態を記述したり、実践家が自分たちの活動を位置づけたりするための言葉というだけでなく、一般の人たちが自分の問題意識や姿勢を言い表すための言葉。記述概念にとどまらず、表現概念としてのスピリチュアリティ――そういう認識を浸透させていくことも、広い意味でのスピリチュアルケアの課題だと思われる。いってみれば社会レベルでのスピリチュアルケアである。

こうしてみると、世のスピリチュアルブームの何が由々しき問題なのかも見えてくる。それは、一九世紀英国の心霊主義に由来する用法、前世や守護霊、オーラなどの存在を含んだ、特定の霊的世界観との結びつきがあまりにも強い用法だ。そして、その用法での「スピリチュアル」だけが、圧倒的な浸透度を見せている。

その結果、誰でもの関心を表現する用語として機能しえた「スピリチュアリティ」の意義が、そのために見えなくなっている、ということなのである。

筆者がかねてからスピリチュアリティにおいて、「問い／答え」という位相の区別を提唱してきた理由もここにある。「問い」としてのスピリチュアリティとは、自分の存在の意味、生死への実存的関心、大切な人を失った悲嘆への向き合いといった人生の根源的な関心事に真摯に向き合う姿勢である。それは、どんな「答え」を通して満たされるかを、さしあたり問わないでも成り立つ。神仏などの超越者や見えない次元、先祖や大自然、たましいの深みの真の自己とのつながりなど、「答え」のありようは多様にありうるが、そこに含まれた世界観や信条のいずれも前提にする必要はない。そういう見方を取り入れてこそ、スピリチュアリティはまさに誰でもの関心事として理解できるのではないだろうか。

そういう意味でも、スピリチュアルケアの問題意識を踏まえた場合、二つの課題が浮かび上がってくる。一つには、先にも触れたように、「スピリチュアリティ」という言葉を、特定の世界観を前提せずに人々の関心事を表すために使える、「表現概念」としてもっと認識させていくことである。スピリチュアルブームが起こり、「スピリチュアル」という言葉そのものは一定の普及を見せている今は、むしろそのための好機といえるかもしれない。これは、ケアを含めてスピリチュアリティに真摯に関わるすべての人にとっての重要課題にちがいない。

もう一つは、より積極的な「教育」という実践である。筆者はこれまでも「生と死の教育」「スピリチュアリティの教育」について論究してきた。だがそれは、特定の世界観や、ある種の宗教心（宗教的情操）を培うようなものとしてではない。スピリチュアルな「問い」に触れる機会をもうけ、その「問い」の大切さを受け止め、各人が自らの「答え」を形成していくための手がかりを提供しようというものである。

こうした取り組みが広がれば、一人ひとりが人生の最期に及んではじめてスピリチュアルペインに直面することになるより、ずっと問題の深刻さも緩和されるだろう。ある意味では、それは「予防的スピリチュアルケア」という意味をもっている。

スピリチュアリティを誰でもの関心事に。誰でもの言葉に。それが、今の日本に必要とされることだと私は確信している。

第一〇章
「問いと答え」の見地からスピリチュアリティ文化を見る

1　スピリチュアリティ文化をどう見るか

本章は、この本で一貫して依拠してきた「問いと答え」の枠組みを用いて、現代のスピリチュアリティ文化の諸相を読み解くための序説である。それを通してこの枠組みの「解読格子」としての意義を示していきたい。ケアや教育から大衆メディア文化までさまざまな領域にわたり、錯綜を極めるスピリチュアリティ文化に対して、一つの有効な見通しを提供できる。また、大衆的な影響力の強い一部の現象について、何が問題なのかを見極め、適切な批判的視座をとっていくための助けにもなる――そういう確信に立ってのことである。ひいては、それがわが国におけるスピリチュアリティ文化の望ましい方向への発展にも寄与しうる、と考えるからである。

今日、スピリチュアリティの潮流は日本社会の広範な領域に広がっている。医療、福祉教育、環境、ビジネス、そしてメディアや消費文化などに渡っており、この圏域に含められる事柄、現象は広範にわたっている。樫尾（2010b：130）によれば、多様なスピリチュアリティ文化はセラピー文化、宗教文化、[*63]環境文化、大衆文化の四つに大別できるというが、個々の事象が、どのような意味でこの流れに位置づけられるのか、判然としないことも多い。

だが、「問いと答え」の見地を導入してみることで、多くの事象を読み解く示唆が与えられるのではないか、ということである。両方の見地に着目することで、スピリチュアリティ文化の裾野の広がりの意味を、より的確に見てとることができると思われる。

2 「問いと答え」という視座

本書で一貫して採ってきた見地を確認しよう。「問い」の次元のスピリチュアリティは、自分の存在の意味、生死への実存的関心、大切な人を失った悲嘆への向き合いといった人生の根源的な関心事に真摯に向き合おうとする姿勢をいう。それに対して、神仏のような超越者や死後の魂のような霊的存在、他界のような超現世的世界、深層の真の自己、リアリティの非物質的な次元や見えない力、人知を超えた運命など、何らかの意味で超越的なもの、見えない領域の存在を認め、それを前提とした体験や活動にあずかっている場合、それは「答え」のスピリチュアリティである。そして、スピリチュアリティに属するとされるもろもろの事象は、「問い」「答え」いずれかがスピリチュアルなものなのである。

この二つはいずれも、従来は狭い意味での宗教が取り組んできたテーマである。他所で触れたように、岸本英夫（1975）の宗教論での、「下の重心」と「上の重心」に通じるものである。「宗教的ではないがスピリチュアル」という言い方があるが、組織宗教を離れたスピリチュアリティも、両方の方向に展開しうるわけである。

「超越的な神とのつながりのなかに、自分の生きるよりどころを見いだす」「前世・来世の存在を肯定する人生観を通して、死への恐怖を乗り越える」といった具合に、現実には両方の次元のスピリチュアリティが深く結びついたものも多い。ティリッヒの言葉を使えば、「究極的なものに、究極的にかかわる」あり方である。それがスピリチュアリティの「プロトタイプ」として、多くの論者の定義の中心になっているのも頷ける。

だが主として「問い」がスピリチュアルなものと、主として「答え」がスピリチュアルなものも存在する。だからスピリチュアリティ文化のなかでも、互いにまったくかけ離れたような事柄もありうる。終末期患者のスピリチュアルペインとオカルトブームへの娯楽的な関心とでは、共通項を見いだすのは難しいだろう。全体として、スピリチュアリティにはすべての事象に共通する本質を見いだすのは困難であり、ウィトゲンシュタインの言葉を借りれば「家族的類似性」しか成り立たない。

＊63　「宗教文化」については、「組織宗教の外部での宗教的関心事の追求」という意味でのスピリチュアリティからは外れることを考慮し、ここでは立ち入っては触れない。もとより何らかの超越的な存在を奉ずる教団への帰依が前提になる以上、その意味でスピリチュアルな「答え」に色濃く根ざした現象といっていい。もとより新宗教が広い意味では「スピリチュアリティ文化を担うスペシャルな思想＝実践のあり方」（樫尾 2010a：223）という性格をもっていることは認められるし、各々の教団の全体としてのあり方だけでなく、個々の信者の「問い／答え」に着目すれば、本書の見地からでも興味深い考察を進められるはずである。今後の検討課題の一つだろう。

こうした点は、第二章ですでに示したことであった。現実のスピリチュアリティ文化は、スピリチュアルな問いとスピリチュアルな答えがさまざまな度合いで絡み合った事象の複合体なのである。

その各々は、「問い」がスピリチュアルなのか、それとも「答え」がスピリチュアルなのか。どのような「問い」に立っているのか。どのような「答え」を追い求めているのか。そういう観点から読み解いていくことによって、これまでやや漠然と考えられていたスピリチュアリティ文化の展開に、有効な見通しを提供できるはずだ。

また「問い／答え」の分節化は、それぞれの事柄において何か問題が生じているとすれば、それはいずれの次元で生じていることなのかを、よりクリアーに見てとることも可能にする。スピリチュアリティの流れに属する現象のいずれかに批判的な視点をとるにせよ、あるいはこの潮流に希望を託してゆくにせよ、何が問題なのかを把握する助けになるにちがいない。

社会現象としての関心では、答えがスピリチュアルなものに注目が集まりがちである。[*64] 一般に「スピリチュアル」の名で通っているものが、たいていは不可視の霊的な存在を信じることと不可分に結びついていることにもそれは表れている。これには江原啓之の影響力が圧倒的に大きいわけだが、他に「スピリチュアル」の名を冠した一般書籍のほとんどもやはり何らかの霊的世界観に立って書かれたものである（喰代栄一『スピリチュアルの世界がよくわかる本』、藤崎ちえこ『これだけは知っておきたい　スピリチュアル教科書』など）。

読売新聞が二〇〇八年に実施した世論調査でも、「スピリチュアル」が「自分の前世や守護霊、オーラなど、目に見えない霊的な存在とのつながりによって、心の安らぎを得る」こととして扱われている。「問い」に比べてもそれとして目立ちやすいのだから、社会的には「答え」のほうがスピリチュアル／スピリチュアリティの典型として認知されやすいのも無理はない。研究者の間でも、社会学者の立場からは「超自然的な力や存在に自己が影響を受けている感覚」（小池 2000）、「個々人の体験に焦点をおき、当事者が何らかの手の届かない不可知、不可視の存在（たとえば、大自然、宇宙、内なる神／自己意識、特別な人間など）と神秘的なつながりを得て、非日常的な体験をしたり、自己が高められるという感覚をもったりすること」（伊藤 2003：ii）といった具合に、超越的なもの、不可視の存在という「答え」に重点を置いた定義になっている。すでに社会現象として成立している事柄を考察するうえでは、「答え」の側面のほうが容易に見てとれるからであろう。方法論的には、もちろん正当な視点である。

しかし、スピリチュアリティ文化の興隆が全体として、近代――ことに戦後――日本が置き忘れてきたものを取り戻そうとするもの、「失われた精神性の復興」（弓山 2009：188）としての面が存することも考えると、スピリチュアリティの「問い」としての側面は見失われてはならないのではないか。それが、本書がずっと強調してきた見地である。「死生観の空洞」（広井 1997：56）が現出し、終末期患者へのスピリチュアルケアや、年三万人前後というきわめて高い自殺率への対処が重大な問題となっている今日の日本である。スピリチュアリティの問いとしての側面こそ、もっと見てとり、受け止めていく必要があるにちがいない。そういう意味でも、「答え」の側面が目立つスピリチュアリティ文化の諸相にも、その背後にある「問い」

＊64 もっとも、島薗（2007）がインタビュー調査「現代日本人の生き方」（一九九七～九八年）に依拠してスピリチュアルな生き方として紹介している事例のなかには、むしろ「問い」のほうにスピリチュアルな性格が強いものもいくらか見られる。「祈り・死者・道」の項目で扱われている、「道」に真摯に取り組み、そこに高い精神性を見いだす生き方――野球のような近代的スポーツまで含まれる――や、「自己実現・自己解放と超越」で挙げられた生き方の諸相である。後者では「自己実現」「自己解放」を追求していく先に、「自己を超えたもの」に触れる可能性が示唆されている。あくまで「問い」として超越的なものが関わってくるわけである。「問いと答え」の双方の次元を踏まえて、スピリチュアリティ文化の諸相を理解していくことが望まれる場面の好例ではないだろうか。

がどこまでスピリチュアルなものかを探っていくことが、今後の課題になるにちがいない。実際、織田(2010：6)によると、現代日本の「スピリチュアリズム」においても、「外面志向」と「内面志向」とが見られる。「守護霊や霊的ガイドのメッセージに生きる意義を見い出したり、〝神〟や宇宙人などの存在を信じる生き方」と「自己の内面を探究し、それによって自己の本質との同化(自己実現)を図ることを目的とした生き方、つまり、個としての精神性を重視した生き方」とであって、むしろ後者のほうが根本的ではないか、という解釈を織田は示している。そういう意味でも、スピリチュアリティ文化全般に対して、「問い」「答え」両側面からのアプローチが求められるのである。

スピリチュアリティが問題になるさまざまな文脈のなかで、とりわけ有望で、真摯な関心に値する領域は「ケア」と「教育」であろう。だからこそ本書でも、この二つの領域についてはそれぞれに一章を設けて立ち入った考察を加えている。本章では詳述は繰り返すことなく、「問いと答え」の見地から全般的な方向性を論じ、また以前の章で扱いきれなかった論点の補遺を加えることにしよう。

そのうえで、スピリチュアリティ文化の他の諸相も概観していくことにする。

3　ケアと教育――「問い」からの出発――

A　スピリチュアルケア

終末期患者をはじめとした人生の危機に陥った人たちを対象としたスピリチュアルケアは、日本でのスピリチュアリティに対する真摯な問題意識の最前線といってよい。だがここでは「問い」がまずもって出発点となる。ケアが向き合うべきスピリチュアルペインとは、自分が生きている意味や死後の運命といった問いであり、その問いに答えが見つからないことからくる苦しみにほかならないからである。

そして、そのペインを聞き届け、受け止めることが、スピリチュアルケアにおいては何よりも大切なことだとされる。「傾聴」「共感」「受容」が基本姿勢とされるゆえんである。スピリチュアルケアに携わる人たちは、自らが仏教やキリスト教の宗教者であっても――樫尾（2010a：168）が指摘するように、実際、そうであることが多いわけだが――「答え」を提供することはしない。あくまで対象者を受け止め、寄り添い、自らの「答え」を見いだしていくことを助けるのである。谷山（2009：29）が述べるようにここに宗教的ケアとスピリチュアルケアとの違いがある（谷山によれば江原啓之のスピリチュアル・カウンセリングは明確に「答え」を提供するものであり、その点でむしろ宗教的ケアに近い）。

対象者はそれを通して超越者や祖霊との結びつき、来世への希望など、スピリチュアルな「答え」に行き着き、そこに意味や安らぎを見いだすことも多いだろう。岡本（2006：91）の表現では「……超越的な存在や世界との関係とその結合（つながり）によって、無意味感に象徴される実存的空虚感に苛まれている生が再解釈され、その生に新たな意味が付与」されるということである。だがそうした結果になる確証が最初からあるわけではない。あるいは谷山の言う、人と人との絆などの「現実的」次元で答えを見いだすかもしれない。いずれにせよ、まずペインという形での「問い」あっての「答え」だというのが、スピリチュアルケアにおけるスピリチュアリティの特質として指摘できると思われる。

B　教育とスピリチュアリティ

人生の終わりというのは、人が最も切迫したかたちでスピリチュアルな問いに向き合う場面にちがいない。

スピリチュアルケアが意義深いわけである。だがいざ終末期に臨んではじめて問いに直面させられるよりも、平素から「生死の意味」のような実存的な問題については考える機会をもち、自らの人生観・死生観を育んでいけたほうが「予防的」な観点から言っても望ましいだろう。そしていじめや不登校、自殺といった、今日の子どもたちをめぐる深刻な問題に向きあっていくうえでも、そうした人生観、死生観のよりどころは求められるはずだ。その意味で、スピリチュアリティに関わる「教育」も今後、ますます必要になるにちがいない。

それは、ケアの場面と同様、まず「問い」に立脚して進める必要があることを本書では論じてきた。何らかのスピリチュアルな世界観（＝答え）に立脚した教育よりも、あくまで生徒たちが「問い」を問う機会を設け、また考えるための素材を提供して、一人ひとりが自らの人生観、死生観、つまり答えを形成していく支援をするようなアプローチが望ましい。

ただ、現実に日本で行われているスピリチュアリティの教育には、むしろ「答え」に立脚したものが見られる。これは従来の「宗教的情操教育」の論議でもみられたことはすでに論じた。近年義務教育の公立学校でも導入された「心のノート」は、祖先から続くいのちのつながりや、自然の中で生かされて生きている人間のあり方など、スピリチュアルといえる世界観を含んだ内容になっている。論者によってはスピリチュアリティの視点を公教育に取り入れるものとして、部分的にせよ肯定的に評価する意見もある（樫尾 2010b：133 など）。ただその一方で、国家主導の道徳教育として批判を向ける論者も少なくない（三宅 2003，高橋 2004 など）。批判の多くはその政治的含意に向けられたものであり、スピリチュアリティの教育としての意義を正面から問うたものではない。だが日本の神道の伝統にかなり近い、ある種の生命主義的世界観という「答え」を公教育で教えること自体の問題は、疑問に付されてよいのではないか。

あるいは、飯田史彦（2009）の提唱するスピリチュアリティ教育についても、「問いと答え」の見地から吟味は必要だと思われる。飯田の見地に基づいてスピリチュアル教育を構想する大石ら（2008：45）によると、飯田の「生きがい論」は真理として強制されるものではなく、「科学的な仮説に基づく人生観」として提示されるものであり、信じるかどうかは個人の自由である。そのため、従うべき真理を説く宗教の立場とは異なる、という。

確かにこのアプローチは生徒に特定の「答え」を教え込もうとするものではない。だが、提示される「答え」が、「生きがい論」に限られるのだとしたら、それには相応の根拠づけが必要だろう。それは「生まれ変わり」の内容を含んでいる以上、仏教やヒンドゥー教の教えに親近であり、たとえばキリスト教とは相容れないし、もとより死後生やライフレッスンなどの霊的世界観の要素を多大に含んでいる。他の「答え」も並列して扱わないとしたらどうしてなのか、ということである。

私も飯田の生きがい論が、「問い」を喚起する素材として優れたものであることは否定しない。生きがい論の仮説を唯物論に立ちつつ受け入れる道も示唆するなど、幅広い立場に配慮したものであることは認める。だが「問いと答え」の見地からすると、さらに説得的なものにする余地はある、というのが私の考えである。

4　社会現象に見るスピリチュアリティ

ここまでで触れた場面は、スピリチュアリティにおいても「問い」が第一義的なものになる領域といってよい。「答え」のスピリチュアリティが探求され、到達されることももちろんしばしばであるが、出発点としては、自らの存在のよりどころや生死の実存的な意味を求める「問い」が出発点である、ということである。先に挙げた樫尾の区分でいうと、広い意味で「セラピー文化」の領域に属する事柄には、こうした特徴があてはまるといってもよい。

A　環境文化

まず「環境文化」について触れておこう。磯村（2007）はこのタイプに属する事柄として、奈良で自然農運動を進めている川口由一の活動や、地球環境に真摯に向き合う人たちを特集した龍村仁監督のドキュメンタリー映画シリーズ『地球交響曲』、古くはチェルノブイリ原発事故直後に一人の主婦によって書かれた『まだ、まにあうのなら』（甘蔗珠恵子著）などを挙げている。

地球温暖化や生物多様性の危機をはじめとして、地球環境問題が今日人類が世界的に取り組むべき一大課題となっていることは疑問の余地がない。ただし、それに向き合う取り組みのなかでスピリチュアリティ文化に属するとされる部分には、一定の特質がある。環境税の導入などの政治・経済的方策、二酸化炭素排出の少ない自動車の開発、太陽光や風力などの自然エネルギーの利用といった技術的な対処などは、それ自体では誰もスピリチュアルだとは言わないだろう。

スピリチュアルな環境文化とされるものは、全般的に「人間を超えた大自然のいのち」に対する感受性、認識を共有していることが、まず指摘できる。私たち人間もそうしたいのちによって生かされて生きている。環境危機とはまさにこのいのちがおびやかされようとする事態であり、それをもたらした近代産業・消費社会のありようから脱却して、自然の営みと調和した生き方、社会のあり方を求めなければならない。大まかに言えばこのような姿勢が、共通の根底にあるといえよう。

これは日本古来のアニミズム的な世界観、あるいは感性と共鳴するところも大きい。山川草木に八百万の神々を、あるいは仏性を見いだしてきたまなざしである。以下で挙げる「大衆文化」のうちに属する、『もののけ姫』などの宮崎駿監督のアニメ映画にも流れ込んでいる視点だ。あるいは、日本では大正時代に一世を風靡し、近年また再興を見せつつある「生命主義」の流れを汲むものだということができる（森岡 1994）。

そういう意味でも、「答えのスピリチュアリティ」として何らかの生命主義的・有機体的な自然観――近代科学の機械論的な自然観とは相対立する――を分け持っていることは、はっきりと指摘できるところである。その理論的な支えとして、『地球交響曲』にも登場する物理学者J・ラヴロックの「ガイア仮説」が有力な世界観を提供している。ギリシア神話の大地の女神の名に由来するこの学説は、地球全体を自律性をもった一つの生命体として理解するものである。第七章で触れたベルクソンの哲学は、そうした世界観を支えるものとしての意義ももちうることはすでに論じたところだ。

ただし、そうした世界観に関わる実質的な部分、「答え」のスピリチュアリティにとどまらず、「問い」としての側面も、スピリチュアルな環境文化のなかには存することを指摘しておきたい。それは、この文化の源流の一つとなっている、ノルウェーの哲学者A・ネスが創始した「ディープ・エコロジー」思想の意味を省みてみるとわかる。

一般にはこれは技術文明による環境破壊を促進する元になった近代の人間中心主義に異を唱え、地球・自然中心主義の立場に立って環境保護を推し進める環境思想として理解されがちだ。だが「ディープ」の本来の意味とは「より深い問いを問う」ことである。[*65] 現代社会を支配する人間中心主義の発想をそのままにした

＊65　こうしたディープ・エコロジーの基本的な考え方については、フォックス（1990＝1994）、ドレングソン・井上（1995＝2001）を参照。

技術的・制度的な対応――ネスによればこれは「シャロー（浅い）・エコロジー」にとどまる――だけでは環境危機の解決にはつながらず、根本的な世界観やライフスタイル、社会のありようそのものといったもっと根底的なところから問わなければならない、という見地が基本にある。

そこから、内面の変革を通した、「自然という大きな自己」との一体化や、それと結びついた人間中心主義の脱却という姿勢が出てくる。その限りで、「問いのスピリチュアリティ」としての面を多分に含んでいるのである。

磯村（2007）は、スピリチュアリティの環境文化のうちに、「スローフード・スローライフ」「ロハス（Lifestyles of Health and Sustainability ＝健康と持続可能性のためのライフスタイル、の頭文字をつなげたものから）」といった運動も含めている。ここには、現代の生活スタイルと社会のあり方そのものを「問い直そう」という視点がある。というより、単なるファッショナブルなライフスタイルとして、単なる「答え」として受容されるのにとどまるのであれば、ロハスというのは一過性の流行にはなりえても、この社会を持続可能なものに変革し、地球環境危機に効果的に対処する力になることはないだろう。大量生産・大量消費・大量廃棄を基本として成り立っている現代の文明社会のあり方は、本当にこのままいつまでも続けてよいものなのかどうか。その社会が提供しようとしている効率性と豊かさが、本当に人間の幸福を約束するものだろうか。こうした「問い」こそが環境文化の本来の出発点であり、この「問い」に立ち戻ることこそ、スピリチュアリティの環境文化が今後の社会において創造性を保ち、地球環境問題を解決する力の一つとして寄与できるにちがいない。

B　大衆文化

樫尾の分類で言う「大衆文化」に属する現象では、まず「答え」のスピリチュアリティが前面に出ることが多い。何らかの霊的、超越的、不可視な存在を信じること、そうした存在とのつながりを求めるような態度が含まれたものが、スピリチュアルなものとして扱われるわけである。だが、そうした「答え」の背後にどんな「問い」があるか、その「問い」がどこまでスピリチュアルなものなのか、という点こそ注目すべきではないかとも思われる。ここで個別の事柄について詳しく考察を加える余裕はないが、せめて探求の方向性をいくつかの事例について、論者たちの議論を参照しつつ示していこう。

ジャーナリストの磯村（2007）が取り上げるいくつかの事例を見てみよう。たとえば一九九八年に自死したロックバンド「X JAPAN」メンバーの hide の葬儀が行われた築地本願寺を訪れるファンたちの行動である。献花式には約三万人というファンが詰めかけたというが、この世の人ではなくなった hide となおつながろうとし、「見守っていてね」とノートに記すファンが今も少なくないという。

あるいは、平原綾香が歌ってヒットした『Jupiter』という曲がある。二〇〇四年の新潟県中越地震で被災者への応援メッセージとしても贈られたというこの曲は、歌詞（作詞・吉元由美）にも独特のものがあるという。「ひとりじゃない　深い胸の奥でつながっている」「この宇宙の御胸に抱かれて」といった内容である。

こうした例は、「見えない何か、この世を超えた何かとつながる」という意味でのスピリチュアリティの態度が、「スピリチュアル」とは表立って言われていないにもかかわらず反映されている。そのメッセージが多くの人々に届いたのだとすれば、それだけたくさんの人がスピリチュアルな姿勢を共有し、慣れ親しんでいるからではないか、というのが磯村の指摘である。

そうしたつながりが、都市化と伝統的共同体の崩壊に加え、新自由主義的な政策による格差増大などがもたらす社会不安もあいまって、ますます増大する現代人の孤独と疎外を癒すものとして希求されていることは、容易に理解できる。ここでの例は、この世を超えたもの、広い意味で霊的な存在であり、その限りでスピリチュアルな「答え」が伴っているといえる。だが、つながりの対象は、「答え」においてスピリチュアルといえるかどうか疑問であるものまで連なっていることも見逃せない。

伊藤（2002）は「ネット恋愛のスピリチュアリティ」という現象を取り上げた。オンラインでの見知らぬ他者との交感に、ある種のスピリチュアルなつながりが見てとれる、というのが伊藤の解釈である。ネット恋愛で交流する特別な相手は、自分の存在を受容し、つながりの感覚を高め、自己理解・変容を促進する。その働きは宗教における神とのつながりに通じるものがある、というのである。

確かにネット恋愛の相手は、（さしあたりは）見えない存在であるという点で、神仏にも通じるところがある。しかしその実体はもちろん生身の人間であり、当事者たちがそれを知らないはずがない。その意味でどこまで「スピリチュアルな答え」に関わっているかは、微妙なところがある。これを受けてさらに一般的に、磯村（2007：41）が「ブログでのスピリチュアルなつながり」を見てとる場合、いくら関わる相手が不可視のネット上の空間とはいえ、なおさらである。

当事者たちがどこまで「つながり」の相手をスピリチュアルなものと思い描いているのか、また「孤独・疎外を癒すつながり」「自己受容・変容」といった、むしろ「問い」の次元でスピリチュアルなものが求められているのか。そうした点が、さらに探っていくべき論点になるのではないだろうか。

また樫尾は大衆文化のスピリチュアリティとして、テノール歌手・秋川雅史が歌ってヒットしたことも記憶に新しい『千の風になって』や、宮崎駿監督の『もののけ姫』『千と千尋の神隠し』といったアニメ映画の例を挙げる。これらはスピリチュアルな世界や感受性を表現する「表象文化」として位置づけられる、という。

『千の風になって』の歌詞は、「私」が死後も題名の通り「風」に、そして光や雪や鳥や星になって大自然のなかに生き続け、この世に残された人々を見守るさまを感動的に歌いあげている。自然に宿る神霊のモチーフを扱った『もののけ姫』や少女の異界への訪問とさまざまな霊的存在との出会いを描いた『千と千尋の神隠し』ともども、「現代アニミズム」としての性格を帯びているというのが、樫尾の指摘である。こうした表象文化は、不可視の世界を見えるようにする、受容者が何らかの霊的世界についての全体的なイメージを形成する点で、儀礼的・シャーマニズム的な役割をもっているという（2010a：198）。

ただし、こうした表象文化の基本性格はロマン主義であって、「自然との合一」といった甘美さをもつために、限界の一端がある、と樫尾は論じる。それに対置されるのが、「生死の実存的意味」にスピリチュアリティを見いだす姿勢であり、それは樫尾によれば、表象文化においても一部の漫画にみられるという（2010a：202）。井上雄彦『バガボンド』や橋本以蔵・たなか亜季夫『軍鶏』などである。

「自己超越意識」の見地に立った「スピリチュアリティ原理」からスピリチュアリティ文化の諸相を解釈する樫尾の議論について、ここでこれ以上詳しくは紹介できない。「問い」の見地に立つ本書としては、そこに入る前の段階で、あえて立ち止まって議論しているからである。さしあたりここで注目したいのは、「自然との合一」と「生死の実存的意味」という、相異なるスピリチュアルな「問い」が、表象文化においても立ち現れているということである。もとより両者は、「スピリチュアリティ」という語で包括するには、あまりにかけ離れたものとして映るからである。前者にはそもそも、すでに見たように答えのスピリチュアリティも含まれている。「生死の実存的意味」の場合、もっぱら「問い」がそうである。表象文化におけるスピリチュアルな「問い」の諸相と、それがスピリチュアリティという同一の事柄の異なる表れとして理解できる根拠についても、この事例は探るべきテーマとなるにちがいない。

しばしばスピリチュアリティ文化の典型的な表れとして取り上げられる「スピリチュアル・コンベンション」、略して「すぴこん」というイベントがある。これはいわゆる「精神世界」関連の見本市というべきもので、二〇〇二年に立ち上げられ、大都市圏だけでなく地方都市でも毎年開催されるようになっている。そこで扱われるアイテムはチャネリング、オーラ写真、リラクセーション、レイキ、パワーストーン、催眠療法など、多岐に渡る。

代表の小泉義仁によればテーマは主として「癒し」と「自分探し」にあり、参加者もそうした関心のもとで訪れる人が大多数だという。その限りで「問い」はもちろん伴っている。だが、これがスピリチュアリティ文化としてしばしば話題にのぼるのも、何らかの意味で霊的なもの、不可視なものにまつわるグッズやサービスを用意する場であるからにほかならない。やはり、「答え」のスピリチュアリティが目に留まっているわけである。

とりわけ商業的な形態をとったこの現象については、スピリチュアリティを論ずる研究者やジャーナリストの間からも批判がある。特に厳しい批判を向ける櫻井（2009b：268-270）は、参加者を業者へと変えていく構造の危険性といった商業上の問題も指摘しつつ、背景に「自分探し」と「下流化」といった社会条件が存することを指摘する。もとよりこうした「すぴこん」に代表される大衆文化のスピリチュアルブームの背景には、「社会的矛盾や問題から生じるさまざまな葛藤や軋轢によるストレスを自分のこころで受け止め、自ら癒しを求めるような人間を作り上げ、決して社会のシステムそのものが問題とは考えさせない文化」（2009b：262）があるというのである。

この指摘が正鵠を射ているとすれば、「すぴこん」参加者たちの「問い」に関わる問題となる。当事者たちが「魂の癒し」「前世の物語」といったスピリチュアルな答えで解決される問題だと受け止めているにせよ、ここで問うべきはあくまで社会的なレベルの「問い」にある。新自由主義的な政策のもとで社会格差が増大し、それにともなって「下流化」「貧困化」が進んでいるとすれば、そうした社会条件の改善こそが真っ先に問うべき課題となるのではないか、というわけである。スピリチュアルな「答え」を求める姿勢に対して、「問い」のあり方を問うたものとして、櫻井の議論は傾聴に値しよう。

5 「スピリチュアルブーム」をどう見るか

そして、江原啓之のスピリチュアリズムである。というよりここで問題にしたいのは、主として江原の活動を通して広まったスピリチュアルブームであり、それと結びついた、スピリチュアルなものに対する社会の姿勢である。

「スピリチュアル・カウンセラー」を称する江原は、最近までレギュラー放映されていたＴＶ番組『オーラの泉』や膨大な著述、講演といったメディアを通して幅広く活動している。「スピリチュアル」という語が日本社会で一般に普及したのは確かに江原の影響が圧倒的に大きく、この言葉を聞けばまずもって彼を連想する人も多いだろう。樫尾（2010a：180）の言い方を借りれば、一般的には彼こそが「ザ・スピリチュアル」だというわけである。

江原は明確に一定の霊的世界観に立ち、それに基づいて「カウンセラー」活動を展開している。『オーラの泉』では、相談者が前世や守護霊、憑依霊について「霊視」を受け、それを踏まえてその後の人生に助言や指針を与えられるのである。神主資格をもつ江原は、その意味で「霊能祈祷師」「拝み屋」としての立場にあるが、メディアを活用し、個別の来談者ではなく不特定多数の対象に向けてメッセージを発する点に独自性がある、という（樫尾 2010a：183）。

江原が広めた「スピリチュアル」は自身が明言しているように（2003）、一九世紀英国に興ったスピリチュアリズムに由来し、その形容詞形としての用法である（実際にはそのまま名詞化して用いられることも多く、それがこの流れを特徴づけてもいるが）。人間の基本的な存在構造にまで踏み込んだWHOの「健康」定義改正案での用法や、「宗教的ではないが、スピリチュアル」といった用法に比べても、ごく限られた意味での用法でしかないのは明らかである。その意味でスピリチュアルケアなどの場面で語られるような意味とは出所が異なる。だが島薗（2007：34）が述べるように、セラピー文化を中心に「スピリチュアル」「スピリチュアリティ」への認識が高まりつつある事情が、江原が「スピリチュアル」を用いて成功した一因である、ということも否定できない。実際、江原の世界観は新霊性運動のそれともかなり近い、という安藤（2008）の指摘もある。

もとより、こうした大衆文化のなかでの「スピリチュアル」への関心の高まりは、一概に否定できる事柄ではない。堀江（2007：49）が言うように、大衆レベルで持続している霊への関心を汲み上げ、「霊を信じるが無宗教」という層に訴えた意義は無視できない。[*66] これは「宗教的ではないがスピリチュアル」という姿勢の一つの表れとして理解できる。中村（2010：5）が言うように、大衆的に浸透している「霊」をやみくもに否定し、黙殺したままで「スピリチュアリティ」を語り続けても広い支持は得られないだろう、「新しい民俗信仰」のかたちとして研究者としても真摯に向き合っていく必要がある、というのも、傾聴に値する警告である。

だが、それが「スピリチュアル」が大衆文化において支持を集めている現状に対する追随を意味するものであってはならないはずだ。もとより、先に触れた読売新聞の世論調査でも、「スピリチュアルにひかれる」層は女性二七％、男性一四％で、総勢で二一％にすぎない。「ひかれない」と回答した人は八割近くいるわけであり、その多くはやはり「霊的なもの」「霊信仰」に対していかがわしさ、あるいは批判的な態度を抱いていることだろう。スピリチュアリティの展望は、本来、こうした人たちも含めて、訴えかけるものでなければならないはずだ。「スピリチュアル」と向き合い、その意義は認めつつも、その一方で相応の批判的な視座を提供することは、その意味でも研究者としての使命に属するにちがいない。

そのために、「答え」としての霊的世界観だけに目を奪われず、そこに行き着くに至った「問い」に目を向けたアプローチが求められると思われる。

スピリチュアルブームの支持者については、しばしばその現世利益的志向が指摘される。たとえば香山(2006：72)はあの世を信じつつも現世を否定せず、恋愛成就や事業成功のための手段として霊的なものを

＊66 ただし、堀江が論じるように、「霊的」「霊性」の訳語が避けられているということだけを論拠に、「スピリチュアリティ」の側に霊信仰を排除する態度がある、それが「スピリチュアル」に比べて幅広く浸透できなかった原因である、とするのはかなり無理な結論であるように思われる。そもそも「霊性」の訳語を積極的に採用している論者もいるのだし、スピリチュアルケアの実践家の言説でも、「超越的なもの」や「死後の生」を展望に入れているものも決して少なくないからである。もし問題があるとすれば、「スピリチュアリティ」のほうがケア実践家をはじめとする専門職の間の「領域概念」にとどまり、この概念のもつ本来の可能性を展望した上で、一般の人々に普及させていく努力が欠けていたことにあると思われる。スピリチュアリティの立場を堀江のようにもっぱら「文化輸入」として規定する議論には賛同しないが、現象面としてその状態にとどまっていることについては異論はないし、憂うべき事態であると私も考える。

利用しようとする傾向があると述べている。[*67]

樫尾（2010a：185）も、受容者の間に「運命を操作したいという欲望」があることを見てとっている。未来の行方を知りたいという願望自体は人間に普遍的なものだが、バブル崩壊後の現代日本では経済の低迷による先行き不安感に加えて食の安全問題や年金問題など社会に対する信頼を失わせる事件が続発している。そのため運命を知るばかりでなく転換したいという欲望まで生まれ、それに応えるものとして江原現象が興った、というのである。それは江原を媒介として不可視のものを活用し、現世利益を得ようという欲求に立っており、「不可視の力や存在とつながって生きているという実感」としてのスピリチュアリティの謙虚さとは相反する、というのが、この現象に対する樫尾の批判的見解である（2010a：189）。

こうした解釈は、「問い」がスピリチュアルなものといえるかどうか、という点を衝いたものということができよう。単に現世的な幸福を追求するだけで、生死の問いを実存的に問おうという姿勢が欠けている。あるいは、本来現世的な（身体・心理・社会的な）レベルで取り組むべき問題に対して、「超越的」「霊的」なしかたでの解決を求めているにちがいない、というわけである。

櫻井（2009b）の批判はもっと厳しいものがある。櫻井はスピリチュアリティ文化の浸透は、人間の精神と生活を支えてきた基礎集団である家族や地縁・職縁が弱体化し、社会から切断された人々の悲鳴として理解する。これを「かけがえのないいのち」「人間のスピリチュアルな尊厳」「宇宙とのつながり」といった観念で糊塗しているのが、スピリチュアルブームだというのである。本来の「問い」はまさに、社会的な次元にあるというわけである。

ただし、霊的なもの、不可視なもの＝スピリチュアルな答えに向かう動機が、こうした社会的なものに還元できるかどうかについては一考の余地があろう。あくまでスピリチュアルな問いのもとで、こうした答えが追求されるのもごく自然なものだからである。櫻井の考察は、「社会集団に関わり、そのなかで存在証明を得てアイデンティティを形成する」という人間の要求の観点からのみ進められており、固有の意味でスピリチュアルな「問い」を考慮に入れていない点で不満が残る。

中村（2010：3）によると、スピリチュアルな欲求とは、①なぜ、自分は生まれてきたのか？　②自分は何のために生きているのか？　③生きていることにはどのような意味があるのか？　④自分が死んだ後には何が待ち受けているのか？　を知りたい、という要素が含まれる。これはまさに「問い」としてのスピリチュアリティを述べたものといってよい。

それは終末期の場面でも切実になる真摯な問いだし、その「答え」として、スピリチュアリズムのような霊的世界観が有力なものになりうる。確かにそれは生まれてきた意味や生きている目的を、「前世」「魂の成長」といった観念を通して理解させてくれる。死後への希望を提供するものであることは言うまでもない。もちろん、そうした世界観が現代の科学的な見地と照らしてどこまで受け入れられるものか、というのは別問題だし、また答えが霊的世界観でなければならない必然性もない。だが、有力な「答え」たりうることは否定できないだろう。

『ニューズウィーク日本版』の「スピリチュアルブーム」特集（大橋・ジョイス 2007）では、「江原ファンに共通する特徴はだまされやすさではない、現代社会を生き抜く道を見つけたいという真摯な望みだ」「江原現象の驚くべき点は、これほど多くの日本人が飢えた魂をかかえていることだ」と語られている。こうした、「問い」にかけてもスピリチュアルな姿勢がスピリチュアルブームにも見られるとすれば、この現象を

＊67　もっとも、「病気や死の恐怖を和らげ、家族や大切な人を失った悲しみを癒す」ことまで香山が現世利益に含めているのは理解に苦しむ。これらはスピリチュアルペインにほかならない。

支える人々のさまざまな「問い」について、スピリチュアルなものからそうでないものまで、もっと立ち入って解明することが求められるのではないか。

樫尾（2010a：189）によると、江原の霊的啓蒙活動は、公教育において宗教が実質扱われない現代日本社会において、死後の世界の理解や死者との関係性、生き方の指針を示す、「宗教教育」の役割を部分的に果たしているという。逆に言えば、そうした形でしかスピリチュアルな「問い」に取り組む機会が与えられないこと自体、今日の日本の宗教・スピリチュアリティ事情の貧困を物語っていよう。

江原啓之の一連の活動に端を発するスピリチュアルブームは、「スピリチュアル」という言葉をわが国でも爆発的に広めた。それは本来の意味でのスピリチュアリティのごく一端の意味しかとらえていない。その意味で、スピリチュアリティの全体的な問題意識を覆い隠し、背景に追いやる役割を果たしもした。だがその一方で、「スピリチュアル」という言葉が人口に膾炙し、限られたかたちとはいえ多くの人が関心を寄せるようになった事態そのものは、日本社会が戦後ずっと脇に押しやってきた死生観の問題、生死の意味について、今一度社会を挙げて正面から向き合う機会を提供したともいえる。スピリチュアル・ブームそれ自体を一つの「問い」として、スピリチュアリティに真摯な関心を寄せる人たちが、スピリチュアリティに対する社会の認識を深めていく好機にできないだろうか。

さらに知りたいときのためのブックガイド

現代社会とスピリチュアリティ

●広井良典『死生観を問いなおす』ちくま新書、二〇〇一

本書でも根本的な問題意識であった、現代日本における「死生観の空洞化」。死の意味がわからないということは、同時に生の意味づけも見えなくなる、という視点から、死生観のありようを問いぬいた一冊。キーワードは「時間」だ。個人の時間、ライフサイクルというものを、それを超えた時間、あるいは「永遠」にいかに位置づけるか、ということが中心的なテーマをなしており、「現象する時間と潜在する時間」「老人の時間と子どもの時間」「人間の時間と自然の時間」といった具合に時間を重層構造としてとらえる見地を示しつつ、最終的に「聖なる時間」をめぐる問題にまで立ち入る考察は圧巻である。

著者は社会保障・医療問題の専門家でもあり、宗教的・哲学的な問題と、政策的・社会的な問題とが切り結ぶ見地から論議を展開できる貴重な論者である。『定常型社会』（岩波新書）、『コミュニティを問いなおす』（ちくま新書）など、後者の方面の著作と併読してみると問題意識も深まるだろう。

●窪寺俊之『スピリチュアルケア学序説』三輪書店、二〇〇四

著者はわが国のスピリチュアルケアの第一人者。海外におけるスピリチュアルケアの流れを紹介しつつ、日本人のスピリチュアリティを思想的な源流や闘病記の分析を通して探り出していくことで、決して単なる「輸入」にとどまらない、日本でのスピリチュアルケアのあり方を追求していく考察が非常に興味深い。その一方で「ケア」そのものの意味を掘り下げ、スピリチュアリティと結び合うところを探っていくことで、スピリチュアルケアという営みの固有の意義を明らかにしていく考察も示唆的である。スピリチュアルペインの見きわめ方やケアの具体的方法、そして日本のスピリチュアルケア充実に向けての提言まで、スピリチュアルケアを総合的に理解するためには欠かせない一冊。続編として『スピリチュアルケア学概説』も同じ三輪書店から出ており、関連諸学との連携と実践の積み重ねを踏まえた議論の深化を見せているので、こちらもおすすめだ。

●諸富祥彦『人生に意味はあるか』講談社現代新書、二〇〇五

著者は日本トランスパーソナル学会会長。「時代の雰囲気と闘うカウンセラー」との自称にもあるように、「生きる意味の空虚」という現代社会を覆う風潮に向き合おうという真摯な姿勢は際立つ。この本は書名の通り、「人生の意味」について、文学、宗教、哲学、スピリチュアリティの、さまざまな「答え」を紹介し、考える手がかりを提供しようというものだ。大学で講じている授業の形式にならったものであり、半ば受講者になったように読める。ある意味カタログ的に、「人生の意味とは何か」というスピリチュアルな問いに対する答えの様々を並べるのは一見お手軽に映るが、何より多様な「答え」に触れて考える材料を提供するだけでも価値のあることだし、スピリチュアリティの問題圏に属するさまざまな「答え」についても、江原啓之に対するコメントに見られるように、ちゃんと批判的視座を示していることは注目される。最後には、フランクルに基づいた「いのちが、私している」という著者自身の答えも提示されており、全体として「問いのスピリチュアル教育」の一つの実践としても理解できる一冊。

●森岡正博『生命学をひらく――自分と向きあう「いのち」の思想』トランスビュー、二〇〇五

生命倫理や環境問題、ひいては「無痛文明」への方向といった現代社会の根本問題について、「生命学」という方法論を提唱し、早くから鋭い問題提起を重ねてきた著者の一冊。「条件付きの愛」の支配や社会の無痛化、「死者」のいのちとの対話といった、「いのち」の根幹に関わるさまざまなテーマについて、普段の思考では気づかないような見地から考えるきっかけを提供してくれる。いずれも、本書の言葉でいえば「スピリチュアルな問い」といってよいものだろう。

同著者の『宗教なき時代を生きるために』も、刊行は一九九六年と古いが、あのオウム事件が記憶に新しい時期に著されたものとして意義深いものであり、「宗教／無宗教」の単純な二項対立を乗り越える見地を早くから示したものとして興味深い一冊だ。

●島薗進『スピリチュアリティの興隆――新霊性文化とその周辺』岩波書店、二〇〇七

現代世界のスピリチュアリティ事情について全体像を得たいと思うなら、第一に推したい一冊だ。ホスピス運動や

いのち教育から癒し、そして江原現象に至るまで現代日本のさまざまな場面で見られる新霊性文化の現れを視野に収めつつ、スピリチュアリティを日本にとどめず先進国共通の現象としてとらえるグローバルな見地も示す。山尾三省、柏木哲夫、田中美津など幅広い分野の人物をスピリチュアリティの先駆者として位置づけつつ、その一方で現代日本の一般市民の生き方のなかに、スピリチュアリティとの親近性をもった要素が幅広く見られることをインタビュー調査をもとに考察する。さらにグノーシス思想と幕末日本に生じた新宗教・如来教とを関連づけつつ、その見地から現代の精神状況を論ずるといった宗教史的議論も交えるなど、日本の宗教学界を代表する碩学にふさわしい広い視野のもとで同時代的現象としての新霊性文化を考察している。江原啓之現象へのコメントも短いながら、同様の主題を扱った他の研究・論説と比べても、最も的確なものだと思う。さらに早い時期の著作『精神世界のゆくえ』(東京堂出版、一九九六)もあわせて読むと、さらにスピリチュアリティ文化の全体的な流れが見えてくるにちがいない。

●櫻井義秀編『カルトとスピリチュアリティ――現代日本における「救い」と「癒し」のゆくえ』ミネルヴァ書房、二〇〇九

現代スピリチュアリティ文化の光と影、その「影」の部分を批判的に考察した論集。それをオウム事件から十数年の時が経過しても、「カルト問題はまだ終わっていない」という認識のもと、いわゆるカルトとの連続性のあるものとして理解する見地がある。スピリチュアリティ現象を、その社会的背景に照らして理解する必要を訴え、「格差化・下流化」、「グローバル化と、所属すべき中間集団の解体」といった状況を指摘。そのなかでよるべなき存在となった個々人に、「産業」として癒しを提供しようとするようなスピリチュアリティ文化の「毒」について、厳しい批判的な考察を加えている。スピリチュアリティの潮流を安易な歓迎論に立たず、「光と影」「薬と毒」の両面を見据えて接していくためには、この本のような批判的言説には、決して目を背けてはならないだろう。

惜しまれるのは、本文でも触れたことだが、この本での「スピリチュアリティ」概念規定がかなり甘いことだろう。そのために批判が的を絞りきれていないのは否めない。相応の概念規定を踏まえ、スピリチュアリティ文化のどのような相に対して批判を加えるのか、論点を明確にしていればはるかに有意義な議論になっていたのではなかろうか。そういう意味でも、この本自体に対しても、十分な批判精神をもって読む姿勢が求められると思う。

●カール・ベッカー、弓山達也編『いのち　教育　スピリチュアリティ』大正大学出版会、二〇〇九

私も参画させていただいた文科省科研費のプロジェクト「学校教育におけるスピリチュアル・エデュケーションの理論・実証的考察」の三年にわたる成果と、大正大学で二〇〇七年に開催されたシンポジウム「「いのちの教育」とスピリチュアリティ」の内容をまとめたもの。この本をひもとけば、「教育」という場面でなぜ、スピリチュアリティの見地が求められるようになっているかが見えてくると思う。医療・看護現場での動向や、これまでの「生と死の教育」「いのちの教育」といった実践と響き合わせるかたちで、学校でのスピリチュアリティの教育の可能性が多角的に追求されている。海外のスピリチュアリティ教育事情の報告から理論的な基礎の探究、そして実践的なワークの方法論までを含んだ内容となっている。

後半のシンポジウムも含めて、執筆者たちの立場は必ずしも一枚岩ではないが、だからこそ、教育におけるスピリチュアリティとはいかにあるべきかをより深く考える材料ともなる。教育関係者で本書を手に取られた方は、是非とも一読をおすすめしたい。私自身も含めて執筆陣がかなり重なる得丸定子編『いのち教育をひもとく』(現代図書出版)もおすすめだ。

●樫尾直樹『スピリチュアリティ革命――現代霊性文化と開かれた宗教の可能性』春秋社、二〇一〇

現代のスピリチュアリティ文化について、「個人意識的」「社会倫理的」「文化価値的」という類型を立てて、これをもとにセラピー文化、大衆文化、そして新宗教文化に至るまでを考察し、その意義を解読していく。現代社会のスピリチュアリティ現象を包括的に、構造化して理解しようという見地は興味深く、本書を書く上でも大いに参考にさせていただいた。

著者はスピリチュアリティ文化に新たな「開かれた宗教」を創出する可能性を見てとっている。スピリチュアリティを高次のレベルの意識、宗教の核心にある普遍的な宗教意識と位置づけ、「自己超越意識」に立った「スピリチュアリティ原理」を立てている。その見地から江原啓之現象など一部のスピリチュアリティ文化に対して一定の批判的な評価も下すなど、明らかに規範的な見地をもった議論に身を置いている。そういう意味でも、著者の元来のフィールドだった宗教社会学というより、宗教哲学の本として著されたものだと思う。

同じ著者には、より一般向けで「実践編」も交えた『スピリチュアル・ライフのすすめ』(文春新書)という本も

あり、こちらもあわせておすすめしたい。

スピリチュアリティの源流へ

●ウィリアム・ジェイムズ『宗教的経験の諸相』(上下)枡田啓三郎訳、岩波文庫、一九六九—七〇(原著一九〇一—〇二)

いまや宗教心理学の古典。制度化された形態よりも、個人の内面的な体験に宗教の核心的なものを見ようとする姿勢は、今日的に言う「宗教的ではないがスピリチュアル」という姿勢の源流といえるものである。宗教の基底に宇宙と人間とのつながりを求める実存的要求を見てとるのも、本書の見地からいえば「問いのスピリチュアリティ」が出発点にある、ということだ。宗教の制度的・社会的な次元を余計物のように扱う議論は時代的な制約もあり、この本の限界といえるものだが、古典だけにそういう限界を補って余りある示唆に富む。宗教経験の扱いについて批判的検討を加えた第一章の議論や、意識構造論を踏まえて「回心」現象を考察した第九章などは代表的だ。そして「健全な心」と「病める魂」という二つのタイプの人間に対応して二つのタイプの宗教経験を考える名高い論や、伝統的なキリスト教なら当然の前提であった「神の全能性」を否定してまで多元主義的な宗教観を擁護する姿勢などは、「寛容」の態度を考えるうえでも示唆深い。

●アルフレッド・ノース・ホワイトヘッド『科学と近代世界』上田泰治・村上至孝訳、松籟社、一九八一(原著一九二五)

私にとっての「答えのスピリチュアリティ」を提供する哲学思想として、ベルクソンとともに多くを負っているのがホワイトヘッド。世界をバラバラの死せる物質からなるものとして理解する近代の「科学的唯物論」を克服し、世界を生きたつながり・プロセスとしてとらえる「有機体の哲学」を提唱した哲学者であり、その見地から、科学と宗教の新しい関係や、地球環境問題に対する責任ある取り組みなど、現代に至るまで多くの洞察を提供してくれる。

ホワイトヘッドの代表作といえば『過程と実在』だが、いきなり難解きわまるこの本に挑んで玉砕する人(学部生時代の私もそうだった)を出したくもないので、ずっと読みやすい『科学と近代世界』をまず挙げておく。この本では、近代科学と深く結びついた唯物論的な世界観が、いかにして宗教や文学も含めて、人生の意味を求める人間的な要求と相容れないものになっていったかを思想史・科学史をたどりつつ克明に論じている。そして、相対論・量子力学という同時代の物理学の動向も踏まえて、後に『過程と実在』で大成をみる、「有機体の哲学」の構想を語っている。

第一二章「宗教と科学」は、将来の歴史は宗教と科学、両者の関係について現世代が下す決断にかかっている、という問題意識のもとで書かれており、ここでの「宗教」はスピリチュアリティの立場にむしろ近い。この問題意識は今日なお妥当であることは間違いなく、「科学」の立場も視野に入れつつスピリチュアリティを語っていくためにも貴重な知見を提供してくれるはずだ。

主著『過程と実在』に飛び込むつもりの人は、その前に中村昇『ホワイトヘッドの哲学』(講談社選書メチエ)を読んで準備運動をしておくことをおすすめする。

●アンリ・ベルクソン『道徳と宗教の二つの源泉』森口美都雄訳、中央公論新社、二〇〇三(原著一九三二)

第七章で論じたベルクソンの、とりわけスピリチュアリティ論には関わりの深い著書。約二〇年の沈黙を破って世に問うた最後の主著でもある。生命進化の見地を踏まえて人間社会のありようと、人間にとっての宗教/スピリチュアリティの意義を考察したアプローチは、ある種の「社会生物学」だと評する研究者もいる。

この本を通して学べるのは、宗教、あるいはスピリチュアリティにまつわる事柄に対して批判精神をもって眺めつつも、なお深い希望を捨てない態度というものだ。社会や道徳について「閉じたもの/開かれたもの」を区別する見地や、宗教と呼ばれるものを「静的なもの/動的なもの」に区分して理解する視座に、それは如実に表現されている。スピリチュアリティの光と影、両方を見据えた姿勢を確立するうえで、ぜひとも一読しておきたい一冊だ。宗教の高次の形態とされる「動的宗教」が決して個人の内面的体験にはとどまらず、社会的な展開を有しているものだとする洞察も見逃せず、個人化された形態にとどまりやすい今日の新霊性文化に対する批判的な示唆ともなっている。宗教経験や超常的な現象についても、単純な賛同にも、安易な還元主義にも走らず、驚くほど冷静で理性的な見地から、その真実性について検討している。また人類文明の行方を展望した終章の議論には予言者的な相貌があり、今日の視点で読んでも、考えさせられることが多大だ。

訳書は岩波文庫や白水社の全集版もあるが、読みやすさや訳者の原書理解のレベルは中公版がいちばんだと思う

(訳文の内容は以前、中公バックス『世界の名著』シリーズに収録されていたものと同一である)。
ベルクソン論で、単に文献的研究にとどめず、スピリチュアリティの次元も含めたさらなる深化発展の方向を探った著作として、守永直幹『未知なるものへの生成』(春秋社)、篠原資明『ベルクソン』(岩波新書)もおすすめしたい。

●ヴィクトール・フランクル『苦悩の存在論』真行寺功訳、新泉社、一九六九(原著一九四九)

フランクルといえば、まず誰もが『夜と霧』(みすず書房)を代表作として思い浮かべるだろう。だがあえてこの本を第一に推すのは、一つには個人的事情で、私が初めて出会って感銘を受けたフランクルの著作だということもある。高校時代の社会科の資料集で「ナチスの強制収容所の生き証人」としてのフランクルについてはおぼろげに知っていたが、大学近くの古書店で見つけたこの本を読み感銘を受けた上で、「あのフランクル」とつながったことを覚えている。そういう意味でも特別扱いの思い入れがある。

だがそれ以上に、フランクルの人間論の真骨頂というべきものが見られるからだ。「精神の次元」という、本書で言えばスピリチュアリティに関わる次元を抜きにして人間を理解することはできないこと。この次元に属する問題は、決して他の次元の問題と混同されたり、還元されたりしてはならないこと。それを、臨床経験と、ニヒリズムという時代精神との対決を踏まえて力強く、説得的に語った本なのだ。そして、人生の意味の発見へと促す「苦悩」の意義、そして、意味を超えた「超意味」が、いわば「問い」の事柄として立ち現れる、とする洞察も圧巻である。

私自身は初めて読んだ新泉社版に思い入れがあるが、春秋社からも『苦悩する人間』として新しい訳書(山田邦男訳)が刊行されているので、読み比べてみるのも一興。他にも『夜と霧』はもちろんのことフランクルの主要著作のほとんどは邦訳されており、この限りでは日本も恵まれた国だとつくづく思う。

●ミルチャ・エリアーデ『聖と俗——宗教的なるものの本質について』風間敏夫訳、法政大学出版局、一九六九(原著一九五七)

宗教史・宗教現象学において、今も巨峰としてそびえるエリアーデの代表作の一つ。本書をとおして、「宗教的人間」の生きかたがどのようなものか、改めて確認してほしい。聖なるものがこの世に顕現したとき(ヒエロファニー)、この世の事物が単なるモノとは違った意味を帯びる事態。人間に生きるよりどころを提供する「世界の中心」というシンボリズムや、この世の原初としての「聖なる時間」とのつながり、など……。本書を一読すれば、多くの読者が、「宗教なき時代」ともいうべき現代日本社会に生きつつも、自らのうちに「宗教的な心性」が息づいていることを思い起こせるのではないだろうか、とも期待したい。エリアーデによると、「完全に非宗教的な人間というのは稀である」という。

●ピーター・バーガー『聖なる天蓋――神聖世界の社会学』薗田稔訳、新曜社、一九七九（原著一九六七）

宗教を「意味の宇宙を築き、それを社会の成員たちの共同で維持する」営みとして理解し、その観点から人間の基本的なファクターとして理解する、宗教社会学の画期的な研究。本書に触れると、「宗教が社会現象である」というよりむしろ「社会が宗教現象である」という認識が深まると思う。

理論編の前半を受けて、後半ではいわば応用編として、欧米社会での「世俗化」現象を考察している。扱われるのはもちろんキリスト教圏の事情ながら、宗教離れの進んだ日本の社会に対しても示唆的な論点は多く、なぜ今日の社会において、「宗教」がせいぜい社会の一部門になり、個人の内面の事柄に限られつつあるのか、その事情も見えてくる。本書のような「問いのスピリチュアリティ」という問題意識が出てくるにいたった背景を理解するためにも一読してほしい。

初出一覧（内容はいずれも本書収録にあたって加筆修正している）

第一章　スピリチュアリティにおける「問い」と「答え」
安藤治、湯浅泰雄編『スピリチュアリティの心理学』せせらぎ出版、二〇〇七年、一〇九―一二二頁

第二章　スピリチュアリティ理解の座標軸
『トランスパーソナル心理学／精神医学』第一〇巻第一号、二〇一〇年、四七―五四頁

第六章　「問いのスピリチュアリティ」から幸福を問う
関西学院大学COE研究雑誌『先端社会研究』第四号、二〇〇六年、四九―七〇頁

第七章　「スピリチュアリティの哲学者」としてのベルクソン
『トランスパーソナル心理学／精神医学』第八巻第一号、二〇〇八年、七〇―七六頁

第八章　「問い」の見地からするスピリチュアル教育の展望
カール・ベッカー、弓山達也編『いのち　教育　スピリチュアリティ』大正大学出版会、二〇〇九年、一六三―一八一頁

第九章　問いの視点からみたスピリチュアルケア
日本スピリチュアルケア学会第三回大会・概念構築ワークショップ、於藤女子大学、報告予稿「問いとしてのスピリチュアリティ――この言葉でなにが語れるか」を原型とした。

他の章は、本書のための書下ろしである。

あとがき

ようやく、私にとって初めての単著の書物が刊行できることになった。

生と死の意味、自分の存在理由、この世を超えたものがあるかどうか……をめぐる人生の根本的な問題。そういう、「問い」としてのスピリチュアリティに、本書では徹底してこだわってきた。一部の章を除いて、そうした「問い」に対する私自身の（今の時点での）「答え」については、あえて踏み込まなかった。

まずは、人間にとって、身体的なレベルはもちろん、単なる心理的な事柄にも還元できず、また社会的な施策によっては解決のしようがない、特別な種類の問題が存在すること。

それが、本来どんな人も、いつどんな場合でも直面しうる、きわめて切実な問題であること。

つまり、人間という存在には、身体的、心理的（本書のフランクルに触れた章で理由は述べてきたが、「精神的」とは私は絶対に言わない）、社会的な次元に加えて、スピリチュアリティというもう一つの大切な、不可欠の次元があること。

人の健康や幸福は、この次元を抜きにしては考えられないこと。

こういうことがまず、社会全体に広く受け入れられることが大事だと確信しているからだ。

そのために、「答え」については立場は人それぞれでも、それぞれの人に受け入れられるような共通了解、共通言語というのがまず欲しい。

スピリチュアリティをまず「問い」として位置づけるのは、そういう問題意識からだ。その問題意識については、せっかく「あとがき」まできたのだから、いくらか、私的なことに立ち入ることもお許しいただきたい。

私自身、「自分もいつかは死ななくてはいけない」「死ぬのが怖い」という思いには、かなり早くから付きまとわれてきた。四、五歳ぐらいの頃からだったと思う。周囲の大人たちの世間話から、ふと「自分もいつかは死ななくちゃいけない」ということに思い至り、泣きじゃくったことはいまだ「原体験」として実感に残っている。

「身近な人との死別に直面して……」という、死生学関連の文献では典型的に見られるストーリーがなくても、子どもがじかに「一人称の死」の問題に痛切に思い至ることは大いにありうる話だ。それを、自分自身が実例として、身をもって経験しているというわけである。

その後も、「いつか死ぬのが怖くてたまらない」「どうせ死んじゃうんだから何したってむなしい」という思い、それをどうやったら乗り越えられるのか、という「問い」は、子ども心にたびたび基調低音として、私の中に流れていたものだった。

思春期に至れば当然のようにその問いはなおさら強まる。人間関係とか学業・進路といったことへの「悩み」ならば別に抵抗なく語れる機会も多かったのに、「何のために生きているのか」「死んだらどうなるのか」といった問題については、まともに語れるような場はない。一人で問い、探らなければいけなかった。その「答え」を求めて、今にして思えば「オカルト」「トンデモ」としか思えないような本まで漁ったこともあった。

(小学校高学年ぐらいだったか、今と変わらず?の心霊ブームだったか、「心霊写真」「幽霊を見た」系の話が学校で盛り上がったこともあったが、あれを興味本位で扱える友人たちにものすごく違和感があったのは今も覚えている。もしそれが「本物」なのだとすれば「人の死後も魂は残る」つまり「死がすべての終わりではない」ということであって、人の生き方を根本から変えるような実存的——もちろん、子どもの頃にそんな言葉を知っていたわけではないが——なインパクトがあってしかるべきだ、と感じていたからだ）

結果的にそれが「哲学」の道を志すきっかけにもなり、相応の批判精神だけはもっていたようだから、世に「カルト」と言われるような教団の門を叩く、ということは結果的になかったのだが。

ただ、幼少期にも思春期にも、そういう、本書の言い方ではスピリチュアルな問いについて、問える場、思いを共有できる機会、考えるための材料というのは、学校でもその他の場でも、ほとんど得ることができなかったように思う。

そのため、「死への恐怖」「生きていく意味」という問いに答えが見いだせないこと自体に加えて、その問いが周囲の人たちから受け止められないという、二重の疎外感に直面せざるを得なかった。

私自身は、このように人生のかなり早い段階から、ある種自然発生的なかたちで「問い」に直面する格好となった。本書でもたびたび取り上げたW・ジェイムズの言葉を借りれば、「健全な心」ではなく「病める魂」のタイプに属する人間だというわけだが、そもそも人間というのは、人生のいついかなる場面にあっても、実存的な問いに直面してもおかしくないのだ。同じジェイムズの言葉でいうと「宴の席でも、いつも髑髏は微笑んでいる」というわけだ。

そんなとき、まず大切なのが、「問い」がまともに受け止められるということなのだ。スピリチュアルな問いを問うということは、人間としてごくまっとうなこと。誰でも直面しうる人類永遠の問題に、今ちょうど、向き合っているということ。スピリチュアルケアの文脈でしばしば聞かれる言葉を用いれば、「受容」

され、「傾聴」されるということなのだ。

しかも、そうした姿勢が、ヒューマンケアの専門職の人たちに限らず、社会全般の人たちのものになっていること。だから、問いを抱いた人たちが、疎外されずにいられること。

そういう環境をつくることこそが、まず求められると思うのだ。

「答え」を提供しようとすれば、どんなものであれ、「布教」につながりやすい。まず問いがちゃんと受容されること。そして、一人ひとりが、お仕着せではない、自分の「答え」を見いだしていくための手がかり。材料の提供。そういった形でこそ、援助がなされてほしい。

こういう問題意識から、スピリチュアリティのうちでも、ことに「問い」としての相に徹底的にこだわったのが、本書の姿勢なのだ。超越的なもの、霊的なものとのつながりとか、非日常的な経験、高いレベルの意識への変容など、何らかの「答え」をもとにしてスピリチュアリティを考えようとする議論と、その点で異なっている。

私自身も、スピリチュアルな問いに対して、今の時点でも一定の「答え」といえる立場はある。もちろん最終解答を得たなどとは決して思っていないが、方向性といえるものはもっている。この「あとがき」でものちほど触れるし、すでに本書の第七章で示唆してもいる。だがこの章を除いては、「答え」をめぐる私の立場は、あえて括弧に入れた。

特定の「答え」を前提にしないでもスピリチュアリティを語れる。そういう前提をまず作る必要がある、と考えているからだ。実践編の、「教育」について論じた第八章などは、その立場を色濃く打ち出している。

こうした姿勢は、「よき生」の内実についてはあえて沈黙する、ロールズのようなリベラリズムの立場に近いものがあるといえるかもしれない。哲学的な議論に馴染みのある方なら容易に指摘できるだろう。あくまで、スピリチュアリティに関して個々人が自らの「答え」を適切に見いだしていくことができるような基盤をつくることに重点を置いているのだから。

こういう立場は、『ハーバード白熱教室』でご存じのサンデルのような立場から、「負荷なき自己」、つまりバラバラの抽象的な個人を想定したものだという批判があるかもしれない。人間を具体的に理解するには、サンデルのとるコミュニタリアニズムのように、「日本人である」「ある家族の一員である」「特定の職業についている」などの属性を抜きにしては考えられない、スピリチュアリティの問題についても同様に「負荷」を考えるべきではないか、という具合の批判だ。

ただし、スピリチュアリティの問題について、今日の私たちが背負っている「負荷」というのが何なのかを反省してみると、本書の立場から一定の応答ができると思う。「宗教離れ」が進んだ今日の日本にあっては、仏教、神道のような伝統を自分の宗教的「負荷」として、存在の支えとして位置づけられるような日本人は、そうはいないだろう。むしろ「宗教離れ」「死生観の空洞」自体が、ある種の「負荷」となっていないか。そのように私は考えるのだ。そのような「負荷」に対しては、むしろ距離をとり、相対化し、場合によっては克服するような態度が求められるのではないか。そのためには、ある種の戦略的な意味も込めて、リベラリズムに近い見地を採用することは十分に適切だと思う。

「教育」について論じた第八章でも触れたように、従来の「宗教的情操教育」推進論だけでなく、中立を称するような世俗主義的な教育自体が、宗教的・スピリチュアルな問題をそもそもまともに取り扱わない、という形で、一つの価値観、「答え」を含んでいる。だから、むしろバランスを取るためにも、「スピリチュアルな問い」を喚起するだけのことは公教育でも求められる。そういう問題意識とも相通ずるわけだ。

リベラリズムは、それを「実体化」し、「バラバラの自由な個人」を人間の基本的なありようとして出発点に据えた場合、サンデルのような批判を招くのも無理はない。だが、既存の社会や思想のありようから距離を置く一つの契機、一局面として位置づければ、少なくともその限りでは有意義なものであることをやめないと思う。

「問い」のスピリチュアリティというのは、そういう意味がある。長らく日本人の人生の支えとなってきた仏教や神道といった宗教伝統のもつ「負荷」としての意味も、いったん「問いのスピリチュアリティ」を介してこそ、見つめ直すことができるように思う。

一方では「葬式不要論」といった言説が一定の支持を集めているように、制度化された形態の伝統宗教にはますます疑念がもたれているように見える。だが他方では、一般向け仏教書の売れ行きが高まったり、仏像ブームが起こったり、四国遍路がさかんになったり、と言った具合に、伝統宗教を再評価しようという動きも、別の形ではしばしばみられるところだ。こうしてみると、単に「宗教的ではないがスピリチュアル」では尽くされない、スピリチュアリティへの答えとしての「宗教」の意義も、見直されていく必要があるにちがいない。

本書の立場上、すでに信仰を有する人、特定の宗教に身を置いている人は主対象にはできなかったが、「問い／答え」の構図自体は、狭い意味の「宗教」に関わることがらを理解するうえでも、有意義に利用できるはずだ。

これまで述べてきた戦略上の理由から、私自身の「答え」のスピリチュアリティについては、基本的に本書では立ち入らなかった。私自身、「これが答えだ」と断固として言い切るものがあるわけではないが、希望を見いだしているものがある。

本書第七章で触れたベルクソンの哲学はもちろん、A・N・ホワイトヘッドの「プロセスと有機体の哲学」、そこに端を発する「建設的ポストモダニズム」という思潮だ。近代社会を支えてきた世界観、基本思想を「脱構築」しようとするポストモダニズムとは別の流れの、もう一つの「ポストモダニズム」である。むしろ、新たな、ポストモダン社会の世界観を積極的に「再構築」していこうとする立場である。

そこには、近代科学の知見を応答し、近代に人類が達成した成果の意義を受け止めつつも、それがもたらした生の意味の喪失や価値の相対化、自然への利用的・破壊的態度といった限界を克服するだけのものがある。この世界を生命を欠いたバラバラの物質要素からなるものとしてとらえる近代の機械論的世界観は、もとよりスピリチュアリティの志向とは衝突しやすい。それに対して、この世界をつながりあいと創造性に満ちた、生きたプロセスとして理解するホワイトヘッド哲学の世界観は、「再構築」に向けての指針を提供してくれる。ホワイトヘッド＝プロセス思想のそうした「ポストモダン」な意義は、まだこの日本では十分に認識されているとは言いがたい。本書で扱ったスピリチュアリティの潮流とも深く共鳴するところがあるだけに、この立場についてはいずれ積極的に紹介し、論じてみたい。というか、実はいくつかの共著や雑誌に発表したものをベースにして本一冊ぐらいの内容はすでにできているので、いずれ陽の目を見させたいと思っている。

もとより、本書が、世俗主義、無宗教のような現代社会に広まっている価値観や、既存のスピリチュアリティ論を「脱構築」していこうという方向性をもっていたことを考えれば、私自身の「再構築」に向けての企ても、いずれ手がけてみたいのは当然なのだ。

せっかくなので、私のもう一つの活動についても紹介しておこう。私は「国際哲学オリンピック」（The International Philosophy Olympiad ＝ＩＰＯ）という催しの日本委員を務めている。耳慣れないと思われるかもしれないが、世界各地の高校生による、哲学的思考の国際的コンクール。「数学オリンピック」「化学オリンピック」「情報オリンピック」などはよく知られているし、日本勢の健闘もしばしば報じられるが、その哲学版というところである。「自由とは」「存在とは」「言語とは」といった哲学的なテーマについて、哲学者の一節を題材として考察した論考を書き、その思考力や論理性、独創性を競うのである。

一昨年の読売新聞（二〇〇九年九月二四日朝刊）に紹介記事も書かせていただいたりしてその存在のアピールは続けているものの、現時点では認知度もまだまだというところだ。

だが、このＩＰＯの活動も含めて、いま日本では、「哲学教育」を学校でもっと充実させようという動きが、静かながら起こりつつある。東京都世田谷区での「哲学教育特区」としての取り組みや、「子どものための哲学（ｐ４ｃ）」導入の企てなども、その実例だ。「哲学」を中等教育の必修科目にしている国々が世界には多いなかで、ようやくその必要が認識されつつあるということだろう。

「哲学」というのはそもそも、一握りの専門研究者のものではないと思うし、そうあってはならない、とはなおさら思う。「人間とは何ものなのか」「自分が自分であるとはどういうことなのか」「何が本当に正しいことなのか」といった疑問は、誰もが一度や二度、抱いたことがあると思う。何も哲学者だけの専売特許ではない。それに、「社長の経営哲学」「職人のものづくり哲学」「哲学のある改革案を」といった具合に、専門的な学問を離れた文脈でしばしば「哲学」という言葉が使われていることも、「哲学」が誰にとっても関心事になりうる証拠ではないか（実は、今の私の研究テーマの一つが、こうした「広義の哲学」の意味を探ることなのだ）。

もとより、ＩＰＯのような機会を提供してみれば、高校生（応募時点では中学三年生という人も少なくない）ぐらいの年代でも、驚くほど深い思索や、独創的な洞察を見せてくれることもある。潜在的には、哲学的に問い、考えを深めることに対する若い世代のニーズはかなりあるのではないかと思うし、それを受け止める場は、もっと求められるのではないかと思う。

哲学的な問題は、本書の「問いのスピリチュアリティ」とも、深く関わってくると思う。「人生の意味」とか「本当の自分のありか」といった哲学的な問題は、そのまま問いのスピリチュアリティに属するともいえるからだ。「スピリチュアルペインは哲学的ペインともいえる」という議論にも本文では触れている。そういう意味でも、私自身が携わっているIPOの活動も含め、「哲学教育」の充実を問いのスピリチュアリティの場とする、という方向も、今後、探ってゆく必要があると思っている。


本書は私にとって初めての単著の書物になる。まず何より、恩師カール・ベッカー先生に感謝を申し上げたい。先生からは宗教学・倫理学をはじめとした多方面にわたる学識はもちろんのこと、研究の方法論から、現代社会への問題意識を捨てない学問的姿勢にいたるまで、私が受けた学恩は測り知れないものがある。

そして、科研費プロジェクトでご一緒させていただいた得丸定子先生、岩田文昭先生、谷田憲俊先生。私がずっと非常勤講師として勤務している立命館大学でお世話いただいている中川吉晴先生。「国際哲学オリンピック」の日本委員を務めるという貴重な仕事に携わる機会をいただいた延原時行先生、北垣宗治先生。一人ひとり挙げていったらきりがないが、本当に多くの方々のお世話があって、今の私がある。この場を借りてお礼を申し上げたい。

本書完成まで、京都大学学術出版会の國方栄二氏、福島祐子氏には大変お世話になった。特に福島氏は、私の原稿に細部に至るまで目を通していただき、表記上の問題はもとより本書全体のコンセプトに至るまで、有益な示唆の数々をいただいた。改めて感謝を申し上げる。

本書の刊行にあたっては、京都大学の「平成二二年度総長裁量経費　若手研究者に係る出版助成事業による助成」を受けた。この助成なくしては出版は叶わなかったことを思うと、どんなに感謝してもしきれるものではない。「あとがき」を借りて心からお礼を申し上げたい。

二〇一一年三月

林　貴啓

追記

「あとがき」を書き終えた後だが、どうしても触れておかなければならないことが起きた。

去る三月一一日に起こった、東日本大震災のことである。万を超える尊い人命が失われ、その何倍もの数の人たちが被災者としての生活を今も余儀なくされている実情は、見るも痛ましい。不幸にして犠牲になられた方々のご冥福を心より祈るばかりだ。

私自身は直接の影響を被らない関西に在住しているわけで、メディアや東日本在住の知人を通してその事情を知るだけの立場でしかない。義援金を送る以外にいま何もできない事情にもどかしさを感じつつも、一人でも多くの人の無事と、被災地の一日も早い復興を祈るような気持ちで見つめている。

この震災は、いろいろな意味で、私たち一人ひとりに突きつけられた「問い」でもあると思う。私たちが、いつ自分の存在をあっという間に呑み込むような運命が襲い来るかも知れない状況に生きているという現実。それを、被災地のみならずこの国に生きる人なら、誰もが感じさせられたにちがいない。そんななかで、何のため、どのように生きていくのか。思い知らされた人間の「はかなさ」にどう向き合うのか、そんな問いをこの事件は投げかけもする。「問いとしてのスピリチュアリティ」が正面から、否応なく向き合われなければならない、一つの決定的な出来事として受け止めざるを得ない。

いまだ忘れえぬ阪神大震災のときもそうだったが、被災地で大規模な略奪が起きていない事情。これは海外のメディアからは「奇跡」と報じられてもいるほどだが、日本人の生き方の支えとして、何か大切なものはまだ失われていない。その証だと信ずる。その意味も、こんなときだからこそ、問いぬいていかなければならない。そう感じもする。「宗教離れ」が進んだとされるこの社会のなかで、人々が大事にしうるよりどころというのがどこにあるかを。

いまだ危機的な状況にある福島の被災した原発。まさに身を挺して被害拡大を食い止めようと日々奮闘する作業員の方々の活動には、敬意を禁じえないところだ。ただ政府や電力会社は「想定外」とは言うものの、地震列島と言われるこの国で推進するからには、いずれこれに近い事態に見舞われることは予想できていたのが日本の原子力発電だ。日本のみならず世界各地で原子力発電に対する不安、危機感も高まっているが、根本のところでは、私たちの生活スタイルそのものにかかわってくる問題でもある。危険（や将来世代の負担）もすでにわかっている原発に頼って、潤沢な電力に満ちた生活と経済のあり方をこれからも追求するのか、できるのか、という問いにまでつながるからだ。というか、そういうレベルまで踏み込んで、日本社会全体で問わなければならないと思う。

一人ひとりが自分の生死にどう向き合うか、という問いから、この社会全体がどのような価値を、生のあり方をこれから求めていくか、という問いまで、この震災が投げかけたものはあまりにも大きい。

いろいろと考えさせられたことに触れたうえで、今は筆を擱こうと思う。

山田邦男『生きる意味への問い』佼成出版社，1999.
山田邦男編『フランクルを学ぶ人のために』世界思想社，2002.
山本佳世子「文学教育によるスピリチュアル教育」前掲『いのち　教育　スピリチュアリティ』，2009, 199-234.
吉田敦彦「ホリスティック教育と宗教心理」前掲『宗教心理の探究』，2001.
湯浅泰雄監修『スピリチュアリティの現在』人文書院，2003.
湯浅泰雄・春木豊・田中朱美監修『科学とスピリチュアリティの時代』ビイング・ネット・プレス，2005.
弓山達也「オウム事件の風化で再び花開く癒しの市場」『中央公論』121(12), 2006, 168-175.
―――「危機に陥ったスピリチュアリティ」『第三文明』575，2007a, 14-17.
―――「「心のノート」は「いのち」をどう伝えているか」『宗教研究』80(4), 2007b, 393-394.
―――「現代スピリチュアリティ文化の明暗」『宗教研究』82(4), 2009, 187-188.

2007, 55-70.
谷田憲俊「「失うこと」は学びと成長につながる」前掲『いのち　教育　スピリチュアリティ』, 2009, 3-51.
谷山洋三「スピリチュアルケアの構造」前掲『続・スピリチュアルケアを語る』, 2009.
谷山洋三・伊藤高章・窪寺俊之『スピリチュアルケアを語る』関西学院大学出版会, 2004.
田崎美弥子「WHO Quality of Life 調査におけるスピリチュアリティ」『緩和ケア』19(1), 2009, 11-15.
田崎美弥子・松田正己・中根允文「日本人にとって"スピリチュアル"とは何か――WHO質的調査から考える」『看護学雑誌』66(2), 2002.
Tillich, Paul. *Die Frage nach dem Unbedingten: Schriften zur Religionsphilosophie*. Stuttgart: Evangelisches Verlagswerk, 1964（＝ティリッヒ, P.『ティリッヒ著作集第4巻』野呂芳男訳, 白水社, 1979).
得丸定子（代表）『学校教育におけるスピリチュアル・エデュケーションの理論・実証的考察』（平成16～18年度科学研究費補助金・基盤研究（B）研究成果報告書), 2007.
得丸定子編『「いのち教育」をひもとく』現代図書出版, 2008.
津田重城「WHO憲章における健康の定義改正の試み――「スピリチュアル」の側面について」『ターミナルケア』10(2), 2000, 90-93.
辻内琢也「スピリチュアリティの残照」前掲『科学とスピリチュアリティの時代』ビイング・ネット・プレス, 2005.
津城寛文「〈スピリチュアル〉の整理――現代の宗教・医療文化理解のために」『死生学年報2008』, 2008, 27-55.
宇都宮輝夫「人生物語としてのスピリチュアリティ」前掲『スピリチュアリティの現在』, 2003, 251-290.
渡辺学「宗教の危機をめぐって」前掲『スピリチュアリティといのちの未来』2007, 327-341.
Wilber, Ken. *Eye to Eye: The Quest for the New Paradigm*. Boston: Shambhala, 1990（＝ウィルバー, K.『眼には眼を』吉福伸逸他訳, 青土社, 1987).
Wilson, Edward Osborn. *On Human Nature*. Cambridge: Harvard University Press, 1978（＝ウィルソン, E.O.『人間の本性について』岸由二訳, 筑摩書房, 1997).
Wolsky, M. I. and Wolsky, A. A. "Bergson's Vitalism in the Light of Modern Biology." Burwick, F. and Douglass, P. eds. *The Crisis in Modernism: Bergson and the Vitalist Controversy*, Cambridge: Cambridge University Press, 1992, 153-170.

岡野守也『コスモロジーの創造』法蔵館，2000.
大阪大学臨床哲学研究室〈社会と臨床〉研究会 「スピリチュアリティと臨床哲学」『臨床哲学』9, 2008, 107-172.
Pascal, Blaise. *Pensées*. Paris: Hatier, 1977（＝パスカル，B.『パンセ』前田陽一・由木康訳，中公文庫，1973）.
斎藤貴男『カルト資本主義』文藝春秋，1997.
櫻井義秀『霊と金』新潮新書，2009a.
櫻井義秀編『カルトとスピリチュアリティ』ミネルヴァ書房，2009b.
左巻健男「ブームに潜むニセ科学のワナ」『第三文明』575，2007, 20-21.
Scheler, Max. *Vom Ewigen im Menschen*. Leipzig: Der Neue Geist-Verlag, 1923（＝シェーラー『シェーラー著作集第 7 巻』亀井裕，柏原啓一，岩谷信訳，白水社，1978）.
———*Philosophische Weltanschauung*. Bonn: F. Cohen, 1929（＝『シェーラー著作集第 13 巻』亀井裕，安西和博，山本達訳，白水社，1977）.
篠原資明『ベルクソン』岩波新書，2006.
島薗進『精神世界のゆくえ』東京堂出版，1996.
———「先端医療技術の倫理と宗教」前掲『スピリチュアリティの現在』, 2003, 97-122.
———『スピリチュアリティの興隆』岩波書店，2007.
島薗進・西平直編『宗教心理の探究』東京大学出版会，2001.
島薗進・鶴岡賀雄編『〈宗教〉再考』ぺりかん社，2004.
島薗進・永見勇監修『スピリチュアリティといのちの未来』人文書院，2007.
菅原伸郎『宗教をどう教えるか』朝日新聞社，1999.
———「「畏敬の念」再考」『基督教研究』63(2), 2002.
杉原誠四郎『日本の神道・仏教と政教分離 ── そして宗教教育』文化書房博文社，1992.
杉岡良彦「医学教育の中でスピリチュアリティに関する講義は必要か」『旭川医科大学紀要』25，2009, 23-42.
鈴木大拙『日本的霊性』岩波書店，1972.
高木慶子「スピリチュアルケアをこう考える ── スピリチュアルケアの学術的・学際的研究と全人的ケア」『緩和ケア』19(1), 2009, 22-24.
高橋哲哉『教育と国家』講談社現代新書，2004.
田村恵子「終末期患者へのスピリチュアルケア ── 看護の視点から」『ターミナルケア』10(2), 2000, 103-105.
棚次正和「人間の事柄としてのスピリチュアルケア」『宗教研究』80(2), 2006, 47-71.
———「スピリチュアリティと医療と宗教」前掲『スピリチュアリティの心理学』,

中村雅彦「スピリチュアリティの心理学的研究の意義」前掲『スピリチュアリティの心理学』, 2007, 93-108.
───「新霊性運動・文化の光と闇」『トランスパーソナル心理学／精神医学』10(1), 2010, 1-6.
中西尋子「神と霊界への信仰 ── 統一教会における合同結婚式参加者たちの結婚生活」『先端社会研究』4, 2006, 136-159.
中澤正夫「「スピリチュアル」を読み解く」『科学』78(1), 2008, 84-86.
Nash, Roderick Frazier. *The Rights of Nature: A History of Environmental Ethics.* Madison: University of Wisconsin Press, 1989（＝ナッシュ, R. F. 『自然の権利』松野弘訳, 筑摩書房, 1999).
西田幾多郎『善の研究』岩波文庫, 1950.
西平直「ヒューマニスティック心理学の宗教理解」島薗進・西平直編『宗教心理の探究』東京大学出版会, 2001.
───「人間形成における宗教性（スピリチュアリティ）の問題 ── 若い人たちとの話から」『教育』53(11)（通号 694), 2003.
───『教育人間学のために』東京大学出版会, 2005.
───「スピリチュアリティ再考」前掲『スピリチュアリティの心理学』, 2007, 71-90.
西村高宏「からだが〈再編成〉される ── 〈実感〉から「スピリチュアリティ」を読み解く」『臨床哲学』9, 2008, 132-142.
西村義人「フランクルの医療フィロソフィーとスピリチュアルケア」『実存思想論集』13, 1998, 61-88.
Noddings, Nel. *Education for Intelligent Belief or Unbelief.* New York: Teachers College Press, 1993.
織田淳太郎『ルポ　現代のスピリチュアリズム』宝島社新書, 2010.
大橋希, コリン・ジョイス「特集　スピリチュアルと日本人」『ニューズウィーク日本版』2007 年 5 月 16 日号, 48-52.
大石和男『タイプ A の行動とスピリチュアリティ』専修大学出版局, 2005.
大石和男・安川通雄・濁川孝志「死生観に関する教育による生きがい感の向上 ── 飯田史彦による「生きがい論」の応用事例」『トランスパーソナル心理学／精神医学』8(1), 2008, 44-50.
岡本宣雄「要介護高齢者におけるスピリチュアルニーズに関する研究」『先端社会研究』4, 2006, 71-98.
岡庭昇「相も変わらぬ視聴率主義」『第三文明』575, 2007, 18-19.

窪寺俊之・平林孝裕編『続・スピリチュアルケアを語る ── 医療・看護・介護・福祉への新しい視点』関西学院大学出版会，2009.

Luckmann, Thomas. *The Invisible Religion: The Problem of Religion in Modern Society*. New York: Macmillan, 1967（＝ルックマン，T.『見えない宗教』赤池憲昭，ヤン・スィンゲドー訳，ヨルダン社，1976).

Macy, Joanna. *World as Lover, World as Self.* Berkeley: Parallax Press, 1991（＝メイシー, J.『世界は恋人　世界はわたし』星川淳訳，ちくま書房，1993).

Maslow, Abraham H. *Religions, Values, and Peak-Experiences.* Ohio: Ohio State University Press, 1964（＝マスロー，A. H.『創造的人間』佐藤三郎・佐藤全弘訳，誠信書房，1972).

松本滋『宗教心理学』東京大学出版会，1979.

三宅晶子『「心のノート」を考える』岩波書店，2003.

守永直幹『未知なるものへの生成』春秋社，2006.

森岡正博『生命観を問いなおす』ちくま新書，1994.

───『宗教なき時代を生きるために』法蔵館，1996.

───「死後の世界を信じられない者の死生観」東京大学大学院人文社会系研究科21世紀COEプログラム　シンポジウム報告論集『死の臨床と死生観』，2005.

森岡正芳「生命感覚 ── スピリチュアリティの発生的基盤について」『トランスパーソナル心理学／精神医学』2(1), 2001, 33-36.

諸富祥彦『フランクル心理学入門』コスモス・ライブラリー，1997.

───『人生に意味はあるか』講談社現代新書，2005.

Mullarkey, J. *Bergson and Philosophy.* Edinburgh: Edinburgh University Press, 1999.

村田久行「傾聴ボランティアのトレーニングプログラムとスピリチュアルケアの実践」『ターミナルケア』10(2), 2000, 112-115.

───「スピリチュアルペインをキャッチする」『ターミナルケア』12(5), 2002, 420-423.

───「スピリチュアルケアをこう考える ── スピリチュアルケアにおける教育と研修」『緩和ケア』19(1), 2009, 25-27.

中川吉晴『ホリスティック臨床教育学』せせらぎ出版，2005.

───「「教育におけるスピリチュアリティ」について」前掲『スピリチュアリティの心理学』，2007, 139-164.

───「スピリチュアリティと今日のヒューマンサービス」『宗教研究』82(4), 2009, 144-145.

James, William. *The Varieties of Religious Experience: A Study in Human Nature.* New York: Modern Library, 1902（＝ジェイムズ, W.『宗教的経験の諸相』（上）枡田啓三郎訳，日本教文社，1988）.

Johnson, Mark. *Moral Imagination: Implications of Cognitive Science for Ethics.* Chicago: University of Chicago Press, 1993.

Johnson, Robert A. and Ruhl, Jerry M. *Contentment: A Way to True Happiness.* San Francisco: Harper San Francisco, 1999（＝ジョンソン, R. A., ルール, J. M.『満たされるということ』，菅靖彦訳，青土社，1999）.

葛西賢太「「スピリチュアリティ」を使う人々」湯浅泰雄監修『スピリチュアリティの現在』人文書院，2003, 123-159.

――『現代瞑想論』春秋社，2010.

樫尾直樹「スピリチュアリティの存在論的構造」『宗教研究』82(4), 2009, 189-190.

――『スピリチュアリティ革命』春秋社，2010a.

――『スピリチュアル・ライフのすすめ』文春新書，2010b.

樫尾直樹編『スピリチュアリティを生きる』せりか書房，2002.

柏木哲夫『死にゆく患者の心に聴く』中山書店，1996.

加藤西郷『宗教と教育』法蔵館，1999.

川口茂雄「現代社会と「スピリチュアル」」『臨床哲学』9, 2008, 111-122.

河合香織「相談相手は友達よりも“霊”がいい」『中央公論』121(12), 2006, 176-184.

川浦佐知子「エコサイコロジーと霊性――「自然としての自己」の目覚め」『トランスパーソナル心理学／精神医学』5(1), 2004.

香山リカ『スピリチュアルにハマる人，ハマらない人』幻冬舎新書，2006.

木原活信「被虐待児童への真実告知をめぐるスピリチュアルケアとナラティヴ論」『先端社会研究』4, 2006.

キッペス, W.『スピリチュアルケア』サンパウロ，1999.

桐田清秀「鈴木大拙の「霊性」考」前掲『スピリチュアリティの心理学』2007，255-268.

岸本英夫『岸本英夫集第１巻　宗教と人間』渓声社，1975.

小池靖「ニューエイジとセラピー文化――文化論の視点から」『宗教と社会』６，2000, 133-136.

――『テレビ霊能者を斬る』ソフトバンク新書，2007.

近藤卓『いのちを学ぶ・いのちを教える』大修館書店，2002.

窪寺俊之『スピリチュアルケア学序説』三輪書店，2004.

――『スピリチュアルケア学概説』三輪書店，2008.

『比較文明』17, 2001, 168-178.
───「宗教的関心教育への展望 ── 「宗教」概念の問い直しを通じて」『宗教と社会』9, 2003, 153-164.
───「ポストモダンの実存 ── V. E. フランクルの実存分析への新たな展望」『トランスパーソナル心理学／精神医学』 5(1), 2004, 59-65.
広井良典『ケアを問いなおす』ちくま新書，1997.
───『死生観を問いなおす』ちくま新書，2001.
喰代栄一『スピリチュアルの世界がよくわかる本』中経出版，2008.
堀江宗正「メディアのなかの「スピリチュアル」── 江原啓之ブームとは何か」『世界』759，2006, 242-250.
───「日本のスピリチュアリティ言説の状況」前掲『スピリチュアリティの心理学』，2007, 35-54.
家塚高志「人間形成における宗教的情操教育の意義」，日本宗教学会「宗教と教育に関する委員会」編『宗教教育の理論と実際』すずき出版，1985.
飯田史彦・吉田武男『スピリチュアリティ教育のすすめ』PHP 研究所，2009.
今村由香ほか「終末期がん患者のスピリチュアリティ概念構造の検討」『ターミナルケア』12(5), 2002, 425-434.
稲葉裕「スピリチュアルの邦訳についての考察」『ターミナルケア』10(2), 2000, 94-96.
稲垣久和『国家・個人・宗教』講談社現代新書，2007.
井上順孝「情報化時代における宗教教育」国際宗教研究所編『教育のなかの宗教』新書館，1998, 214-231.
───「中等教育・高等教育における宗教の扱い」『基督教研究』63(2), 2002.
───「95 年ショック　それが今も人の人生観を変えつつある」『寺門興隆』7(4), 2004.
井上順孝編『現代日本における宗教教育の実証的研究』科研費報告書，2000.
磯村健太郎『〈スピリチュアル〉はなぜ流行るのか』PHP 新書，2007.
伊藤雅之「ネット恋愛のスピリチュアリティ」樫尾直樹編『スピリチュアリティを生きる』せりか書房，2002, 28-45.
───『現代社会とスピリチュアリティ』溪水社，2003.
伊藤雅之・樫尾直樹・弓山達也編『スピリチュアリティの社会学』世界思想社，2004.
伊藤高章「「健康な死」へのケア」『ターミナルケア』10(2), 2000, 108-112.
岩田文昭「学校教育における「死」── 小学校国語教科書にみる死生観」『現代宗教2004』，2004.

(＝『制約されざる人間』山田邦男監訳，春秋社，2000): UM.
———*Homo Patiens: Versuch einer Pathodizee.* Wien: Franz Deutike, 1951（＝『苦悩の存在論』真行寺功訳，新泉社，1972): HP.
———*The Unheard Cry for Meaning: Psychotherapy and Humanism.* New York: Simon and Schuster, 1978 (＝『〈生きる意味〉を求めて』諸富祥彦監訳, 春秋社, 1999): UC.
———*Was nicht in meinen Büchern steht: Lebenserinnerungen.* München: Quintessenz MMV Medizin-Verlag, 1995（＝『フランクル回想録 —— 20 世紀を生きて』山田邦男訳，春秋社，1998): WL.
———*Man's Search for Ultimate Meaning.* New York: Perseus Publishing, 2000: MS.
藤枝真「スピリチュアルだが, 宗教的ではない ——「無宗教」というスピリチュアリティ」『臨床哲学』9, 2008, 123-129.
藤崎ちえこ『これだけは知っておきたい　スピリチュアル教科書』ビジネス社，2010.
Griffin, D. R., Cobb, J. B., Ford, M. P. et al., *Founders of Constructive Postmodern Philosophy.* Albany: State University of New York Press, 1993.
Gunter, P. A. Y. "The Dialectic of Intuition and Intellect." Papanicolaou, A. C. and Gunter, P. A. Y. eds., *Bergson and Modern Thought.* Chur: Harwood Academic Publishers, 1987, 10-16.
———"Henri Bergson." Griffin, D. R., Cobb, J. B., Ford, M. P. et al., *Founders of Constructive Postmodern Philosophy.* Albany: State University of New York Press, 1993, 133-164.
——— "Bergson and War against Nature." Mullarkey, J., ed. *The New Bergson,* Manchester: Manchester University Press, 1999, 168-182.
浜渦辰二「スピリチュアルケアをこう考える —— スピリチュアルケアと臨床哲学」『緩和ケア』 19(1), 2009, 31-33.
Hartshorne, C. "Bergson's Aesthetic Creationism Compared to Whitehead's." Papanicolaou, A. C. and Gunter, P. A. Y. eds., *Bergson and Modern Thought.* Chur: Harwood Academic Publishers, 1987, 369-382.
春木豊「身・体と心・霊そして気 —— 人間理解のキーワード」湯浅泰雄・春木豊・田中朱美監修『科学とスピリチュアリティの時代』ビイング・ネット・プレス, 2005, 65-70.
橋本治『宗教なんかこわくない！』ちくま文庫，1999.
林貴啓「ポストモダンのもうひとつの流れ —— deconstruction から reconstruction へ」

Bucke, Richard Maurice. *Cosmic Consciousness: A study in the Evolution of the Human Mind*. Secaucus: Citadel Press, 1961（＝バック, R. M.『宇宙意識』尾本憲昭訳, ナチュラルスピリット, 2004).

Carson, Rachel. *The Sense of Wonder*. New York : Harper & Row, 1987（＝カーソン, R.『センス・オブ・ワンダー』上遠恵子訳, 新潮社, 1996).

Carter, Robert E. *Becoming Bamboo*. Montreal: McGill-Queen's University Press, 1992（＝カーター, R.E.『東西文化共生論』山本誠作訳, 世界思想社, 1996).

Deleuze, G. *Le Bergsonisme*. Paris: Presses Universitaires de France, 1966（＝ドゥルーズ, G.『ベルクソンの哲学』宇波彰訳, 法政大学出版局, 1974).

Dewey, John. *Common Faith*. New Haven: Yale University Press, 1934（＝『デューイ＝ミード著作集第 11 巻　自由と文化・共同の信仰』河村望訳, 人間の科学社, 2002).

Drengson, Alan and Inoue Yuichi eds. *The Deep Ecology Movement: An Introductory Anthology*. Berkeley: North Atlantic Books, 1995（＝ドレングソン, A., 井上有一編『ディープ・エコロジー』井上有一監訳, 昭和堂, 2001).

江原啓之『スピリチュアルな人生に目覚めるために』新潮文庫, 2003.

Eliade, Mircea. *Das Heilige und das Profane: Vom Wesen des Religiösen*. Reinbek bei Hamburg: Rowohlt Taschenbuch Verlag, 1957（＝エリアーデ, M.『聖と俗』風間敏夫訳, 法政大学出版局, 1969).

Elkins, D. N. *Beyond Religion*. Wheaton: Theosophical Publishing House, 1998（＝エルキンス, D. N.『スピリチュアル・レボリューション』大野純一訳, コスモス・ライブラリー, 2000).

Fox, Warwick. *Toward a Transpersonal Ecology: Developing New Foundations for Environmentalism*. Boston: Shambhala, 1990（＝星川淳訳『トランスパーソナル・エコロジー』平凡社, 1994).

Frankl, Viktor Emil.

———*…trotzdem Ja zum Leben Sagen: Ein Psychologe Erlebt das Konzentrationslager*. München: Kösel-Verlag, 1981（＝『夜と霧』池田香代子訳, みすず書房, 2002).

———*Ärztliche Seelsorge*. Wien: Franz Deutike, 1946（＝『死と愛 ── 実存分析入門』霜山徳爾訳, みすず書房, 1985): AS.

———*… trotzdem Ja zum Leben Sagen*. Wien: Franz Deutike, 1946（＝『それでも人生にイエスと言う』山田邦男・松田美佳訳, 春秋社, 1993): TJ.

———*Der Unbedingte Mensch: Metaklinische Vorlesungen*. Wien: Franz Deutike, 1949

参考文献

本文中の参照箇所は，(阿満 1996：32) のように言及する．邦訳書を参照した欧文文献については，原著刊行年と邦訳刊行年を (ジェイムズ 1902＝1988) のように記した．ベルクソンとフランクルについては書名略号を用いて言及しており，フランクルについては原書と訳書のページ数を 20/15 というかたちで表した．

阿満利麿『日本人はなぜ無宗教なのか』ちくま新書，1996.

安藤治・湯浅泰雄編『スピリチュアリティの心理学』せせらぎ出版，2007.

安藤治「現代のスピリチュアリティ ── その定義をめぐって」前掲『スピリチュアリティの心理学』，2007, 11-34.

安藤泰至「越境するスピリチュアリティ ── 諸領域におけるその理解の開けへ向けて」『宗教研究』80(2), 2006, 73-92.

──── 「「スピリチュアリティ」概念の再考 ── スピリチュアリティは霊的世界観を前提とするか?」『死生学年報 2008』，2008, 5-25.

芦名定道『宗教学のエッセンス』北樹出版，1993.

ベッカー, C.「死とスピリチュアル・ニーズ」湯浅康雄・春木豊・田中朱美監修『科学とスピリチュアリティの時代』ビイング・ネット・プレス，2005, 57-64.

ベッカー, C. ほか「スピリチュアルな問いへの応答」『宗教研究』80(4), 2007, 944-950.

ベッカー, C. 弓山達也編『いのち　教育　スピリチュアリティ』大正大学出版会，2009.

Bergson, Henri (Presses Universitaires de France 版．訳書の頁数は本文中には記していないが，参考までに訳書情報も挙げておく)．

────*Essai sur les Données Immédiates de la Conscience*. 1889 (＝『時間と自由』，『ベルグソン全集』第 1 巻，平井啓之訳，白水社，1965)：DI.

────*Matière et Mémoire*. 1896 (＝『物質と記憶』，『ベルグソン全集』第 2 巻，田島節夫訳，白水社，1965)：MM.

──── *L'Évolution Créatrice*. 1907 (＝『創造的進化』真方敬道訳，岩波文庫，1979)：EC.

────*Les Deux Sources de la Morale et de la Religion*. 1932 (＝『道徳と宗教の二つの源泉』[中公クラシックス 32, 33]，森口美都男訳，中央公論新社，2003)：MR.

────*La Pensée et le Mouvant*. 1938 (＝『思想と動くもの』，『ベルグソン全集』第 7 巻，矢内原伊作訳，白水社，1965)：PM.

[さ行]

[た行]

[な行]

[は行]

[や・ら行]

事　項

索　引

人　名

著者紹介

林　貴啓（はやし　よしひろ）

1972年生まれ。京都大学大学院人間・環境学研究科博士後期課程修了。人間・環境学博士。専攻，哲学・宗教学・教育人間学。現在，立命館大学文学部ほか非常勤講師。高校生による哲学的思考の国際コンクール「国際哲学オリンピック」（International Philosophy Olympiad = IPO）の日本委員も務める。

著書に『いのち教育をひもとく』（現代図書出版，2008，共著），*Whitehead and Existentialism*（晃洋書房，2008，共著），*The Roar of Awakening: A Whiteheadian Dialogue between Western Psychotherapies and Eastern Worldviews*（Ontos Verlag, 2009，共著）など。

論文に「時間的地平の倫理 ── プロセス哲学的アプローチ」（『プロセス思想』第13号，2008），“Bioethics”（*Sourcebook in Japanese Philosophy*, Nanzan University Institute for Religion and Culture, 2009）など。

（プリミエ・コレクション 2）
問いとしてのスピリチュアリティ──「宗教なき時代」に生死を語る

2011年6月10日　初版第一刷発行

著　者　林　貴　啓
発行人　檜　山　爲　次　郎
発行所　京都大学学術出版会
京都市左京区吉田近衛町69
京都大学吉田南構内（〒606-8315）
電 話 075(761)6182
FAX 075(761)6190
URL http://www.kyoto-up.or.jp
印刷·製本　亜細亜印刷株式会社

ISBN 978-4-87698-559-3 C3310　定価はカバーに表示してあります